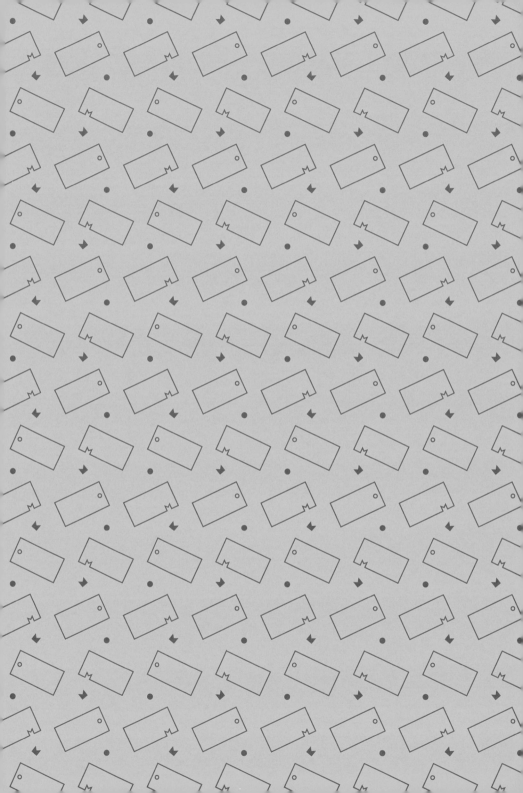

鉄道にまつわる言葉を
イラストと豆知識でプァーン！と読み解く

テツ語辞典

池田邦彦 絵
栗原景 文

誠文堂新光社

はじめに

　都内の某イベント会場で、栗原景さんから誠文堂新光社のYさんをご紹介いただいたことからこの「テツ語辞典」の企画は始まりました。これまでの鉄道用語辞典とは一線を画した、読んで見て楽しく、なおかつタメになる本を作りたいとのお話で、おお、それは面白い、是非やりましょう！…となったのですが、制作が進むにつれて冷や汗が…。イラストの枚数（270点以上収録！）もさることながら、やはりテツの世界は幅広く、そして奥深く、1枚のイラストを描くために調べれば調べるほど新たな疑問点が浮かび上がったりして、なかなか歯ごたえのあるお仕事でした。とはいえ私も「テツ」のはしくれ、おおいに楽しませていただきました！

　こうして本が出来上がった喜びはひとしおですが、あとは手にとってくださった貴方に楽しんでいただけることを願うのみ。これに勝る幸せはありません。

池田邦彦

鉄道は、「総合趣味」。

一口に鉄道ファンと言っても、その興味の対象やジャンルは実に多岐にわたっています。

旅を楽しむ人。写真撮影が大好きな人。きっぷやグッズを集めるコレクター。模型を集め、作り、飾る人。歴史や技術の知識を掘り下げる人も大勢います。

筆者は、小学生の頃から列車の旅を楽しんでいる「乗り鉄」ですが、約40年にわたる趣味活動を通じて、様々な人と出会い、「テツ語」に触れてきました。

本書では、名作「カレチ」でお馴染みの漫画家、池田邦彦さんと共に、膨大な数にのぼる鉄道趣味と鉄道業界の用語の中から約900語を厳選しました。ごく基本的な単語から、業界用語、鉄道の歴史に名を残した企業や人物、ファンの間で使われるスラングまで、様々なジャンルの単語を掲載しています。本書を片手に、奥の深すぎる「鉄道」の世界に触れてみてください。

栗原 景

この本の楽しみ方

鉄道にまつわる言葉を、縦横無尽に集めて50音順に並べました。
初心者から自称マニアまで、
多くの鉄道ファンが楽しめる情報満載の本です。

お好きなページから出発進行！

1 見出し語
知りたい語句を見つけやすいよう五十音順に並べています。

2 読み方
ひらがな表記も載せてあるのでいっそう探しやすくなっています。

1 テレビカー
2【てれびかー】**車** **4**
3 かつて、京阪電鉄の特急に連結されていた、無料でテレビが見られる車両。京阪はスピードで国鉄や阪急電鉄に勝てなかったので、料金不要の特急にテレビを設置しサービスで勝負した。しかし携帯電話やスマホの普及により魅力が下がり、2013（平成25）年3月31日限りで運行を終了した。

電気釜
【でんきがま】**車**
485系や183系などの非ボンネット・非貫通型特急電車のあだ名。車体が釜、運転台が蓋に見えたという。

…じ設計で特急用の185系は評判が悪かった。

むかしの炊飯器ってツルン！としていてたしかにああいう感じだった…

3 解説
実用的な意味から豆知識まで記載しています。

4 アイコン

企 企業・事業者	職 職種	規 規則
作 作品・著作物	技 技術	サ サービス
列 列車	施 施設	食 食事
車 車両	設 設備・部品	き きっぷ
駅 駅	歴 歴史・事件	文 文化
路 路線	趣 趣味	用 その他用語

パラパラ漫画
右ページの端をすばやくめくっていくと、信号機が点滅します。

旅のお供にも『テツ語辞典』
綴じ込み付録の「JR乗りつぶし記録帳」や時刻表、駅弁に関するコラムなど、辞典以外の企画もお楽しみください。

※本書の内容はすべて2018年1月末日現在のものです。

テツ語辞典 もくじ

- 002　はじめに
- 004　この本の楽しみ方
- 010　山手線でみる 鉄道の変遷

あ

- 016　アーバンネットワーク／RM MODELS／R.T.O／愛国駅・幸福駅／アウトカーブ／青ガエル
- 017　青大将／赤字83線／赤春／赤帽
- 018　阿川弘之／亜幹線／ACCUM／アクティブ制振装置／アコモデーション／あさかぜ
- 019　朝倉希一／朝練／あじあ／足回り／後追い／アプト式
- 020　阿房列車／アムトラック／雨宮製作所／鮎川哲也／ある機関助士／アルコ
- 021　アルナ車両／アルプスの牧場／アルミカー／或る列車／安全側線
- 022　e5489／EG／いい旅チャレンジ20,000km／E電／EB装置／いい日旅立ち
- 023　いい日旅立ち・西へ／イオカード／いかめし／いかり肩／委託駅
- 024　板谷峠／1位・2位・3位・4位／一枚のキップから／一線スルー／一般周遊券／犬釘／井上勝
- 025　岩崎・渡辺コレクション／インカーブ／ウェスチングハウス／宇高連絡船／碓氷鉄道文化むら／ウソ電
- 026　打子式ATS／内田百閒／宇宙軒カーブ／宇都宮照信／腕木式信号機
- 027　ウテシ／ウヤ／上屋／運転停車／運輸安全委員会／エアロストリーム
- 028　営業キロ／AEG／A寝台／ATS／ATO／ATC／駅
- 029　液体式／駅ネ／駅弁／エドモンド・モレル／MM'ユニット／M車
- 030　エル特急／遠距離逓減制／延発／おいらん道中／扇屋／往復割引
- 031　青梅鉄道公園／大いなる旅路／大いなる驀進／大垣ダッシュ／大垣夜行／大隈重信
- 032　大コン／大手私鉄／大ナメクジ／大回り乗車／大目玉
- 033　岡部冬彦／奥山清行／小田急電鉄／お立ち台／小樽市総合博物館／追っかけ／おでんうどん
- 034　おでんそば／音威子府そば／音鉄／大人の休日倶楽部／お化けカプラー／お召し列車／オリエント急行
- 035　折妻／折戸／オレンジカード
- 036　コラム　駅弁傑作選①王道編

か

- 038　ガードレール／ガーランド形ベンチレーター／貝島炭鉱専用鉄道／回生ブレーキ／回送列車／カシオペア／架線
- 039　かぶりつき／亀の子／貨物時刻表／鴨宮モデル線
- 040　仮乗降場／カルダン駆動／カルテット／カレチ
- 041　カレチ／簡易委託駅／簡易駅／簡易線／簡易リクライニングシート／緩急車
- 042　換算キロ／換算両数／完乗／幹線／貫通扉
- 043　カント／関門トンネル／緩和曲線／緩和勾配／キートンの大列車追跡／機械式
- 044　機関車／喜劇各駅停車／喜劇急行列車／汽車製造／岸由一郎／机上旅行

045	奇数向き・偶数向き／擬制キロ／季節列車／キセル／北国の帝王／汽笛／汽笛合図
046	軌道回路境界位置目標／軌道検測車／気動車／軌道法／キノコ形クーラー
047	キハ58系／キハ20系／貴婦人／キマロキ
048	機回し／君の名は。／木村裕子／客車／逆転機・逆転器／客レ
049	脚立／救援車／旧型客車／急行形／急行便
050	急行列車／旧国／救済臨／九州観光号／九州鉄道記念館／900番台
051	キューロク／狭軌／行商専用列車／協調運転
052	京都鉄道博物館／橋梁／曲線標／キヨスク／拠点間輸送／距離標
053	切妻／銀河鉄道999／近畿日本鉄道／近郊形
054	金太郎／銀箱／クイル式駆動／空気バネ／空気ブレーキ／下り・上り
055	久野知美／熊ノ蜂／グランクラス／グランドひかり
056	グリーン格下げ／グリーン車／車止め／黒岩保美／クロスシート／グロベン／京王電鉄
057	形式写真／京成電鉄／継続乗車船／警笛／京阪電気鉄道
058	京浜急行電鉄／軽便鉄道／軽量客車／ケーブルカー
059	激パ／下車前途無効／欠乗／ゲバ／牽引車／建築限界
060	高架線／広軌／甲組
061	硬券／鉱山鉄道／甲種輸送／交渉人真下正義／高速進行／鋼体化／交直両用電車
062	交通新聞／交通博物館／皇帝のいない八月／勾配標／公募社長／小海線
063	交流電化／工臨／国鉄型車両／国鉄再建法／国鉄色
064	国鉄バス／国鉄離れ／国鉄分割民営化／国鉄労働組合／コスモス（COSMOS）
065	こだま／こだま形／御殿場線／後藤新平／庫内手／ゴハチ
066	583系／500系／コ・ホ・ナ・オ・ス・マ・カ／コムトラック（COMTRAC）／コルゲート／混合列車

068	斉藤雪乃／在来線／サイリスタチョッパ制御／酒井製作所／相模鉄道（相鉄線）／坂本衛／索道
069	さくら／桜木町事故／座席指定席／座席の下
070	サドルタンク／サブウェイパニック／サボ／サメ／サロンエクスプレス東京
071	サロンカーなにわ／三江線／3シリンダー／三線軌条／三段寝台／三島会社
072	サンパチ豪雪／サンライズエクスプレス／サンロクトオ
073	シーサスクロッシング／C寝台／CTC／シーメンス・モビリティ／シールドビーム／C63
074	シウマイ弁当／紫雲丸事故／JR貨物／JR九州／JR四国
075	JR電車編成表シリーズ／JR東海／JR西日本／JR東日本／JR北海道
076	シェイギアード／ジェットカー／汐留駅／四季島
077	仕業／仕業検査／事業用車／シグナス（CYGNUS）／時刻表
078	コラム JR時刻表×JTB時刻表
080	時刻表昭和史／時刻表2万キロ／指差喚呼／私鉄／自動解結装置／自動連結器
081	自撮り棒／ジパング倶楽部／シベリア鉄道／しまかぜ
082	島式ホーム／島秀雄／島安次郎／清水トンネル／下山事件
083	遮光幕／車掌車／車上信号／車掌弁／車窓風景
084	シャダーン／車体傾斜装置／車体更新／車内警報装置／車内チャイム
085	車内販売／車内補充券／車内持ち込み容器／しゃぶしゃぶ弁当

086	車両基地／車両限界／車両鉄／車両銘板／ジャンパ連結器／集煙装置／修学旅行電車
087	10時打ち／蒐集鉄／自由席／周遊きっぷ／周遊券
088	重要部検査／重連／首都圏色／ジュラルミン電車／準大手私鉄／準急列車
089	準特急／ジョイフルトレイン／省形／上下分離
090	称号改正／乗車変更／上州の朝がゆ／省電／湘南顔／湘南色
091	乗務行路表／ジョージ・スティーブンソン／食堂車／食パン電車
092	書泉グランデ／白糠線／シル・ヘッダー／白帯車／シロクニ／新幹線
093	新幹線公安官／シンカンセンスゴクカタイアイス／新幹線大爆破／真空ブレーキ／シングルツイン
094	シングルデラックス／信号場／新交通システム／信号雷管／新性能電車／寝台車
095	深名線／森林鉄道／スイート／Suica／Suicaのペンギン
096	推進運転／スイッチバック／隧道／スーパーベルズ／スーパーロングレール
097	ズームカー／スカ色／スケネク／スジ／すずらん／スタフ閉塞
098	ステンレスカー／スポーク動輪／スラック／スラブ軌道／VVVFインバータ制御／スワローエンゼル
099	盛夏服／青函トンネル／青函連絡船／制御車／政治駅
100	青春18きっぷ／青蔵鉄道／整備新幹線／西武鉄道／関ヶ原
101	セクション／セノハチ／ゼロイチ／ゼロキロポスト
102	0系／前位・後位／全駅下車／全金車／仙石貢
103	戦時設計／選択乗車／船底型テンダー／全般検査／釧網本線
104	総括制御／相互乗り入れ運転／葬式鉄／操車場／相対式ホーム／側面良し／十河信二
105	組成／続行／ソロ／遜色急行
106	<mark>コラム</mark> 駅弁傑作選② 変わり種編

108	耐寒・耐雪仕様／代行バス／第三軌条方式／第3セクター
109	台車／大東急／大都市近郊区間／ダイヤグラム／ダイヤモンドクロッシング
110	大陸横断超特急／タウシュベツ橋梁／高松吉太郎／たから／宅扱
111	惰行／蛇行動／多層建て列車／立ち売り
112	建物財産標／立山砂防工事専用軌道／種村直樹／旅と鉄道／ダブルデッカー
113	ダブルルーフ／タブレット閉塞／タモリ／タルゴ／ダルマ駅／ダルマさん
114	だるま弁当／弾丸列車計画／タンク機関車／タンク車／単行／単線／単線並列
115	丹那トンネル／団臨／遅延証明書／地下鉄／チキ
116	チッキ／千葉動労／地方交通線／茶坊主
117	チャレンジくん／超低床車両／超電導リニア／直並列組合せ制御／直流電化／通勤形
118	通風車／吊り掛け駆動／つり革／鶴見事故／鶴見線
119	TEE／TGV／T車／抵抗制御
120	ディスカバー・ジャパン／定発／TIMS／テールマーク／テールランプ
121	デゴイチ／デジタルATC／テツ／鉄／鉄オタ／デッキ／鉄子・女子鉄
122	鉄の旅／鉄ちゃん／鉄道アイドル／鉄道院／鉄道・運輸機構／鉄道管理局／鉄道公安官
123	鉄道公安職員／鉄道弘済会／鉄道国有化／鉄道事業法／鉄道ジャーナル／鉄道省
124	鉄道唱歌／鉄道大バザール／鉄道ダイヤ情報／鉄道チャンネル／鉄道友の会

125	鉄道の日／鉄道博物館／鉄道ピクトリアル／鉄道ファン
126	鉄道ファン／鉄道模型趣味／鉄道郵便車／鉄道旅行術／デッドセクション
127	デュアルモードビークル／デラックスデゴイチ／テレビカー／転換式クロスシート／電気釜
128	電気式気動車／電車／電車男／転車台／電車でGO！／電車特定区間／天賞堂
129	テンダー／テンダー機関車／DENCHA／点と線／展望車／電報略号
130	ドアエンジン／ドアカット／東海形／道外禁止／東京急行電鉄／東京地下鉄／峠の釜めし
131	峠の力餅／動態保存／頭端式ホーム／動物駅長／東武鉄道
132	動脈列島／洞爺丸事故／動力近代化／動力集中方式／動力分散方式／トーマス・クック／特殊狭軌
133	特殊弁当／ドクターイエロー／特定地方交通線／トクトクきっぷ／特二
134	戸閉車側灯／途中下車／特急がつかり／特急列車／突放／都電荒川線
135	とびうお／豊岡真澄／豊田巧／トラストトレイン／トラバーサー
136	ドリーム号／撮り鉄／とれいん／Train Simulator／ドレミファインバーター
137	トロリーバス／トワイライトエクスプレス／トワイライトエクスプレス瑞風
138	コラム 車掌七つ道具

140	ナイジェル・グレズリー／ナイスミディパス／中井精也／中川礼二／流し撮り
141	名古屋鉄道／名古屋飛ばし／ナナサン／ななつ星 in 九州
142	南海電気鉄道／南蛮阿房列車／新潟トランシス／西鹿児島駅
143	西日本鉄道／西村京太郎／20系
144	ニセコ／二段寝台／日勤教育／201系／仁堀連絡船／日本国有鉄道
145	日本三大車窓／日本車輌製造／日本食堂／日本通運／日本鉄道建設公団
146	日本特急旅行ゲーム／日本列島改造計画／入場券／ネルソン／粘着運転／ノーベルホン
147	のぞみ／ノッチ／「の」の字運転／呑み鉄／乗り越し
148	乗継割引／乗りつぶし／乗り鉄／海苔のりべん／ノリホ

150	パーサー／パーミル／パーラーカー／配給車／ハイケンスのセレナーデ／買収国電
151	廃線跡／ハイデッカー／ハイブリッド車両
152	ハイボール／白鳥形／伯備線／ハザ／馬車軌間／走ルンです／ハチクマライス
153	ハチロク／発車合図／発車メロディ／バッド社／800番台
154	歯抜け／パノラマカー／パノラミックウインドウ／はまなす／はやて／はやぶさ
155	バラスト／原信太郎／張り上げ屋根／バリ鉄／ハンガ
156	阪急電鉄／阪急マルーン／半自動ドア／阪神電気鉄道／番台区分／パンタグラフ
157	ハンドスコッチ／ハンプ／BRT／B寝台／ピーテン／ビートル／P-6
158	ヒガハス／ひかり／微気圧波／引通線／秘境駅
159	ビスタカー／ひだま／ビッグボーイ
160	一筆書きルート／101系／103系／100系／ビューゲル／ビュッフェ
161	標準軌／表定速度／ヒルネ／広田尚敬／ブーフリ式
162	複線／福知山線脱線事故／富士／富士重工業／付随車／豚積車／普通車／普通弁当
163	普通列車／プッシュプル方式／ぶどう色／フランジ／フリーゲージトレイン／振替輸送

164	振子式車両／ブリル／ブルートレイン／ブルートレインブーム／ブルーリボン賞
165	ブルドッグ／ブルネル賞／プルマン式／フルムーン夫婦グリーンパス
166	古レール／分割併合／分岐器／閉塞／ぺこちゃん
167	ヘッドマーク／弁慶号／編成写真／変電所／防音壁
168	方向幕／冒進／ポーター／ホームドア／ポール／ボールドウィン／補機
169	北斗星／星晃／保線班
170	保存鉄道／ボックスシート／ボックス動輪／鉄道屋／ポニー
171	ホバークラフト／堀淳一／ボルスタレス台車／幌／幌運用／ボンネット／本務機
172	コラム 特急のなかで一番〇〇なのは…

174	間合い運用／マイバッハ／前パン／枕木／マグロ／真島満秀
175	マスコン／ますのすし／松本清張／マニア／ママ鉄／マルス
176	マルチプルタイタンパー／マルヨ／マレー式機関車／万世橋駅
177	ミカド／三河島事故／水かき付動輪／未成線
178	密着連結器／水戸岡鋭治／みどりの窓口／南田裕介／南満州鉄道
179	ミニ周遊券／ミニ新幹線／宮島航路／宮脇俊三
180	ミュージックホーン／民鉄／ムーミン／ムーンライト
181	無蓋車／向谷実／無人駅／ム・ラ・サ・キ／メキドロ式変速機／盲腸線
182	模型鉄／モノコック構造／桃太郎／門デフ

184	ヤード系輸送／夜間滞泊／夜行列車／山スカ／山手線／弥生軒
185	やわやわ／有蓋車／雪レ／輸送指令／輸送密度／ユニットサッシ／ゆる鉄
186	余韻切り／ヨーダンパ／抑止／抑速ブレーキ／横軽／横見浩彦／吉川文夫
187	吉川正洋／吉村光夫／余裕時分／ヨンサントオ／485系
188	コラム 色灯式信号機

190	ライトレール／ラッシュ／ラッセル車／ラッチ／ラッパ屋／ラッピングトレイン
191	力行／リクライニングシート／リチャード・トレビシック／リニア中央新幹線／リニア・鉄道館
192	流改／流線形／留置線／流電／旅客営業規則／旅客営業取扱基準規程／旅行センター
193	リンク式連結器／臨時駅／臨時列車／ルート周遊券／ループ線／ルーメット／冷水器
194	冷凍みかん／レイモンド・ローウィ／RAILWAYSシリーズ／レイルマガジン／レール／レール削正車／レール7
195	レールバス／レチ／レチ弁／列車給仕
196	列車番号／列車編成席番表／列車防護／列車ホテル／レッドトレイン
197	連合軍専用列車／レンコン／連接台車／連続乗車券／連動装置／ロイヤル／ロータリー車
198	ローレル賞／ロクサン／ロザ／ロマンスカー／ロマンスシート／ロングシート
199	ワイド周遊券／ワゴン・リ／ワシクリ／ワンマン運転

【とじこみ付録】
JR乗りつぶし記録帳

※本書に記載されている人物は原則として敬称を略しています

山手線でみる鉄道の変遷

新橋〜横浜間に鉄道が開業してから、約150年（2018年1月現在）。日本を代表する通勤路線・山手線も、130年を超える長い歴史を持っている。明治、大正、昭和、平成と、鉄道は社会と時代を映し続けてきた。東京の中心を走り続けた汽車・電車たちのイラストを見ながら、山手線の歴史と鉄道の変遷を振り返ってみよう。

明治

山手線は、1885（明治18）年、私鉄の日本鉄道が、赤羽〜池袋〜品川間を開業させたのがルーツ。当時の沿線は野原が広がる東京の郊外で、蒸気機関車が走っていた。

大正

国有化されて「山手線」となり、木造電車が登場。1919（大正8）年には中野から東京・品川・池袋を経由して上野に至る「『の』の字運転」が始まり、帝都の大動脈に。

昭和10年代

1940（昭和15）年に開催予定だった東京オリンピックに協賛して、クリーム色とえび茶色に塗り分けた試験塗装が登場。茶一色が当たり前だった当時はとてもモダンだった。

昭和初期

戦前日本の最盛期。車体が鉄製の鋼製電車モハ30系が運行開始。山手線沿線には銀座、新宿、渋谷といった繁華街が発展し、モボ・モガをはじめおしゃれな人たちが利用した。

大正〜昭和初期

1925（大正14）年から環状運転がスタート。連結器もリンク式から自動連結器に交換され、パンタグラフも登場。現代に通じる山手線のスタイルがほぼ完成した。

2015年〜

最新のE235系を投入。車椅子やベビーカーのスペースを広げたり、デジタルサイネージによる情報提供を拡充させたりと、「コミュニケーション」をキーワードに進化を遂げた。

00年代

2002（平成14）年、山手線の主役は、さらなる省エネ・低コスト化と、リサイクルまで考慮されたE231系電車にバトンタッチ。環境への優しさが電車にも求められる時代に。

赤字国鉄からJR発足へ。山手線もコストを気にする時代を迎え、省エネでメンテナンスも簡単な205系電車が登場。国電カラーからステンレス車体となり、イメージチェンジ。

昭和60〜平成1桁

これから始まる辞典ページについて
いろいろ言いたくなるところも
あるかと思います
それも含めて
鉄分豊富なお仲間との
マニアックな盛り上がりに
お役立てください

あ

アーバンネットワーク
【あーばんねっとわーく】用
米原から上郡、和歌山に至る京阪神地区のJR西日本路線網の総称。「アーバン」という言葉の旬が過ぎたためか、2006（平成18）年以降、あまり使われなくなった。

RMMODELS
【あーるえむもでるず】趣
ネコ・パブリッシングが刊行している鉄道模型の専門誌。「鉄道模型趣味」「とれいん」と並ぶ三大鉄道模型雑誌のひとつで、1995（平成7）年「RAIL MAGAZINE」の別冊として創刊した。気軽に購入できるNゲージの記事が多く、鉄道模型の登竜門的存在。

R.T.O
【あーるてぃーおー】歴
Railway Transportation Office（鉄道輸送事務所）の略。サンフランシスコ講和条約が発効するまで、全国の主な駅に設置され、進駐軍将兵やその家族専用の窓口として機能した。東京駅のR.T.Oには、巨大な日本地図と「江戸の船出」をはじめとするレリーフが飾られていたが、東京駅赤レンガ駅舎復元の際に壁の裏から発見され、現在京葉線改札横の通路に保存展示されている。

愛国駅・幸福駅
【あいこくえき・こうふくえき】駅 歴
どちらも、北海道の国鉄広尾線の駅。NHKの紀行番組で紹介されたことから「愛国発幸福行き」の乗車券が大ブームになった。1987（昭和62）年に広尾線が廃止になった後も両駅は保存され、今でも「きっぷ」が売られるなど十勝地方を代表する観光地だ。幸福駅の小さな木造駅舎は老朽化から2016（平成28）年に解体されたが、全く同じデザインで復元されたというのがすごい。

アウトカーブ
【あうとかーぶ】趣
鉄道写真の基本的構図。カーブの外側に立ち、列車の先頭を正面から捉えることで、最後尾までがカーブを描いて収まる。一見簡単そうだが、奥が深い。

青ガエル
【あおがえる】車 趣
1954（昭和29）年登場の東急5000系電車の愛称。航空機の技術を応用した丸いモノコック構造（p182）が独得の表情を作り、緑の塗色とともに「アオガエル」と呼ばれた。2016（平成28）年の熊本電鉄を最後に現役引退。渋谷駅ハチ公口に展示されている。

裸の大将・若大将・青大将

人よんで

日本三大大将（ウソ）

青大将
【あおだいしょう】列 趣

1956（昭和31）年に登場した、東海道本線の特急「つばめ」「はと」用編成の愛称。この時、東海道本線が全線電化したため蒸気機関車の煤煙による汚れを気にしなくて済むようになり、機関車から客車まですべてエメラルドグリーンに塗られた。しかし1960（昭和35）年には電車に置き換えられたため、わずか4年しか見られなかった。

赤字83線
【あかじはちじゅうさんせん】歴

1968（昭和43）年に国鉄諮問委員会が打ち出した「使命を終え廃止すべき」赤字ローカル線。全国の83路線2590.6kmがリストアップされたが、各地で反対運動が起こり、法的根拠がなかったため11線116.0kmが廃止されただけで頓挫した。国鉄末期に断行された特定地方交通線（p133）の廃止は、良くも悪くもこの時の反省が活かされている。

赤春
【あかはる】き 趣

昔ながらの印刷によって駅に常備されていた、「青春18きっぷ」の略。地紋が赤いことから「赤春」「あかはる」「赤券」などと呼ばれた。自動券売機や、窓口のマルス（p175）端末が普及すると赤春を取り扱う駅は激減し、購入できる駅の情報がネットでやり取りされたり、駅によっては通信販売を受け付けたりしていた。2016年冬期をもって廃止。

赤帽
【あかぼう】職 歴

軽トラックによる輸送業者組合のこと…ではなく、主要駅で乗客の荷物を列車や駅入口まで運ぶ職員のこと。赤い帽子を被っていたことから赤帽と呼ばれ、有料。2006（平成18）年の岡山駅を最後に全廃されたが、2012（平成24）年、ヤマト運輸が東京駅でポーターサービスを実施。JR東日本も2016（平成28）年に東京駅で期間限定のポーターサービスを行うなど復活の動きもある。

阿川弘之さんは雑誌『旅』の企画で急行「銀河」にカレチとして乗務したコトがある(!)

阿川弘之
【あがわひろゆき】人
1920〜2015。『雲の墓標』や、海軍三部作などで知られる小説家。鉄道をはじめとする乗りもの好きとして知られ、海外の鉄道エッセイ「南蛮阿房列車」、絵本『きかんしゃやえもん』などの作品を残した。

亜幹線
【あかんせん】用
幹線と呼べるほど旅客や貨物輸送量は多くないが、地方交通線(ローカル線)よりは重要とされる路線の通称。はっきりした基準はない。高山本線や山陰本線などが挙げられることが多い。

ACCUM
【あきゅむ】車 技
JR東日本の烏山線に2014(平成26)年に導入された、蓄電池駆動電車EV-E301系の愛称。電化区間では通常の電車と同様架線から集電して走行し、同時に搭載した大容量バッテリーに充電。非電化区間ではバッテリーで駆動する。

アクティブ制振装置
【あくてぃぶせいしんそうち】技
最新の新幹線車両に導入された揺れを打ち消す装置。JR東日本は「アクティブサスペンション」と呼ぶが、JR東海は「サスペンションではない」としてこの呼称を用いている。加速度センサーが検知した揺れをコンピュータ制御によって抑えるセミアクティブ方式(N700系など)と、アクチュエーターという装置が自ら動いて揺れを打ち消すフルアクティブ方式(E5系など)がある。

アコモデーション
【あこもでーしょん】設
本来は宿泊設備を意味する言葉だが、鉄道においては車両の内装設備を意味する。ファンや職員の間では「アコモ」と略されることが多い。「アコモ改善車」と言えば、座席などの客室設備を新しく改造した車両。

あさかぜ
【あさかぜ】列
1956(昭和31)年11月に東京〜博多間で運行を開始した、戦後初の寝台特急列車。大阪を夜間に通過し、東京と九州を一晩で結んだ点が画期的だった。1958(昭和33)年には最新の20系客車(p143)を投入し、ブルートレインの元祖となる。一人用個室「ルーメット」など豪華な設備は「走るホテル」とも呼ばれた。新幹線や航空機が発達すると乗客が減り、2005(平成17)年に廃止。

かつて「あさかぜ」は優等客車の多さから"殿さま列車"と呼ばれた!!

朝倉希一
【あさくらきいち】⦅人⦆
1883〜1978。明治から昭和にかけての鉄道技術者。ヨーロッパで機関車の製造技術を学び、鉄道省に入省。鉄道省工作局長や、車両メーカーの汽車会社取締役などを歴任した。ヨーロッパの鉄道技術を日本の状況に合わせて解釈し、9600形蒸気機関車(p51)やC51形蒸気機関車といった名車を設計した。晩年まで数多くの著作を残している。

朝練
【あされん】⦅趣⦆
早朝に列車を撮影すること。寝台列車華やかなりし頃は、列車の撮影といえば朝練が当たり前だった。早朝は空気が澄んでいるので、ローカル線の風景写真などにも最適。

あじあ
【あじあ】⦅列⦆⦅歴⦆
1934(昭和9)年に、大連〜新京(現在の長春)間で運行を開始した、南満州鉄道(p178)の特急列車。日本の傀儡国家だった満州国の看板列車として日本の技術で開発され、最高時速130kmという当時の世界最高水準速度で運行された。その技術は、戦後の東海道新幹線の開発に活かされている。

足回り
【あしまわり】⦅趣⦆
台車など車両の床下部分のこと。資料性の高い形式写真(p57)を撮影する時は、通常暗くなりがちな床下部分も太陽光などを利用して明るく写すのが良いとされる。

後追い
【あとおい】⦅趣⦆
走行している列車を後方から撮影すること。少々品のない言葉では「ケツ打ち」とも言う。去りゆく姿を強調したい時など、意図がある場合以外は避けるべきとされる。一般人から見ると、赤い尾灯が点灯している以外、普通の走行写真とそれほど変わらない。

複数のラックレールが前後にズレて設置されているのがアプト式の特徴

アプト式
【あぷとしき】⦅技⦆
鉄道が苦手とする急勾配を運行するための方式。通常のレールの間にギザギザのついたラックレールを複数枚(日本では3枚)設置し、車両側のピニオンギアと呼ばれる歯車とかみ合うことで急勾配を行き来する。日本では1963(昭和38)年まで、国鉄一の急勾配区間だった信越本線横川〜軽井沢間で採用されていた。現在は静岡県の大井川鉄道井川線アプトいちしろ駅〜長島ダム駅間で、主に観光用として導入。

『あじあ』の牽引機 パシナ
Great!
アメリカの著名なデザイナー レイモンド・ローウィも絶賛したデザイン!

阿房列車
【あほうれっしゃ】㊜

内田百閒(p26)によるエッセイ。大の鉄道好きだった内田百閒が東海道本線をはじめとする各地の列車に乗る。「なんにも用事がないけれど、汽車に乗つて大阪へ行つて来ようと思ふ」という書き出しは有名だ。

アムトラック
【あむとらっく】㊠

1971(昭和46)年に発足した、アメリカの長距離旅客列車を運行する公共企業体。自社の路線をほとんど持たず、貨物専用鉄道の線路を借りて旅客列車を走らせている。ボストンとニューヨーク、ワシントンDCを結ぶ高速列車「アセラ・エクスプレス」などが有名。

雨宮製作所
【あめみやせいさくじょ】㊠㊥

明治末期から昭和初期まで存在した鉄道車両メーカー。小型の蒸気機関車や電車の製造を得意とし、地方交通の近代化に貢献した。北海道遠軽町の丸瀬布森林公園いこいの森には、雨宮製作所の蒸気機関車「雨宮21号」が動態保存されている。

鮎川哲也
【あゆかわてつや】㊣

1919～2002。緻密なアリバイ・トリックに定評がある推理小説家。鬼貫八郎警部を主人公に、鉄道を舞台にした作品を数多く発表した。事実上のデビュー作「黒いトランク」は、東京と九州をめぐる犯人の動きがパズルのようで、今読んでも引き込まれる。

ある機関助士
【あるきかんじょし】㊜

鉄道を扱ったドキュメンタリー映画の金字塔。1962(昭和37)年に発生した三河島事故(p177)をテーマとし、実際に事故を引き起こしたとされた機関士と機関助士が主演、その他の出演者もほぼ全員が現役の国鉄職員だった。現場の労働環境を緻密に記録し、数々の賞を受賞した。

アルコ
【あるこ】㊠㊥

アメリカの鉄道車両メーカー、アメリカン・ロコモーティブ社のこと。1901(明治34)年に8つのメーカーが合併して誕生し、アメリカを代表する蒸気機関車メーカーとしてユニオン・パシフィック鉄道やサザンパシフィック鉄道など、多くの鉄道会社に車両を供給した。日本にも、C52形をはじめ、明治末期から大正時代にかけて蒸気機関車を輸出。戦後は「アルコ(ALCO)」を正式社名とし、1964(昭和39)年までディーゼル機関車などを製造していた。

北海道の遠軽町「丸瀬布森林公園いこいの森」では機関車「雨宮21号」が元気に走っています!!

アルナ車両
【あるなしゃりょう】企

路面電車を得意とする車両メーカー。元は「ナニワ工機」という社名だったが、「アルミのナニワ」を略した「アルナ」を住宅用アルミサッシのブランドとして使用したところこちらが有名になり、1970（昭和45）年にアルナ工機と社名を変更した。2002（平成14）年から「アルナ車両」となり、次世代路面電車「リトルダンサー」など数々の超低床車両（p117）を開発している。

アルプスの牧場
【あるぷすのぼくじょう】作 設

国鉄の気動車用車内チャイム。原曲はチロル民謡と言われている。優しい曲調で、このオルゴールを聴くとローカル線の旅を思い出す人は多い。1951（昭和26）年に発表された灰田勝彦のヒット曲「アルプスの牧場」とは関係がない。

アルミカー
【あるみかー】車

アルミニウム合金製の車両。腐食に強く、大幅な軽量化が可能という利点がある一方、製造費が高くつくという欠点がある。日本の旅客鉄道でアルミカーが本格的に登場したのは、1962（昭和37）年登場の山陽電鉄2000系から。現在では新幹線から通勤電車まで、幅広く採用されている。

或る列車
【あるれっしゃ】列 歴

スイーツをテーマにしたJR九州の観光列車。モチーフは、明治末期に当時の九州鉄道がアメリカのJ.G.ブリル社に発注しながらほとんど運行されなかった悲運の特別車両で、鉄道模型愛好家の原信太郎（p155）が独自に模型化。これが工業デザイナーの水戸岡鋭治（p178）の目にとまり、原の次男で原鉄道模型博物館副館長・原健人の監修のもと、デザイン・設計された。モチーフとなった列車が「或る列車」の愛称で呼ばれていたのを、そのまま正式名称にしている。

国鉄型気動車を改造した「或る列車」

安全側線
【あんぜんそくせん】施

駅の構内などにある、行き止まりの線路。停止信号の時は、分岐器がこちらに向いている。万一列車が信号を無視して冒進しても、本線に入ることなく安全側線に突っ込んで停まり、大規模な衝突事故を防ぐ仕組みだ。

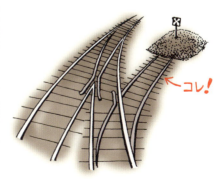

e5489
【いーごやく】㊄

JR西日本・JR四国の会員制ネット予約サービス。山陽・九州新幹線、北陸新幹線、JR西日本・四国・九州各エリアの特急列車（一部快速列車を含む）を予約できる。通常のきっぷのほか、スマートフォンを使ったチケットレスサービスや、トクトクきっぷ（p133）の購入も可。以前は電話予約の「5489ダイヤル」があり、熟練オペレーターに人気列車の予約を依頼できたが、2017（平成29）年9月に一部を除き終了した。

EG
【いーじー】㊙㊔

電気暖房装置のこと。電車や気動車は、車両自体に暖房装置を搭載しているが、動力を持たない客車は、機関車から供給を受けることが多かった。そのため電気機関車には暖房用の電源供給機器が搭載されるようになり、EGと呼ばれた。

いい旅チャレンジ20,000km
【いいたびちゃれんじにまんきろ】㊕㊋

1980（昭和55）年3月から10年間、国鉄・JRが実施した鉄道ファン向けのキャンペーン。242線区（当時）あった国鉄路線を「踏破（乗車）」すると、国鉄が認定してくれるというもので、30線区などの節目では最寄りの国鉄駅の駅長から賞状と記念品が授与された。「全線踏破」は80年代の乗り鉄少年（というまだ言葉はなかったが）の憧れだった。

E電
【いーでん】㊋

国鉄分割民営化に際し、それまで「国電（国鉄電車）」と呼ばれていた首都圏の通勤電車に対して新しくつけられた愛称。一般から公募され、小林亜星やJR東日本副社長らによる選考委員会によって選定された。東日本（East）の「E」や電気「Electric」のEを意味していたが、ほとんど普及しないまま消えた。発表された直後から、多くの人が"嫌な予感"を感じたものである。

EB装置
【いーびーそうち】㊙㊔

「Emergency Brake」の略で、緊急列車停止装置のこと。運転士が失神・居眠りなどをして運転不能になった場合に、列車を停止させる。走行中、一定時間以上機器の操作が行われないと警報が鳴り、それでも操作が行われないと自動的にブレーキがかかる仕組み。

いい日旅立ち
【いいひたびだち】㊐㊋

1978（昭和53）年11月3日から実施された、

国鉄のキャンペーン。1970（昭和45）年から行われた「ディスカバー・ジャパン」キャンペーン（p120）が旅行ブームを巻き起こしたため、夢よもう一度とばかりに「Discover Japan2」の副題がついていた。山口百恵が同名のキャンペーンソングを歌い、大ヒット。

いい日旅立ち・西へ
【いいひたびだち・にしへ】作

鬼束ちひろが歌った、山口百恵のカバー曲。JR西日本のキャンペーンソングで、東海道・山陽新幹線のJR西日本車両では車内チャイムにも使われている。今は亡き、大阪～札幌間の寝台特急「トワイライトエクスプレス」でこの曲が流れると、なんとも言えない旅情を感じたものだ。

イオカード
【いおかーど】き 技

1991（平成3）年から導入された、JR東日本の磁気式プリペイドカード。国鉄時代からあった自動券売機用のオレンジカードと異なり、自動改札機に直接投入できた。今ではすっかりお馴染みの「Suica」も、初期のタイプは「Suicaイオカード」が正式名称だった。Suicaの普及によって2005（平成17）年に販売が終了した。

いかめし
【いかめし】食

北海道函館本線の森駅の駅弁で、デパートの「駅弁大会」の常連。業者の都合によって駅でほとんど買えなかった時期があり、「駅で買えない駅弁」と言われたことも。

いかり肩
【いかりがた】趣

交直両用（p61）特急型電車である481系ボンネットタイプの運転台後ろについた「こぶ」。481・485系は、直流用181系よりも車高が高かったが、運転台の高さは181系と同じため、運転台と客室部分に段差が生じた。181系と481系を見分けるポイントのひとつ。

委託駅
【いたくえき】駅

関連会社や自治体、個人などに業務を委託している駅。JR東日本ステーションサービスや東海交通事業など、鉄道会社の子会社に委託し直営駅と一見区別がつかない業務委託駅と、自治体や駅周辺の商店、個人などに乗車券の販売だけを委託した簡易委託がある。かつて田舎では、駅前のたばこ屋などで近距離の乗車券を売っていた。

板谷峠
【いたやとうげ】路
奥羽本線庭坂〜大沢間にある福島・山形県境の峠区間。33〜38‰(1000ｍ進むごとに33〜38ｍの高低差)という、鉄道としては異例の急勾配が22kmにわたって続き、急カーブやトンネルも多い国内有数の難所。途中の赤岩、板谷、峠、大沢の4駅は、すべてスイッチバック方式だったが現在は解消、山形新幹線の電車が軽やかに通過する。

1位・2位・3位・4位
【いちにいさんいよんい】車
鉄道車両を上から見た時の4隅。車両の前方(前位)右側が1位、左側が2位。後方右側が3位、左側が4位となる。別に順位付けをしているわけではない。

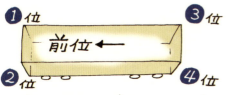

一枚のキップから
【いちまいのきっぷから】歴
ディスカバー・ジャパン(p120)に続いて、1977(昭和52)年1月6日から始まった国鉄の旅行キャンペーン。不正乗車防止キャンペーンと間違えられるなど評判が悪く、1年あまりで終了した。

一線スルー
【いっせんするー】施
単線区間の行き違い施設では、通常左右に線路が分岐するが、片側をカーブのない直線とすることで、特急などが減速せずに通過できるようにした配線のこと。

一般周遊券
【いっぱんしゅうゆうけん】き 歴
国鉄が販売していた周遊券(p87)の1つ。国鉄に201km以上乗車し、指定のバスなどで周遊指定地を2カ所以上(特定指定地は1カ所以上)訪れて出発地に戻ると、運賃が会社線を含めて割引になった。駅の窓口では扱っておらず、発券にも時間がかかった。時刻表の索引地図に「周遊おすすめ地」や「主な観光地」という表示があるのは、その名残。

犬釘
【いぬくぎ】設
レールを固定する大型の釘。初期のものは、レールを押さえる部分が犬の頭のように見えたことから、この名前がついた。廃線跡(p151)を歩くと、数十年前に廃止された路線跡でもこれが転がっていることがある。

井上勝
【いのうえまさる】人
1843〜1910。「日本の鉄道の父」。長州(今の山口県)出身の官僚で、幕末には伊藤博文らと密かにイギリスに渡って近代国家を学び、同時に鉄道の必要性を認識した。帰国後、鉄道建設に尽力し、新橋〜横浜間をはじめとする東海道線や関西の鉄道を開業させた。東京駅の駅前や、出身地の山口県萩駅前に銅像がある。

岩崎・渡辺コレクション
【いわさきわたなべこれくしょん】作

実業家の岩崎輝弥と渡辺四郎が、1902（明治35）年〜1907（明治40）年、写真家の小川一真に依頼して全国で撮影した鉄道写真のこと。被写体は車両から橋梁まで多岐にわたり、明治の鉄道の貴重な史料となっている。現在はさいたま市の鉄道博物館に所蔵。

明治時代に大きなボックスカメラを持っての全国撮影行は大変な苦労だったことだろう…

インカーブ
【いんかーぶ】趣

カーブした線路の内側から列車の編成を撮影すること。カーブの外側から撮影するアウトカーブよりも難易度が高いとされる。広い範囲が写る広角・標準域のレンズを使い、迫り来る列車の迫力ある姿を表現できる。

ウェスチングハウス
【うぇすちんぐはうす】企

1999年まで存在したアメリカの総合電機メーカー。20世紀中頃までは鉄道車両も製造した。創業者ジョージ・ウェスチングハウスは鉄道の基本的なブレーキシステムであるエアブレーキを発明した人物でもある。

宇高連絡船
【うこうれんらくせん】路

瀬戸大橋が開通するまで、岡山県の宇野駅と香川県の高松駅を結んでいた国鉄連絡船。所要時間は1時間ほどで、立ち食いの讃岐うどんが人気だった。このうどんは、今も高松駅で「連絡船うどん」として味わえる。

宇高連絡船の主力 土佐丸

碓氷鉄道文化むら
【うすいてつどうぶんかむら】文

群馬県松井田町の信越本線横川駅に隣接する鉄道テーマパーク。碓氷峠越え専用の電気機関車があった横川運転区跡にある。旧信越本線の線路を活用したトロッコ列車や、機関車の運転を本格的に体験できるプログラムもあり、様々な鉄道を「体験」できる。

ウソ電
【うそでん】趣

鉄道ファンが、パソコンなどを使ってデザインした、実在しない鉄道車両、またはその写真。JRの最新特急型車両を、懐かしい国鉄型塗装にするのが定番。まれに現実の車両で実現してしまうことがある。

リアル「ウソ電」の1つ、185系湘南色

打子式ATS
【うちこしきえーてぃーえす】㊡㊴

東洋初の地下鉄、東京地下鉄道（現・東京メトロ銀座線）で初採用された自動列車停止装置（p28）。信号が赤の時に線路脇のトリップアームが立ち上がり、電車が信号を無視して通過しようとすると、車両のトリップコックに当たり、ブレーキ管が開いて非常ブレーキがかかる。名古屋市営地下鉄東山線では2004（平成16）年まで使われた。

内田百閒
【うちだひゃっけん】㊅

1889～1971。夏目漱石門下の小説家、随筆家。鉄道好きとして知られ、「阿房列車」シリーズ（p20）はその後の鉄道エッセイに大きな影響を遺した。ネコ好きでもあり、行方不明になったノラ猫を案じる「ノラや」は涙なくして読めない。

宇宙軒カーブ
【うちゅうけんかーぶ】㊙

JR北海道室蘭本線洞爺〜有珠間にある撮影ポイント。緩やかなS字カーブを描いており、寝台特急「北斗星」をはじめとする列車をきれいに撮影できた。「宇宙軒」とは、北海道岩見沢市に本店を置くラーメンチェーン店で、有珠店が撮影地への目印となっている。ただし、撮影地は林道の奥にあり、宇宙軒だけ知っていてもたどり着けない。

宇都宮照信
【うつのみやてるのぶ】㊅

1949〜。九州鉄道記念館館長代理。日本食堂やジェイダイナー東海（現ジェイアール東海パッセンジャーズ）に長年勤務し、食堂車の調理長などを務めた。日本の列車食堂の生き字引的存在で、著書も多い。九州鉄道記念館に鉄道資料を提供したことがきっかけで館長代理に就任した。

腕木式信号機
【うでぎしきしんごうき】㊡㊹

腕木と呼ばれる棒状の板が付いた信号機で、ローカル線の象徴的なアイテム。駅などにある信号テコと呼ばれるレバーを操作して腕木の位置を変える仕組みで、運転士は、腕木の角度によって遠くからでも信号の状態を確認できる。明治以来活用されてきたが、今はローカル私鉄のごく一部に残るのみ。

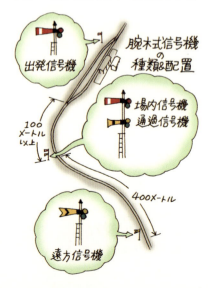

ウテシ
【うてし】用
運転士（うんてんし）の電報略号（p129）。国鉄の部内用語だが鉄道ファンにも好んで使う人がいる。

ウヤ
【うや】用
「運転休み」の略で、運休を意味する電報略号（p129）。鉄道ファンの間でも広く使われている。慣れすぎて、一般の人に向かって言わないように注意。

上屋
【うわや】設
駅のホームにある屋根。長期にわたって使われることが多く、文化財的価値を持つものもある。柱に古レールを使っている上屋には、明治時代の刻印が残っていたりする。

運転停車
【うんてんていしゃ】用
時刻表上は通過だが、列車の行き違いや追い越し待ちなどのために停車すること。乗降扉は開かない。秘境駅などでは、普通列車が運転停車を行なうケースもあり、「扉を開けてくれれば降りられるのに」と思うこともある。

運輸安全委員会
【うんゆあんぜんいいんかい】用
鉄道、航空、船舶の事故や重大インシデントの原因究明調査を行う公的機関。2008（平成20）年に航空・鉄道事故調査委員会と海難審判庁が統合して発足した。鉄道においては、衝突・脱線・火災事故のほか、死者が発生したり、5人以上負傷したりした事故や、そうした事故になる危険性があった重大インシデントなどを調査対象とする。

エアロストリーム
【えあろすとりーむ】技
東海道・山陽新幹線の700系電車に採用された先頭形状。客室スペースを維持したまま、騒音を減らすために開発された。ユーモラスな形状から「カモノハシ」と呼ばれることもある。これをさらに進化させたのが、N700系の「エアロダブルウイング」。コンピューターシミュレーションを500回以上繰り返して完成した「鳥が羽を伸ばしたような形状」だが、どの辺が鳥の羽なのかイマイチわかりにくい。

700系（右）とN700系（左）

営業キロ
【えいぎょうきろ】用

鉄道で運賃計算などに広く用いられる距離単位。基本的には、実際の路線距離を表すが、様々な理由から実際の距離と食い違うことがある。例えば、大部分の新幹線の営業キロは在来線と同じに設定されているが、実際の距離はたいてい短い。東京～新大阪間の営業キロは552.6kmだが、実キロは515.4kmだ。

AEG
【えーいーじー】企

ドイツの電機メーカーで、「アルゲマイネ・エレクトリツィテート・ゲゼルシャフト」の略。電気機関車を中心とした鉄道車両の開発も手がけており、銚子電鉄で動体保存されているデキ3形電気機関車などがある。

A寝台
【えーしんだい】サ 設

座席ならグリーン車に相当する上級寝台。通路の左右に二段ベッドが並ぶ開放型寝台（プルマン式→p165）と、シ

急行「銀河」のA寝台

ングルデラックス（p94）などの個室があった。現在は、「サンライズエクスプレス」にしかない。

ATS
【えーてぃーえす】技

自動列車停止装置（AutomaticTrainStop）。列車が停止信号を無視して進もうとした場合などに運転士に警告を与え、強制的に停止させる。最新のシステムでは、列車の位置と速度、減速性能を判定して停止位置まで安全に停止できるよう速度を管理する機能を備え、後述のATCに近づいている。

ATO
【えーてぃーおー】技

自動列車運転装置（AutomaticTrainOperation）。運転士がスタートボタンを押すだけで、次の停車駅まで自動的に加速・減速・停止するシステム。新交通システムなどには完全無人運転の路線もある。

ATC
【えーてぃーしー】技

自動列車制御装置（AutomaticTrainControl）。信号の状況に対応した信号電流をレールに流し、列車上の装置がこれを受け取って制限速度が守られているかを判定、自動的にブレーキを作動させるシステム。より高度なデジタルATC（p121）も登場している。

駅
【えき】駅

旅客の乗降や貨物の積み卸しを行なう施設の総称。日本にはJRや私鉄を合わせて約1万500の駅がある。様々な駅に乗降したり、駅の施設や歴史の知識を収集したりする鉄道ファンは「駅鉄」と言う。横見浩彦（p186）のように全駅に乗下車した猛者も。

液体式
【えきたいしき】技

気動車やディーゼル機関車の動力伝達方式の1つ。ポンプとタービンを組み合わせ、エンジンの動力を液体（油）を通じて伝達する。軽量・廉価で保守がしやすく、長年日本の主力方式だった。

駅ネ
【えきね】趣

駅で一夜を過ごすこと。夜行列車が多かった時代は、待合室を終夜開放している駅が多く、宿代を浮かす手法として用いられた。現在では困難だ。

駅弁
【えきべん】食

駅構内で販売されている弁当。狭義では、日本鉄道構内営業中央会に加盟した業者による、駅弁のロゴマークを付けた弁当。全国に約2,000種類あると言われるが、はっきりした統計はない。駅弁を食べることを楽しむ駅弁鉄もいる一方、製造数が少なくコンビニ弁当よりも割高なため、敬遠する人もいる。

エドモンド・モレル
【えどもんどもれる】人

1840～1871。イギリスの鉄道技術者で、お雇い外国人として日本の鉄道建設を指導した。「低予算で建設でき日本の国情に合っている」として軌間1,067mmの狭軌での建設を決めたといわれ、枕木（p174）もイギリス産から日本の国産に変更するなど、維新間もない日本の鉄道建設に尽力した。

Edumond Morel 1840～1871

MM'ユニット
【えむえむゆにっと】技

主電動機（モーター）を搭載する電車で、機器類を2両に分散させて搭載し、必ずペア（ユニット）で使用する方式のこと。電車の構造が複雑になってきた1950年代から導入された考え方。機器が分散されて配置が容易になり、製造コストの圧縮やメンテナンス性の向上、重量の平均化などが実現した。

M車
【えむしゃ】用

MM'ユニットの考え方に基づく車両で、主電動機を動かすための主要な機器を搭載した車両。電動発電機など、補助的な機器を搭載した車両は「M'車」と呼ばれる。

MM'ユニットの例
モハ582＋モハ583

（図：交直切換器、主変圧器、シリコン整流器、交直転換器、主制御器、主抵抗器、主電動機へ）

エル特急
【えるとっきゅう】列 歴

昼行で運行本数の多く、自由席を連結した国鉄特急に付けられた愛称。特急が大衆化してきた1972（昭和47）年に登場した。「エル」は「Limited Express（特急）」「Liner（直行）」などからの連想と言われるが特定の意味はない。定義が曖昧なのでJR化後は廃れ、最後まで使用していたJR東海も2018（平成30）年3月改正で使用を終了。

遠距離逓減制
【えんきょりていげんせい】規 き

鉄道運賃の1kmあたりの単価が、長距離になるほど安くなっていく仕組み。JR本州三社の幹線の場合、300kmまでは1kmあたり16円20銭だが、601km以上では半額以下の7円5銭。例えば、東京から名古屋まで往復する場合、東海道新幹線で往復すると往復運賃は1万2,520円だが、東京〜名古屋〜塩尻〜東京と一周すると、東京都区内発東京都区内行きの片道きっぷとなり、乗車距離は長くなるのに1万820円と安くなる（金山〜名古屋間の別途運賃を含む）。

遠距離逓減制と聞くと『ハトヤ大漁苑』のCMを思い出す…

延発
【えんぱつ】用

運行間隔を調整するために、故意に列車の発車を遅らせること。通勤電車で、「後続の電車が遅れているため、当駅で時間調整を行います」というアレ。

おいらん道中
【おいらんどうちゅう】歴 趣

「おいらん」とは、建築限界測定車の通称（「建築限界」→p59）。信号機や架線柱など線路脇の施設が、規定通り線路から離れて設置されているかを測定するために、車体からたくさんの矢羽根を出している。これが、花魁に似ているとして名付けられた。「おいらん道中」は、その検査走行のこと。最近は、保線車両タイプの測定車が増え、情緒がなくなった。

扇屋
【おうぎや】食

JR西日本屈指のローカル線である木次線の亀嵩駅で、駅長室を改造して営業している蕎麦屋。駅業務の委託を受けた地元の人が開業したところ評判となった。事前に予約しておくと、列車に蕎麦を届けてくれる。

往復割引
【おうふくわりびき】規 き

JRで片道601km以上の区間を同じ経路で往復する場合、往復同時に購入すると運賃が1割引になる制度。これをうまく利用すると、東京から大阪へ往復する場合は556.4kmの大阪市内まで購入するより、612.3kmの西明石まで往復割引で購入した方が若干安くなる。

青梅鉄道公園
【おうめてつどうこうえん】文 趣

1962（昭和37）年に鉄道開業90周年を記念して開設された公園。国鉄最大の蒸気機関車E10など11両の車両が保存展示されている。急坂を登った山の上にあり、どうやってそこまで車両を運んだのかが気になる。

大いなる旅路
【おおいなるたびじ】作

東映が1960（昭和35）年に制作した映画作品。三國連太郎主演。東北・岩手を舞台に、ある機関士が戦争を経て国鉄を定年退職するまでを描いた。事故のシーンでは、国鉄前面協力のもと、本物の蒸気機関車を実際に脱線転覆させて撮影された。

大いなる驀進
【おおいなるばくしん】作

「大いなる旅路」と同様、東映が1960（昭和35）年に制作した映画作品。東京〜長崎間で運行されていた寝台特急「さくら」を舞台に、新婚旅行の若夫婦や自殺を図る炭鉱夫、球場へ向かうプロ野球選手など様々な人間模様が描かれた。出演は中村賀津雄、三國連太郎ほか。

大垣ダッシュ
【おおがきだっしゅ】趣

東京からの夜行快速「ムーンライトながら」（p180）は終着・大垣駅で普通列車米原行きに接続するが、その座席を目指して多くの乗客が走り出すこと。早朝5時台の大垣駅は、異様な熱気に包まれる。こうした座席をめぐる争いは、国鉄連絡船の現役時代にも見られ、「宇野走り」「青森走り」などと呼ばれた。「走り」が「ダッシュ」に変わった所に時代を感じる。

大垣夜行
【おおがきやこう】列

東京発大垣行きの夜行快速「ムーンライトながら」（p180）の前身。「ながら」のことを「大垣夜行」と称する人もいる。東京〜大阪間には昔から夜行普通列車があり、学生などに人気があった。1968（昭和43）年10月のダイヤ改正で一度は廃止が発表されたが、多くの人から反対の声があがり、客車を電車に変えて存続。その後東京〜大垣間の運行となった。

大隈重信
【おおくましげのぶ】人

1838〜1922。早稲田大学の創始者として知られる大隈重信は、伊藤博文とともに日本の鉄道開業に尽力した人物でもある。鉄道の運営権を握ろうとするアメリカの申し出を植民地化の恐れありと断る一方、エドモンド・モレル（p29）らが進言した狭軌の採用を受け入れ、長らく後悔したりした。

大コン
【おおこん】車 歴
明治時代にアメリカ・ボールドウィン社から輸入した国鉄9200形蒸気機関車のこと。先輪1（左右で2）、動輪4（同8）で構成される車輪配置2-8-0をアメリカでは「コンソリデーション」と呼ぶので、大型のコンソリデーションに「大コン」の愛称がついた。国鉄で活躍後、三菱大夕張鉄道を中心に北海道の炭鉱鉄道に譲渡され、1960年代まで活躍した。

大手私鉄
【おおてしてつ】用
JRを除く民営鉄道会社のうち、特に経営規模が大きな会社のこと。現在は東急電鉄や近畿日本鉄道など、東名阪と九州の16社が大手私鉄とされる。長らく14社だったが、1990（平成2）年に相模鉄道、2004（平成16）年に営団地下鉄から民営化された東京地下鉄（東京メトロ）が加わり16社となった。新京成や山陽電鉄など「準大手私鉄」（p88）と呼ばれる会社も5社ある。

大ナメクジ
【おおなめくじ】車 歴
D51形蒸気機関車のうち、22・23号機の愛称。D51の初期型は、ボイラー上の煙突と砂箱の間に給水加熱器があり、煙突から砂箱までを一体化したキセ（カバー）が付いていた。その形状からファンや国鉄職員が「ナメクジ」と呼び、中でも22・23号機はカバーが運転台まで延びていたことから、「大ナメクジ」または「スーパーナメクジ」といった。

大回り乗車
【おおまわりじょうしゃ】趣 規
首都圏や大阪、福岡などの大都市近郊区間では、同じ駅間でも複数の経路が考えられるため、手続き簡略化のため「どの経路を通っても最短の経路で運賃計算する」というルールがある。これを逆手に取り、新宿から代々木へ行くのに日暮里、品川を経由するなど、わざと距離の長いルートを乗車して楽しむ遊び。大都市近郊区間から出ず、同じ駅を二度通らなければどんなルートでもよく、1日中乗り続ける猛者もいる。ただし、改札からは出られないので駅ナカのない地域では苦行となることも。

大目玉
【おおめだま】車
大型の前照灯を搭載した電車のこと。昭和40年代から、国鉄電車の前照灯はレンズと反射板を使って小型化したシールドビーム（p73）を採用したが、それ以前は巨大なライトを搭載して光量を確保していた。急行

形の165系や、近郊形の113系などは、製造時期によって従来の前照灯とシールドビームとが混在。ファンは前者を「大目玉」と呼んだ。

岡部冬彦
【おかべふゆひこ】㊟

1922～2005。日本の漫画家、絵本作家。大の鉄道好き、航空機好きで知られ、阿川弘之（p18）作の「きかんしゃやえもん」の絵が有名だ。

奥山清行
【おくやまきよゆき】㊟

1959～。アメリカのゼネラルモーターズ社やドイツ・ポルシェなどでデザイナーを歴任、エンツォフェラーリのデザインも手がけた世界的な工業デザイナー。E6系、E7系、クルーズトレイン「TRAIN SUITE 四季島」（p76）などJR東日本をはじめとする鉄道車両も数多くデザインしている。

小田急電鉄
【おだきゅうでんてつ】㊟

3路線120.5kmの路線を持つ大手私鉄。1927（昭和2）年4月1日に、新宿～小田原間を一度に開業し、話題となった。当時の私鉄は、旧街道に沿って建設されるのが普通だったが、小田急は何もない田園地帯に路線を敷き、宅地開発や遊園地開発を行った。現在はロマンスカー（p198）で知られ、多くの車両が鉄道友の会の「ブルーリボン賞」（p164）を受賞している。

お立ち台
【おたちだい】㊟

列車を撮影できるスポットのうち、特に有名で多くの人が集まる場所のこと。「お立ち台通信」なるガイドブックまである。

小樽市総合博物館
【おたるしそうごうはくぶつかん】㊟

旧小樽交通記念館をルーツとする博物館で、鉄道に関する展示が充実しており、北海道鉄道博物館と言っても良さそうなほど。北海道で初めて鉄道が開業した際に活躍した蒸気機関車「しづか号」をはじめ、国の重要文化財に指定された明治時代の機関庫などを見学できる。

追っかけ
【おっかけ】㊟

車を駆使して、列車の先回りを続け、1本の列車を複数の場所から撮影するテクニック。蒸気機関車などは速度が遅いのでこのテクニックが有効だが、違法駐車や脇見運転が問題になることも。

おでんうどん
【おでんうどん】㊟

芸備線と木次線の分岐駅、広島県備後落合駅のホームでかつて販売されていた立ち食いうどん。出汁の利いたうどんに、玉子や大根といったおでんが入っていた。現在は駅から1kmほど離れた「ドライブインおちあい」で食べることができる。

木次線を走ったC56の乗務員たちも備後落合駅のおでんうどんで身体を温めたのだろうか

おでんそば
【おでんそば】食

こちらは、中央本線立川駅の名物駅そば。具はさつま揚げ、がんもどき２個、玉子２個、がんもどき＆玉子から選べる。もちろんおでんうどんにもできる。首都圏の駅そばがどこも似たような味になる中、貴重な存在。

音威子府そば
【おといねっぷそば】食

JR北海道宗谷本線音威子府駅にある常盤軒が販売している駅そば。地元産の黒い蕎麦が特徴で全国にファンがいる。列車の本数が極端に少ないうえ、お休みのこともあるので、ここの蕎麦を味わうのは大変。

音鉄
【おとてつ】趣

列車の走行音やエンジン音、車内放送、列車接近チャイムなどを録音・収集する人。かつては相当マニアックだったが、スマートフォンなどで気軽に録音ができるようになった近年はメジャーになってきた。発車メロディ（p153）が途中で切られると悲しむ。

大人の休日倶楽部
【おとなのきゅうじつくらぶ】サ

JR東日本が運営している、シニア向けの会員制サービスで、50歳以上の人が加入できる。運賃・料金が５％引きになるといった特典があるが、何と言っても人気は時期を限定して発売される「大人の休日倶楽部パス」。JR東日本全線、あるいはJR東日本と北海道全線などが４～５日間新幹線を含め乗り放題で、非常にお得感がある。このきっぷを使いたいがために、「早く50歳になりたい」と言い出す鉄道ファンもいる。

お化けカプラー
【おばけかぷらー】技 設

電気機関車などで、様々な車両を牽引できるよう、主に電車で使われる密着連結器（p178）と機関車などで使われる自動連結器（p80）の双方を装備した装置のこと。

お召し列車
【おめしれっしゃ】列

天皇・皇后及び皇太后のために特別に運行される列車。明治時代から専用の御料車が製造され、昭和に入ってからも皇室用客車「１号編成」が用意されていた。戦後も貴賓車として製造されたクロ157形や、E655系特別車両などがある。現在の天皇は特別扱いを好まれないとも言われ、近年は定期列車の一部を借り切るケースが多い。天皇の移動は官報に掲載されるので、お召し列車の運行を予測して撮影に臨むファンも多い。

お召し列車としても使われるE655系

オリエント急行
【おりえんときゅうこう】列 歴

豪華寝台列車の代名詞的存在。その歴史は1883（明治16）年にパリ～コンスタンティノープル（現在のイスタンブール）で運行を開始した国際列車に始まる。第二次世界大戦前の1930年代が最盛期で、カレー・パリ～イスタンブール・アテネ間のオリエント急行をはじめ、欧州各地で運行された。1934（昭和９）年には、アガサ・クリスティが名探偵エルキュール・ポアロシリーズ第８弾として『オリエント急行殺人事件』を発表。2017（平成29）年にも映画化されるなど、今も親しまれている。戦後のオリエント急行

は、自動車や航空機に押されて衰退したが、1982(昭和57)年からはクルーズトレイン「ベニス・シンプロン・オリエントエクスプレス」がロンドン～ベニス間などで運行されている。

折妻
【おりづま】 設

妻は「端」を意味する建築用語で、鉄道車両では連結面の壁を指す。折妻は、この壁が何カ所かで折れている形状のことで、ブルートレイン用客車の14系や24系などに見られる。24系の場合、車両の表情にボリューム感が出て美しかったが、製造コストがかかるため、100番台はスパッと切り落としたような切妻スタイルに変わった。

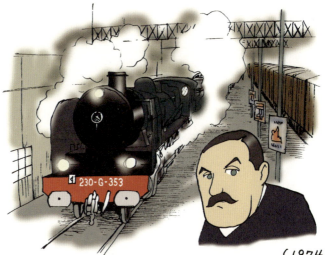

THE MURDER ON THE ORIENT EXPRESS (1974)
ワルツの流れる有名な発車シーンはパリの貨物駅で撮影

折戸
【おりと】 設

二つ折りになって開閉する扉。扉を収納するスペースがいらないためコストダウンでき、ローカル線用の車両や、車内スペースに余裕のない寝台車などに採用された。しかし、ドアの真横に人や荷物があると開閉できない、開閉速度が遅いといった問題があり、近年は消えつつある。

オレンジカード
【おれんじかーど】 き 技

1985(昭和60)年に登場した国鉄の磁気式プリペイドカード。自動券売機に差し込んで使用する。普段使いのほか、記念きっぷに代わる記念品として全国に普及し、自動改札に直接投入できるイオカードの販売が終了した後も販売が続けられた。しかし2013(平成25)年には販売を終了。今でもきっぷの購入はできる。

駅弁傑作選① 王道編

全国で2000種類以上あると言われる駅弁は、鉄道旅の大きな楽しみのひとつ。今や郷土文化とも言えるほど多種多彩な駅弁がある。その中でも自信を持ってお勧めできる、王道駅弁を紹介しよう。

かきめし弁当　根室本線　厚岸駅

牡蠣の煮汁とひじきでご飯を炊き込み、牡蠣やアサリ、フキに椎茸と山海の幸がぎっしり詰まる。東京駅でも購入できるのが嬉しい。

峠の釜めし　信越本線　横川駅ほか

益子焼を使った駅弁。鶏肉や椎茸がぎっしり詰まり、いつもできたてを販売している。容器は持ち帰れば1合の米を美味しく炊ける。

軽量で環境に優しい紙容器バージョンも登場

元気甲斐　中央本線　小淵沢駅

愛川欽也のテレビ番組から誕生した駅弁。二重の折に、それぞれ東京と京都の老舗料亭考案による料理が美しく盛り付けられている。

東海道新幹線の改札内で購入できるJR東海パッセンジャーズ版

チキン弁当　東海道本線　東京駅

ケチャップで味付けしたチキンライスと唐揚げが並ぶ、国鉄時代から人気の洋食弁当。2社が製造・販売しており、味付けが異なる。

ガードレール
【がーどれーる】(設)
レールの内側に設置して、脱線を防止する補助レール。脱線防止レール、護輪軌条とも呼ばれ、主にカーブや橋梁など振動が発生しやすい場所に設置される。車輪は、内側のでっぱりがレールとガードレールの間に挟まれて走る形になり、線路の内側に車輪が落ちて脱線するのを防止する。

ガーランド形ベンチレーター
【がーらんどがたべんちれーたー】(設)
旧型電車などに使われていた換気装置。十字形、あるいは凸形をしており、列車走行の風圧によって前方から入った空気が左右に押し出され、その時の圧力によって車内の空気を排出する仕組み。「ガーランド」は開発者の名前に由来する。

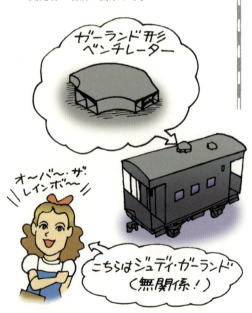

貝島炭鉱専用鉄道
【かいじまたんこうせんようてつどう】(歴)
「筑豊の炭坑王」貝島太助が開発した大之浦炭鉱の専用鉄道。現在の福岡県宮若市にあり、ドイツのコッペル社や、アメリカのアルコ社(p20)の蒸気機関車が1976(昭和51)年の閉山まで活躍していた。

回生ブレーキ
【かいせいぶれーき】(技)(設)
電車のモーターを発電機として使い、発電時の抵抗で制動力を得るブレーキ。自転車のダイナモ式ライトは、電気が生まれてライトがつく代わりにペダルが重くなり速度が落ちるが、それと同じ原理。発電された電気は架線に戻されて再利用されるので、省エネであるとされた。

回送列車
【かいそうれっしゃ】(列)
乗客や積荷を載せずに、車両基地や駅に移動する列車。乗客を乗せないので、運行距離が長くなるほど無駄が生じる。JR西日本の博多南線のように、車両基地との回送線を活用した路線や列車もある。

カシオペア
【かしおぺあ】(列)
2016(平成28)年3月まで、東京〜札幌間を結んでいた寝台列車。専用のE26系客車を使い、オール2階建て・A寝台個室というJRグループで最も豪華な列車だった。ツインルームが基本だったため、鉄道ファンには今ひとつ馴染みの薄い列車だった。現在はツアー列車として運行されている。

架線
【かせん／がせん】(設)
線路の上に張られたワイヤー。トロリ線とも呼ばれる。ここに電気を流し、集電装置を介して電車に電気を供給する。地下鉄では、鋼材を使う鋼体架線もある。現場では聞き取りやすいよう「がせん」と言い、鉄道ファンもしばしば好んで使う。

かぶりつき
【かぶりつき】趣

運転席のすぐ後ろに立って、前方の景色を眺めること。自分が運転しているような気分が味わえ、幼い子供から大きなお友だちまで、かぶりつきが嫌いな人はほとんどいない。トンネルの多い区間で遮光幕（p83）を降ろされると深く悲しむ。人気路線では、譲り合いの精神が養われる。

貨物時刻表
【かもつじこくひょう】趣

年に1回、鉄道貨物協会が発行している貨物列車専門の時刻表。本来は荷主や運送業者が資料として使うものだが、鉄道ファンにも人気がある。そのため、全国の定期貨物列車の時刻のほか、機関車の運用表やダイヤグラム、卓上カレンダーなど趣味的な記事や付録が多い。

鴨宮モデル線
【かものみやもでるせん】施 歴

東海道新幹線の建設時、先行して建設され、1962（昭和37）年から各種走行実験が行われた区間。開業後は本線に組み込まれており、新横浜〜小田原間の小田急江ノ島線をくぐった先から、小田原の手前、酒匂川橋梁手前の保線基地までにあたる。元は、戦前の弾丸列車計画の時代に用地買収が進んでいた区間で、直線、曲線、トンネル、橋梁など、走行実験に必要なほとんどの要素が揃っていた。

"亀の子"こと上野鉄道5号機

亀の子
【かめのこ】車 趣

現在の上信電鉄（高崎〜下仁田間）の前身である上野鉄道で、5号機関車として活躍したアメリカ製の超小型蒸気機関車。水タンクが小さなボイラーに負ぶさるように設置されたサドルタンク式（p70）の機関車で、その特徴的な姿から「亀の子」の愛称で親しまれた。鉄道模型で人気がある。

鴨宮モデル線 1962〜1964 ピッカピカの軌道を試験車が走る光景はまるで"博物館"のジオラマのようだったのでは？

…ということもできそうなぐらい
仮乗降場の設備は簡素だった

仮乗降場
【かりじょうこうじょう】駅

国鉄時代、主に北海道で、国鉄本社の承認を得ず、現地の鉄道管理局(p122)や総局の判断で設置されていた乗降場。ほとんどが人口の少ない場所にあり、道内時刻表にも掲載されない乗降場や、畑の中央にありホームに至る道が一切ない乗降場、果ては正確な位置がわからず「どこにあったのか」が議論になるような乗降場まであった。JR発足に際してすべて正式な駅に格上げされたが、今は多くが廃止されてしまった。

カルダン駆動
【かるだんくどう】技

モーターをバネの上に配置した、電車の駆動方式の一つ。ユニバーサルジョイント(自在継手)などを介して車軸側の歯車装置に動力を伝える。それまでの吊り掛け駆動(p118)に比べて車軸にかかる負荷が小さく、安定した高速走行ができる。国鉄の101系電車をはじめ、昭和30年代以降に登場した新性能電車(p94)に採用され、現在の電車技術の礎を築いた。継手はその後WN継手など様々な方式が開発されている。

カルテット
【かるてっと】サ 設

1984年から、寝台特急「さくら」「みずほ」に連結された、4人用簡易個室。B寝台としては初の個室だったが、その実態は2段B寝台の区画に簡易的な扉をつけただけだった。2000年までに廃止された。

カレチ
【かれち】作

本書のイラストを描いている池田邦彦の代表作。昭和40年代後半以降の国鉄を舞台に、乗客思いの新米専務車掌・荻野憲二を中心に、人情と分割民営に向かう国鉄の歩みを描いた。2009(平成21)年から4年間、講談社の「週刊モーニング」で不定期連載。

101系電車はカルダン駆動(秩父鉄道時代)

カレチ
【かれち】用 職
列車内で乗客の改札などを主な業務とする客扱専務車掌のこと。「旅客専務レチ（リョカクセンムレチ：レチは車掌を表わす）」の略で、元は電報略号（p129）だったが、国鉄では部内用語として使われていた。

簡易委託駅
【かんいいたくえき】駅
委託駅（p23）のうち、自治体や駅周辺の商店、個人などに出札（切符販売）業務のみを委託していた駅。地域住民のため、近距離のきっぷのみを販売する駅がほとんどだったが、中には主要駅に電話で照会して特急列車の指定券を扱う駅もあった。今も、地方の小駅や廃駅跡そばの商店に、「国鉄乗車券取扱所」の看板が残っていることがある。

簡易駅
【かんいえき】駅
韓国国鉄（KORAIL）における無人駅のこと。転じて、懐かしい雰囲気のある駅の総称となり、韓国でも簡易駅探訪が静かなブームとなった。日本におかける秘境駅に近い存在。

簡易線
【かんいせん】用
国鉄路線で、線路規格が最も簡易な路線のこと。国鉄路線は、原則として甲線・乙線・丙線の3種類に分類されていたが、甲線でも特に重要な路線として特甲線、逆に極端に需要が少ない閑散線に簡易線の区分を設けられた。戦後は1～4級線に再分類され、それぞれ線路の種類や曲線など、構造規格の条件を変えている。

簡易線にあたる4級線は最高速度が原則として時速65km。

簡易リクライニングシート
【かんいりくらいにんぐしーと】サ 設
1972（昭和47）年に登場した183系特急形電車から採用された普通車の座席で、それまでグリーン車にしかなかった、背ずりの角度を変える機構を持っていた。ただし、初期の車両は倒した背ずりをロックする機構を備えておらず、身体を起こしたり体重を移動しただけでバタンバタンと元に戻った。

緩急車
【かんきゅうしゃ】車
客車と貨車のうち、列車を停止させる装置を備えた車両のこと。客車なら、車掌室を備えている車両と言い換えることができ、非常用の手動ブレーキと車掌弁（p83）を装備していた。車両記号は「フ」。貨車に使われる緩急車のうち、貨物を搭載するスペースがない車両は車掌車（車両記号「ヨ」）と呼ばれる。

わかりやすい例　車掌室はココ！　スハフ42

わかりづらい例　車掌室はココ！　オハフ33

換算キロ
【かんさんきろ】⚑

1984年、国鉄に幹線(右参照)と地方交通線(p116)の考え方が導入され、需要の少ない地方交通線の運賃は幹線の運賃の1割増しとされた。換算キロは、幹線と地方交通線を乗り継ぐ場合に使われる地方交通線用の運賃計算キロで、実際の距離である営業キロを1.1倍したもの。運賃計算以外の、有効日数のカウントなどには使われない。

換算両数
【かんさんりょうすう】⚑

鉄道車両の重さの単位で、10トン＝1両。客車と貨車には、何も乗せていない時の「空車換算両数」と、乗客や積荷を積んだ時の「積車換算両数」が、必ず記載されている。例えば客車に「積4.0 空3.5」とあれば、乗客を乗せた時は40トンで換算4両、誰も乗っていない時は35トンで換算3.5両」という意味。機関士は、このデータを元に自分が運転する列車の重量を把握していた。

完乗
【かんじょう】⚑

「完全乗車」の略で、すべての路線の全区間に乗車すること。主に「JR完乗」と「日本の鉄道完乗」があり、乗り鉄系鉄道ファンの大きなステイタス。

幹線
【かんせん】⚑

乗客や貨物輸送量が大きな主要路線。1980(昭和55)年施行の国鉄再建法によって、人口10万人以上の都市を連絡し、旅客営業キロが30km以上で旅客輸送密度(p185)が全区間で4,000人以上、または貨物輸送密度が4,000トン以上などと明確に定義された。1977(昭和52)年から3年間の統計を元にしているので、現在の実態とはかけ離れた「名ばかり幹線」も存在する。

貫通扉
【かんつうとびら】⚑

本来は車両の妻面にあり車両間を行き交うための扉の総称だが、狭義では運転台のある車両の先頭部に設置された扉を指す。車両の増結に備えて設置されるケースと、地下鉄などトンネル内を多く走行する車両に、非常脱出口として設置が義務づけられているケースがある。例えばE257系は、0番台は貫通扉がない(非貫通型)が、増結時に中間車となる100番台と、総武本線東京〜錦糸町間など地下線を経由する500番台は貫通扉が設置されており、顔つきが異なる。

同じ系列でも先頭車前面の貫通扉の有無で印象はガラリと変わる。

カーブでは外側のレールを高くしてある

カント
【かんと】技

曲線区間の線路で、外側を高くした傾きのこと。車体が外側に倒れようとする遠心力と、カントによって内側に傾き、倒れようとする重力を釣り合わせ、速度を落とさずにカーブを通過できる。

関門トンネル
【かんもんとんねる】施

太平洋戦争中の1942(昭和17)年に開業した、下関～門司間の関門海峡をくぐる海底鉄道トンネル。下りと上りがあり、全長は下りが3,614.04m、上りは3,604.63m。現在はJR九州が管理しており、本州の直流電化と九州の交流電化の切替点でもある。海水を被る可能性もあったことから、交直両用でステンレス製のEF30形など、関門海峡専用の機関車が投入された。

緩和曲線
【かんわきょくせん】技

列車が急に曲線に進入して強いショックを受けるのを避けるために設けられた曲線のこと。トランジションカーブとも言い、直線から緩い曲線に入り、徐々に急になっていく。以前は、CGで表現された電車に緩和曲線が表現されていないことが多く、いきなりくるっとカーブして不自然に見えたものだ。

緩和勾配
【かんわこうばい】技

線路の勾配が変わる地点で、徐々に勾配を変化させて列車がなめらかかつ安全に走れるようにする仕組みのこと。緩和勾配がないと、急に線路の角度が変わって列車が揺れたり、車体がレールに接触したり、最悪の場合脱線を引き起こす。

キートンの大列車追跡
【きーとんのだいれっしゃついせき】作

1926(大正15)年公開、喜劇王バスター・キートンの代表作。公開当時の邦題は「キートンの将軍」。時代は南北戦争。機関車「ジェネラル号」を愛する機関士ジョニー・グレイは、北軍に「ジェネラル号」と恋人のアナベル・リーを連れ去られてしまう。本物の蒸気機関車を使った、大追跡が始まる……。

機械式
【きかいしき】技

気動車(ディーゼルカーやガソリンカー)やディーゼル機関車の動力伝達方式で、自動車と同様、クラッチと変速機を組み合わせてエンジンの動力を車軸に伝えた。大井川鉄道井川線のDB1形機関車は数少ない現役の機械式ディーゼル機関車だ。

機械式気動車の大ヒット作! キハ41000

私鉄の同形車も含めると200両を超える大一族!

機関車
【きかんしゃ】車

蒸気や電気、あるいはディーゼルエンジンによって動力を発生し、客車や貨車を牽引する鉄道車両。日本では、機関車が客車を牽引する列車は非常に少なくなったが、貨物列車では現在もこれが主流だ。

喜劇各駅停車
【きげきかくえきていしゃ】作

「駅前シリーズ」や「社長シリーズ」でヒットを続けていた、森繁久彌主演の東宝喜劇映画。ナポレオンを愛する頑固なベテラン機関士・寺山源吉(森繁)と、毎日桐生駅で見かける女の子に恋をする機関助士・丸山咲平(三木のり平)をめぐる哀愁あふれる人情を描く。国鉄足尾線(現・わたらせ渓谷鐵道)が舞台。1965(昭和40)年作品。

喜劇急行列車
【きげききゅうこうれっしゃ】作

1967(昭和42)年に公開された、東映配給、渥美清主演の喜劇列車シリーズ第一弾。寝台特急「さくら」を舞台に、渥美演じる専務車掌を中心とした様々な人間模様を描く。「大いなる驀進」の喜劇版といったプロットで、マドンナに片思いする渥美など、「国鉄版寅さん」とも言うべき作風だ。映画はスマッシュヒットを記録しシリーズ化。「喜劇団体列車」、「喜劇初詣列車」が制作された。

汽車製造
【きしゃせいぞう】企

明治から昭和まで存在した、鉄道車両メーカー。井上勝(p24)が設立した由緒ある企業で、「汽車会社」とも呼ばれた。蒸気機関車、電車、客車、貨車など多くの車両を製造し、東海道新幹線0系(p102)の製造も、他のメーカーとともに担当。「汽車会社製造の新幹線電車」が存在した。1972(昭和47)年、川崎重工業に吸収合併され解散。

岸由一郎
【きしゆういちろう】人

1972~2008。交通博物館・鉄道博物館学芸員。地方私鉄の車両研究や、廃止となった鉄道の資料保全、保存活動に力を注いだ。交通博物館時代から、わかりやすい解説に定評がある。くりはら田園鉄道の保存活動で訪れた宮城県栗原市で岩手・宮城内陸地震に遭遇し、命を落とした。

机上旅行
【きじょうりょこう】趣

乗り鉄系鉄道ファンが、時刻表を見ながら旅のプランニングを楽しむこと。実際に出かけるわけではなく、プランニングそのものを楽しむことから机上旅行と呼ばれた。近年は、「妄想旅行」という類義語に押されがちで、昔ながらのファンは少し悲しい。

奇数向き・偶数向き
【きすうむきぐうすうむき】用
列車編成の向きを現す言葉で、路線ごとに決まっている。だいたい東・北向きが奇数向きで、西・南向きが偶数向きとなるが、新幹線は下り方が必ず奇数向きとされるなど例外も多く、鉄道ファンを混乱させる。

擬制キロ
【ぎせいきろ】規
JR九州と、JR四国のみ採用している運賃計算用の距離。換算キロ(p42)と同じ考え方だが、幹線と乗り継ぐ場合だけでなく、自社内の地方交通線(p116)のみ利用する場合にも使用する。昭和30年代にも、東京・大阪中心部の運賃が路面電車などよりも高くなりすぎないよう実際の距離よりも短く表記していた。

季節列車
【きせつれっしゃ】列
お盆や暮れ、連休など乗客が増える時期のみ運行される列車。臨時列車(p193)に似ているが、普段から時刻が設定されている点が異なる。

キセル
【きせる】用
乗車区間の最初と最後の区間のみ乗車券を用意して、改札係を騙す不正乗車。煙草のキセルが、刻み煙草を詰める先端の雁首と、口をつける吸い口のみ金具でできていたことから名付けられた。自動改札が普及した今は激減している。不正が露見した場合は、正規運賃と、さらに2倍(合計3倍)の割増料金を請求される。絶対にやってはいけない。

北国の帝王
【きたぐにのていおう】作
1973(昭和48)年公開のアメリカ映画。"骨太"な演出で知られるロバート・アルドリッチ監督の代表作。1930年代のアメリカを舞台に、無賃乗車をしながら職を探すホームレスと、無賃乗車を追い払う車掌との対決を描いた。走る列車上での対決と、ほとんどやり過ぎな主演2人の熱さが見物。

名作 北国の帝王! 車掌役 アーネスト・ボーグナインの鬼瓦顔がコワイ!!

汽笛
【きてき】設
運転席を備える車両に装備された、警笛(p57)や汽笛合図を発する音源。本来の「汽笛」は、蒸気で音を出す蒸気機関車装備の装置を指す。蒸気以外の機関車や気動車は「ピョッ」という音の空気笛、電車はラッパのようなタイフォンが多い。近年は電子音やミュージックホーンも増えた。

汽笛合図
【きてきあいず】用
汽笛を使用して行う合図。「ボー」とか「プワーン」といった汽笛は、ただ鳴らしているのではなく、長さと回数にちゃんと意味がある。周囲に注意を促すときは2秒間鳴らし、危険を知らせる時は、短く5回鳴らすといった具合だ。

軌道回路境界位置目標
【きどうかいろきょうかいいちもくひょう】設技

駅ホームの中ほどでよく見かける、黄色地に丸いバス停のような記号が書かれた標識。信号回路の境界を表す。列車が駅でオーバーランしてしまった時、一番後ろの車両がここを通過してしまうと、後続の車両が駅に進入することが許されるため、バックして停止位置を修正することができない。ハングルの「오」の音と同じ形なので、不思議に思っている韓国人観光客も多いらしい。

軌道検測車
【きどうけんそくしゃ】車技

線路（軌道）に異常がないかを、機械と目視で確認する試験用車両。近年は、軌道だけでなく架線や通信設備などを総合的に検測する車両が増えている。東海道・山陽新幹線の「ドクターイエロー（923形新幹線電気軌道総合試験車→p133）」が特に有名だ。JR東日本には「East-i」と呼ばれる試験車が新幹線用と在来線電化区間用、非電化区間用の3種類ある。

気動車
【きどうしゃ】車

エンジンを搭載して、自ら走ることができる鉄道車両のこと。現在は、軽油を燃料とし熱効率と安全性に優れるディーゼルエンジンを使用する車両が一般的で、ディーゼルカーとも呼ばれる。電車と比べて加速力が劣るが、架線などの設備が不要なため、ローカル線を中心に活躍。国鉄末期の気動車はパワー不足で、エンジンから轟音を上げながらゆっくり加速していったが、その一生懸命な姿に旅情を感じたファンも多い。

軌道法
【きどうほう】規

道路上を走る路面電車（軌道）に適用される法律。通常の鉄道に適用される法律は鉄道事業法（p123）。昔は鉄道は運輸省、道路は建設省の管轄だったため、路面電車には独自の法律を作る必要があった。しかし、大阪市営地下鉄の大部分が軌道法によって建設されたり、江ノ電が、併用軌道区間があるのに鉄道に移行したりと、両者の区別は極めて曖昧になっている。神戸のポートライナーのように、1本の路線が、区間によって「鉄道」だったり「軌道」だったりするケースもある。

おなじみ江ノ島電鉄ももともとは軌道法に基づいて敷設された

キノコ形クーラー
【きのこがたくーらー】設

特急用電車・気動車の屋根に搭載されたAU12型空調装置のこと。4000〜5000kcal/hの装置を1両に4〜6台設置する分散式冷房装置で、流線形のカバー（キセ）を装着していたため、キノコ形の愛称で呼ばれた。しかし、カバーが大きい割に出力が足りず、搭載機器の多い交直流用電車の481系が登場すると、屋根上のスペースも足りなくなっ

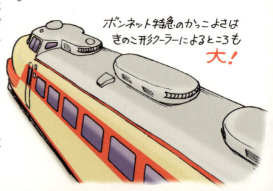

ボンネット特急のかっこよさはきのこ形クーラーによるところも大！

たので、小型のAU13型や1台でまかなう集中型のAU71型などに取って代わられた。懐かしい国鉄特急列車といえばキノコ形クーラーを搭載した車両を思い出す人も多い。

キハ58系
【きはごじゅうはちけい】車

キハ20系が国鉄普通列車の象徴なら、キハ58系は国鉄急行列車を象徴する車両。それまで蒸気機関車による客車列車が中心だった急行列車の近代化に貢献した。エンジンはキハ20系とほとんど同じDMH17シリーズが搭載しているものの、出力アップのためキハ58形は1両にエンジンを2基搭載した。1基搭載のキハ28形もあった。

キハ20系
【きはにじゅっけい】車

1957(昭和32)年に登場した一般型気動車であるキハ20形をルーツとする気動車のグループ。軽さと耐久性を兼ね備えた画期的な車両で、9年間で約1100両が製造されて全国の地方路線で使用された。国鉄型気動車と言えば、この車両を思い浮かべる人は多い。寒冷地向けにデッキを備えたキハ22形などは、その居住性の高さから急行列車にも使われた。私鉄向けに製造された車両も多く、千葉県の小湊鐵道ではキハ20系の流れを汲むキハ200形が現在も活躍中だ。

貴婦人
【きふじん】車 趣

C57形蒸気機関車の愛称。細いボイラーを搭載しながら、旅客用の大型動輪を装着するなど、スマートな姿であることから、鉄道ファンからこの愛称で呼ばれた……ということになっているが、現役時代には聞いたことがなかったとする声もある。また、ボイラーが変更された4次製造車は「貴婦人」とは呼ばれないことが多い。

個人的にはC57よりスポーク動輪のシルエットが美しいC55の方が貴婦人の名にふさわしいと思う…

キマロキ
【きまろき】列 歴

北海道など豪雪地帯において行われていた、除雪作業列車の編成のこと。「機関車」「マックレー車」「ロータリー車」「機関車」の頭文字から取ったもので、まず線路沿いに積もった雪をマックレー車が線路上に集め、続いてロータリー車がその雪を遠くに吹き飛ばして除雪する。線路上だけでなく、線路脇の雪も遠くに除雪でき、より効果的な除雪ができた。編成は、「機関車+マックレー車」と「ロータリー車+機関車」に分けられ、少し距離をおいて運行された。

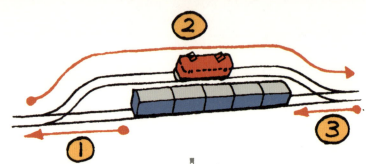

機回し
【きまわし】用

列車の折り返し駅で、機関車を先頭部から最後尾へ付け替える作業のこと。東京発の寝台特急の機関車が、神田方から品川方へ機回しを行なっていたのが有名。ちなみにその昔、特急列車に展望車があった時代には、品川付近の三角線を使って編成自体を180度方向転換させていた。

君の名は。
【きみのなは】作

2016（平成28）年に公開された、新海誠監督の長編アニメーション作品。日本映画としては「千と千尋の神隠し」に次ぐ興行収入を記録する大ヒットとなった。緻密な風景描写が特徴のひとつで、新宿・代々木付近のJR線や東海道新幹線、高山本線飛騨古川駅などが描写された。あまりにも精密に描かれたので小さなアラが目立ってしまい、「キハ40の車内がキハ110」、「新宿駅に京浜東北線」、「新幹線の座席が左右逆」などとツッコむ鉄道ファンもいた。

木村裕子
【きむらゆうこ】人

愛知県出身の旅鉄タレント。「鉄道アイドル」というジャンルを確立した一人で、鉄道関係のイベントに多く出演している。東海道本線の全駅に下車したり、日本の鉄道を完乗（p42）したりと、乗り鉄系の活動が多い。自作の赤い鉄道制服風コスチュームがトレードマーク。

客車
【きゃくしゃ】車

動力を持たず、機関車に牽引されて走行する鉄道車両。昭和30年代半ばまでは、旅客列車の中心的存在だった。スピードアップが難しく、いちいち機関車を連結しなくてはならないなど運用に手間がかかるため、気動車や電車に取って代わられた。エンジンもモーターも持たないため、古い客車列車が駅に停車すると、しんと静まりかえってなんとも言えない旅情があった。

逆転機・逆転器
【ぎゃくてんき】設

車両の進行方向を切り替える装置。電車の場合は「逆転器」といい、シンプルに電流のプラスマイナスを入れ換える。一方、物理的な装置によって切り替える気動車と蒸気機関車は「逆転機」「逆転機構」と呼ばれ、気動車の場合は変速機や台車に内蔵された機構をひっくり返す。蒸気機関車は、シリンダーに蒸気を送り込む弁がシリンダーの前後にあり、どちら側にどれだけ蒸気を送り込むかによって、速度と進行方向を変える仕組みだ。

客レ
【きゃくれ】用

「客車列車」の略。「レ」は列車を表す電報略号（p129）で、電車や気動車ではなく、機関車に牽引されて運行される列車を指す。列車番号（p196）も、客レは「1235レ」のように末尾に「レ」をつける。

脚立
【きゃたつ】(趣)

列車を撮影する時に使う二つ折りの梯子。視点を高く取って、見通しの良いアングルを得るもので、自動車で移動するカメラマンの多くはこれを所持している。駅のホームでは原則として使用禁止。公道でも、倒れた時に鉄道敷地内に入ってしまう恐れのある場所では使用しないのが鉄則だ。

救援車
【きゅうえんしゃ】(車)

事故や災害が発生した時などに、復旧作業に必要な機材を搭載して現場に駆けつける特殊車両。鋼材やロープ、枕木などを搭載し、職員の休憩スペースが備えられている場合もある。

国鉄の救援車には古い荷物車を流用したものが多かった。

旧型客車
【きゅうがたきゃくしゃ】(車)(歴)

昭和30年代以前に製造された、古い客車のこと。青や茶色などの塗装、薄暗い白熱灯の車内、木製の内装など、古き良き時代の鉄道風景を良く残していた。昭和60年頃まで各地で使われ、現在は大井川鉄道などの保存鉄道で動態保存されている。様々な形式をつないでいたことから、「雑型客車」と呼ばれることもある。

急行形
【きゅうこうがた】(車)

急行列車用として設計された車両のこと。車両の前後2カ所にある乗降口は、デッキとなって客室と別れており、客席はほとんどが4人向かい合わせのボックスシートというのが基本だった。地方では急行形車両が足りず、普通列車用の車両を急行に使用した例もあり、「遜色急行」(p105)と呼ばれた。急行列車が激減した晩年には、逆に急行形車両が普通列車に使われるケースが多かった。

急行便
【きゅうこうびん】(車)(歴)

車体に大きく「急行」「急行便」と書かれた貨物列車。通常の貨物列車が最高時速65kmだったのに対し、急行貨物列車は時速85kmで運行された。貨車ごとの車扱いではなく、荷物ごとの小口扱い貨物が主流で、個人が小さな貨物を駅から送ることができ、現在の宅配便のルーツに当たる。

北海道夕張市で保存されている旧型客車

急行列車
【きゅうこうれっしゃ】列

乗車に急行料金を必要とし、主要駅のみに停車して目的地へ「急いで行く」列車。一般に「急行列車」というと、「普通急行」を指すが、実は特急列車も「特別急行」という急行列車である。人々の生活水準の向上と競争激化によって、普通急行はより速く快適な特急に格上げされるか、乗車券だけで乗れる快速に格下げされて、存在理由を失っていった。2016（平成28）年3月に青森〜札幌間の急行「はまなす」廃止によって、JRの定期列車としては消滅した。

旧国
【きゅうこく】歴

旧型国鉄電車のこと。主に、1957（昭和32）年の101系（p160）登場以前の、旧性能電車を指す。茶色い車体、吊り掛けモーターなどが特徴。昭和60年頃まで、鶴見線や飯田線といった閑散路線で活躍していたが、現在はごく少数の保存車両以外は消滅した。

甲子園に九州国際大学付属高校が出ていると縁もゆかりもないのに応援をしよう旧国ファン

救済臨
【きゅうさいりん】列

定期列車が混雑して積み残しが出る恐れがある際に運行される臨時列車。状況に応じて運行できるよう、あらかじめダイヤが決まっている。東京〜大垣間の夜行快速「ムーンライトながら」（p180）が定期列車だった時代に運行されていた、品川発大垣行き9375Mが有名。この列車は、品川駅を「ムーンライトながら」の2分後に発車しながら、翌朝豊橋駅で「ムーンライトながら」を追い越し、終着・大垣駅には1時間も早く到着する変わったダイヤだった。

九州観光号
【きゅうしゅうかんこうごう】列 歴

1961（昭和36）年から国鉄が旅行会社とタイアップして運行した団体ツアー専用列車のひとつ。東京〜長崎・大分間で運行され、客車はすべて寝台車、車両は白帯の入った10系が使われるなど、寝台特急に迫る設備を誇った。観光号には、ほかに「南紀観光号」、「信越、日光観光号」、「東北、北海道観光号」があった。

九州鉄道記念館
【きゅうしゅうてつどうきねんかん】文

鹿児島本線門司港駅近くにある鉄道をテーマとした博物館。本館は、1891（明治24）年に建てられた九州鉄道本社社屋を使用し、近代化産業遺産、登録有形文化財に認定・登録されている。屋外の車両展示場には、C59形蒸気機関車をはじめ、481系や581系、キハ07系など9両の車両が保存・展示されており、多くが車内を自由に見学できる。

900番台
【きゅうひゃくばんだい】用

製造番号のうち、試作車を表す区分。例えば、クハ201形901は、201系電車の試作先頭車だ。量産車は改めて1から製造番号がふられる。窓の大きさや形状などの細かい仕様が量産車と異なることが多く、その違いを観察するのも鉄道ファンの楽しみ。209系950番台がE231系900番台に改番されたように、試験運用を経て新しい形式に変わることもある。

デビュー時の9600は勾配線の補機用として可愛い2軸テンダーを付けていた。

キューロク
【きゅーろく】車 歴

9600形蒸気機関車の愛称。日本で初めて量産された貨物列車牽引用の蒸気機関車で、1913(大正2)年から1926(大正15)年の間に770両が製造された。ボイラーの大型化に成功し、軸重(車軸にかかる荷重)が小さい割に大きな馬力を得ることができたが、そのぶん重心が高くなり、高速走行は苦手だった。線路への負担が少ない割に力があったことから重宝され、国鉄から蒸気機関車が引退した1976(昭和51)年まで走り続けた。

狭軌
【きょうき】技

軌間(線路幅)が、世界標準の1,435mm(4フィート8インチ半)よりも狭い規格のこと。日本では大多数の路線が採用している1,067mm(3フィート6インチ)軌間、通称三六軌間を指す。三六軌間を採用した理由は諸説あるが、イギリス人技術者、エドモンド・モレル(p29)の進言などもあり、国力の弱い日本が迅速に鉄道を整備するために導入されたとする説が一般的。その後何度か「標準軌に改めるべき」という議論があったが、新幹線などを除いて実現しなかった。しかし、三六軌間としては極限とも言えるほどの高速化と車両の大型化を達成している。

行商専用列車
【ぎょうしょうせんようれっしゃ】列

京成電鉄で運行されていた、行商人のための専用列車、または専用車両のこと。千葉から東京へ野菜や穀物などを売る行商人が利用する列車で、「なっぱ電車」の愛称で親しまれた。戦後は次第に縮小し、1982(昭和57)年からは指定された列車の1両を専用車両とした。2013(平成25)年まで存続していたのは驚きだ。近鉄は、今も宇治山田〜大阪上本町間に鮮魚の行商人専用の鮮魚列車を運行中。

協調運転
【きょうちょううんてん】技

機関車と電車がブレーキや動力を連動させて運行すること。北陸新幹線開業以前の信越本線横川〜軽井沢間には、最大66.7‰の急勾配があり、ここを通過する列車は必ずEF63形電気機関車2両を麓側に連結していた。当初は、電車は電源を切って、機関車の力だけで通過していたが、輸送力を向上させるため、機関車と協調運転が可能な車両が開発され、より長い編成の列車を運行できるようになった。また、JR北海道のキハ201系気動車は、731系電車と協調運転が可能で、電化区間と非電化区間が混じる札幌通勤圏で活躍している。

か

きゅーろく ▶ きょうちょううんてん

京都鉄道博物館
【きょうとてつどうはくぶつかん】㊛

京都市にある、JR西日本と交通文化振興財団が運営する博物館。京都梅小路蒸気機関車館を拡張する形で整備されており、23両の蒸気機関車をはじめ、53両の車両が保存されている。500系新幹線(p66)や、トワイライトエクスプレス(p137)など、JR西日本を代表した車両も数多く展示されているが、車内を見学できる車両がほとんどないのが惜しい。屋上テラスからは、東寺五重塔をバックに、新幹線や在来線が行き交う様子を眺められる。

橋梁
【きょうりょう】㊝

列車が川や道路、海などを渡る橋で、「鉄道橋」とも言う。鉄骨を三角形に組み合わせたトラス橋、下部構造がアーチ状になっているアーチ橋、箱状の鋼板を橋台に載せるガーダー橋などがある。橋桁と橋脚がハの字に固定されたラーメン橋や、高い支柱から橋桁を吊り下げる斜張橋も増えている。

東海道新幹線の富士川橋梁

曲線標
【きょくせんひょう】㊝

曲線が始まる地点の線路脇にある小さな杭状の標識で、表に曲線半径が、裏にはカント量、スラック、緩和曲線の長さ、円カーブの長さなどが記載されている。小さな標識だが情報量が多い。

キヨスク
【きよすく】㊪㊞

JRグループの駅構内にある売店。実はJR東日本の店舗のみ「キオスク」という。新聞、雑誌、飲料、菓子類から、おみやげ、文具、書籍、煙草、玩具など品揃えは実に多岐にわたる。JR各社の関連会社が運営しているが、ロゴマークは国鉄時代からほとんど変わっていない。都市部の駅ではコンビニ化する店舗が増える一方、地方では町の何でも屋さんを兼ねているような店もある。

昭和56年12月某日 上野駅75号キヨスクはナント1500万円もの売上を達成。その多くは出稼ぎ先から帰省するお父ちゃんたちが買ったお土産の売上だった。

拠点間輸送
【きょてんかんゆそう】㊂

コンテナ貨車や、石油タンク車などの専用貨車を使い、出発地と目的地を直接結ぶ貨物輸送のこと。明治以来のヤード系輸送(p184)が柔軟性に欠け時代に合わなくなった結果、1984(昭和59)年以降、鉄道貨物の主役となっている。

距離標
【きょりひょう】㊝

起点からの距離を示す標識。1号距離標(1kmごと)、2号距離標(500mごと)、3号距離標(100mごと)の3種類があり、1号距離標は「キロポスト」とも呼ばれる。原則として下り線の進行方向左側に設置され、線路内に倒れ込まないよう軌道の外側に傾

けて立っている。距離標は、起点駅から順に設置されるのが原則だが、歴史的経緯からズレるケースも多い。例えばJR九州筑肥線の起点・姪浜駅には12.5kmの距離標がある。これは筑肥線が博多駅に乗り入れていた時代、しかも1963(昭和38)年に現在の場所に移転する前の博多駅からの距離だ。

西武新宿線の2号距離標

切妻
【きりづま】設

本来は建築用語で、2つの傾斜面を持つ切妻屋根の、側面にある壁面を意味する。転じて、鉄道車両の前後にある妻面がフラットなものを切妻と呼ぶ。妻面に角度や折り目がついている車両は「折妻」(p35)。

銀河鉄道999
【ぎんがてつどうすりーないん】作

1977(昭和52)年に発表された、松本零士作のSF漫画。銀河鉄道が惑星間を結ぶ未来の世界。母親を機械伯爵に殺された少年、星野鉄郎は、機械の身体をタダでくれるという星へ、謎の美女・メーテルとともに999号で旅立つ。松本零士の代表作で、テレビアニメや劇場版アニメも大ヒットした。1979(昭和54)年には、国鉄が行先不明のミステリー列車「銀河鉄道999号」を上野〜烏山間で運行。多くのマスコミが列車を追った。

近畿日本鉄道
【きんきにほんてつどう】企

営業キロ501.1km(ケーブルカーを含む)、JRを除く私鉄としては日本最大の路線網を誇る鉄道会社。1914(大正3)年に上本町〜奈良間を結んだ大阪電気軌道が直接のルーツで、系列会社の参宮急行電鉄、関西急行電鉄をはじめ、関西・中京地区の多数の私鉄を吸収合併して、1944(昭和19)年に近畿日本鉄道が設立された。現在では23路線を運行しており、軌間が標準軌(p161)の路線と狭軌(p51)の路線がある。かつては特殊狭軌(p132)の路線もあったが、2015(平成27)年までに廃止または運営移管された。1958(昭和33)年に登場した2階建て特急ビスタカーが人気を呼び、現在も「しまかぜ」、「伊勢志摩ライナー」、「青の交響曲」など多彩な列車が活躍している。

近郊形
【きんこうがた】車

JRの電車のうち、中距離の通勤・通学輸送を担う車両。客室内に乗降扉があり、クロスシート(p56)とロングシート(p198)の両方を備える車両が多い。乗車時間が比較的長いため座席が多く、トイレも装備している。JR化後は混雑を緩和するためにオールロングシートの車両が増えており、通勤形(p117)との区別は曖昧になっている。

金太郎
【きんたろう】車 趣

JR貨物のEH500形電気機関車の愛称で、正式には「ECO-POWER金太郎」という。2両の機関車を連結した形の大型機関車で、東北・北海道地方や山陽・九州地方の貨物列車に使用されている。2両ぶんを1両として設計したため、車軸にかかる負荷（軸重）は増やさずに、車輪が線路を捉える粘着性能を向上させたほか、JR旅客会社に支払い線路利用料も1両分で済んだ。

2両に見えるが1両だ

銀箱
【ぎんばこ】趣

アルミ製カメラケースのこと。重い反面頑丈で衝撃に強く、踏み台や椅子としても使える。銀箱を持っているカメラマンは、筋金入りの撮り鉄というイメージがある。

クイル式駆動
【くいるしきくどう】技

電車や電気機関車の駆動方式の一つ。それまでの吊り掛け駆動（p118）が、電動機（モーター）と輪軸（車輪）を直接つなぎ、軌道にも電動機にも負担が大きかったため、考え出された。いくつかの歯車と、輪軸から延びたスパイダと呼ばれる5〜8本の棒を介して動力を伝える。構造が複雑で、スパイダのねじれによる空転の多発などトラブルが多く、狭軌には無理があった。EF60形電気機関車など採用例はわずか。

空気バネ
【くうきばね】技

圧縮空気を利用して、線路からの揺れを吸収する装置。車体と台車の間に、ゴム風船を挟んだような構造で、レールの上を滑るような乗り心地が得られる。現在主流のボルスタレス台車（p171）は、空気バネに上下動だけでなく回転方向の揺れも吸収させ、装置を簡略化・軽量化したシステムだ。

空気ブレーキ
【くうきぶれーき】技

圧縮空気を使ってブレーキ力を発生させる装置。初期にはブレーキ弁を操作すると圧縮空気がシリンダーに送り込まれる直通空気ブレーキが使われたが、故障するとブレーキが効かなくなった。そこで、ブレーキ管に圧縮空気を込めておいて、これを排出するとシリンダーが動いてブレーキがかかる自動空気ブレーキが考案された。

下り・上り
【くだりのぼり】用

各路線の進行方向を示す用語。鉄道路線は起点と終点が決まっており、原則として起点から終点方向へ向かう列車を「下り」、起点方向へ向かう列車を「上り」とする。ただし例外もあり、中央本線は起点が東京駅、終点が名古屋駅だが、名古屋〜塩尻間では名古屋から発車する列車を「下り」とする。また、東京メトロは起点と終点を区別しておらず、職員間では「下り・上り」の代わりに「A線・B線」と呼んでいる。

久野知美
【くのともみ】人

ホリプロ所属のアナウンサー。学生時代から青春18きっぷ(p100)を使って旅や就職活動をしており、地元京阪電鉄の旧3000系への思い入れや、担当マネージャー南田裕介(p178)の影響もあって鉄道が好きになった。鉄道好きの女性を「女子鉄」と呼んだり、鉄道車両をイメージした「鉄道ネイル」を実践したりするなど、女性らしい視点で鉄道を楽しんでいる。東武鉄道の特急「リバティ」などの車内放送も担当。ドラマ「鉄子の育て方」のモデルでもある。

グランクラス
【ぐらんくらす】サ 設

2011(平成23)年3月5日に登場した、E5系「はやぶさ」に初めて連結された最上級シート。東北・北海道新幹線と北陸新幹線に連結されている。人間工学に基づいて設計されたバケットシートは、航空機のファーストクラスに迫る快適さ。専任アテンダントがサービスを担当し、軽食のほかドリンクの飲み放題も付く。東京〜盛岡間の「やまびこ」が、東京〜新函館間「はやぶさ」とほぼ同じ所要時間で安上がりと、密かな人気だ。

熊ン蜂
【くまんばち】車 趣

1954(昭和29)年に登場した、国鉄の電気機関車。東海道本線の難所である関ヶ原を、多数の貨車を牽引しながら走行できるよう開発され、8基の主電動機と8つの動軸を備える、国鉄唯一の2車体連結型の大型電気機関車だった。外装デザインは工業デザイナーの萩原政男が担当し、その巨大な車体と塗装から、「熊ン蜂」と呼ばれた。

連続する4両のダブルデッカーがグランドひかりのステータス!!でした…

熊ン蜂ことEH10はマンモス機関車とも呼ばれた

グランドひかり
【ぐらんどひかり】列

1989(平成元)年にJR西日本から登場した、100系V編成のこと。2階建て車両を4両連結しており、8号車に食堂車と売店、7・9・10号車は2階がグリーン車、1階が4列シートの普通車指定席となっていた。従来の100系(p160)にあったグリーン個室は設定されなかったが、食堂車はインテリアがより高級になり、新幹線の中でも最高グレードの列車として人気を集めた。「のぞみ」が主流になると速度の遅さから数を減らし、2002(平成14)年に引退。

グリーン格下げ
【ぐりーんかくさげ】㊛

グリーン車を普通車として使用すること。地方路線の急行列車などで、老朽化したグリーン車を普通車指定席に充当したり、普通列車にサービスとして充当したりする例があった。現在も、山陽新幹線の500系（p66）「こだま」は、6号車指定席にかつてのグリーン車をほぼそのまま使用している。

グリーン車
【ぐりーんしゃ】㊛㊝

主に特急列車に連結されている上級座席。乗車にはグリーン券が必要で、普通車よりも居住性に優れる。1969（昭和44）年5月までは一等車と呼ばれ、グリーン料金の代わりに一等運賃が存在した。近年は1両の半分程度をグリーン席とする列車が多い。首都圏には普通列車のグリーン車もあるが、こちらは豪華さよりも着席できることを売りにしている。

風格のあった国鉄時代のグリーン車

車止め
【くるまどめ】㊝

終着駅など、線路の終端部にある構造物。砂利を盛っただけの第1種から、緩衝装置によって列車が衝突した時の衝撃を和らげる油圧式まで、さまざまな種類がある。

黒岩保美
【くろいわやすよし】㊅

1921〜1998。鉄道イラストレーター、写真家。元国鉄職員で、1950〜70年代に登場したトレインマークのヘッドマークの多くをデザインした。鉄道趣味誌や鉄道書の編集に携わる一方、イラストレーターとしても活躍。新幹線100系（p160）の食堂車に飾られた歴代車両のエッチングも黒岩の作品だ。

クロスシート
【くろすしーと】㊛

列車の進行方向、またはその逆を向いている座席。向かい合わせの4人掛けシートはボックスシート（p170）、ロングシート（p198）とボックスシートが共存するものをセミクロスシートという。落ち着けるが、立ち客のスペースが少なく、混雑する通勤電車には適さない。

グロベン
【ぐろべん】㊝

グローブ型ベンチレーターの略。野球道具とは関係なく、アメリカのグローブ社が考案したもの。円形の小型換気装置で、列車が走行すると車内の空気を排出する仕組みだった。停車中もある程度動くことから、停車駅の多い通勤電車に多く採用されたが、雪が吹き込む欠点もあり、寒冷地では対策を施した押込型に取って代わられた。

車止めのいろいろ 第1種 第2種 第3種

京王電鉄
【けいおうでんてつ】㊐

東京西部と神奈川県に6路線84.7kmを運行

している大手私鉄(p32)。井の頭線を除き、1,372㎜の馬車軌間(p152)を採用している。大手私鉄の中でも通勤・通学輸送に特化しており、戦後は2017(平成29)年までロングシートの車両しかなかった。旧帝都電鉄として建設された井の頭線だけは狭軌(p51)を採用している。

形式写真
【けいしきしゃしん】趣

鉄道車両1両の形状、構造を写した写真。芸術性よりも記録性に重点が置かれる。妻面も見せるため、真横からではなくある程度角度をつけるが、あまりパースが強くなっても良くない。

京成電鉄
【けいせいでんてつ】企

京成上野駅と成田空港駅を結ぶ京成本線をはじめ、7路線152.3kmを運行する大手私鉄。標準軌(p161)を採用し、京成スカイライナーを運行する空港アクセス鉄道である一方、東京東部から千葉県にかけての下町を丁寧に結ぶ庶民的な電車という一面も持つ。路面電車をルーツとしており、スピードの面で不利だったが、2010(平成22)年に成田空港線が全通してからは、成田空港までの最速交通機関となっている。

継続乗車船
【けいぞくじょうしゃせん】規

一度改札に入れば、途中下車しない限り、乗車券の有効期限が切れても目的地まで乗車できるという国鉄・JRのルール。夜行列車が多かった時代は、有効期間の最終日に夜行列車で出発し、本来有効期間が切れた翌朝、あるいは翌々朝に目的地に到着するという芸当が可能だった。夜行列車がほぼ絶滅した今は廃れているが、大晦日の終夜運転を利用して、元旦にかけて2日間にわたって首都圏の大回り乗車(p32)を実施した猛者もいる。

警笛
【けいてき】設

車両に装備された汽笛(p45)や空気笛、タイフォンを利用して、車外の人や車両に警告を発すること。またはその装置。警告が目的のため、遠くまで確実に聞こえる音が使われるが、近年は環境保護のため耳に心地良い電子音や、メロディ(ミュージックホーン)が使われるケースもある。猛者になると、警笛を聞いただけで車両形式までわかる。

京阪電気鉄道
【けいはんでんきてつどう】企

淀屋橋～出町柳間を中心に、標準軌(p161)の8路線91.1kmを運営する大手私鉄。「おけいはん」の愛称で親しまれている。JRや阪急などがある京阪間の鉄道としては、唯一鴨川の左岸を経由。古くからの集落を丁寧につないだためカーブが多く、所要時間ではライバルに勝てない。そこで、車内にテレビを設置したり、2階建て車両を連結したりといった施策を行ない、特別料金不要で利用できた。2017(平成29)年には、京阪初の特別料金が必要な「プレミアムカー」が登場。

京浜急行はとにかく飛ばすので
列車通過時は壁ぎわに立つべし！

京浜急行電鉄
【けいひんきゅうこうでんてつ】企

泉岳寺〜三崎口間を中心に、東京南部と横浜、三浦半島を結ぶ標準軌(p161)の大手私鉄。5路線87.0kmを運行している。赤を基調とした塗装がトレードマークで、くるりのヒット曲「赤い電車」は京浜急行の依頼で制作された。路面電車をルーツとするためカーブが多いが、品川〜横浜間ではJRに対抗して最高時速120km運転を行っている。細かく加速と減速を繰り返し、特に鶴見付近のJR併走区間が熱い。JRへのライバル心を隠さないことや、一部の電車にドレミファインバーター(p136)を採用していたことなどから、鉄道ファンに特に人気が高い。

軽便鉄道
【けいべんてつどう】歴

通常の鉄道よりも簡単な施設で、安価に建設・運行できた鉄道線。一般的には、軌間762mmなどの特殊狭軌(p132)の路線を指す。地方の小資本でも鉄道を建設できるよう1909(明治42)年に軽便鉄道法が制定されたことから、全国に建設された。しかし、輸送力や高速性に劣ることから、1970年代までにほとんどの路線が廃止されてしまった。

軽量客車
【けいりょうきゃくしゃ】車 技

1955(昭和30)年に登場した10系客車で初めて採用された、軽量化技術を投入された客車。それまでの客車が、ガッシリした台枠の上に車体を載せていたのに対し、航空機の技術を応用して車体全体に負荷が分散するセミ・モノコック構造(p182)を採用。壁の鋼鈑も薄くなり、大幅な軽量化を実現した。この構造は、国電として活躍する新性能電車(p94)にも取り入れられた。

ケーブルカー
【けーぶるかー】技

急勾配の斜面に敷かれたレールの上を、山上からケーブル(鋼索)でつながれた車両が行き来する鉄道。通常、車両はケーブルの両端につながれており、一方を頂上の巻上装置によって引き上げると、もう一方が降

宮沢賢治の「銀河鉄道の夜」は
岩手軽便鉄道がモチーフと言われている

むかし『子供の科学』に
ケーブルカーの作り方が載っていた…

りてくる。普通鉄道の10倍以上の斜面を行き来でき、エネルギー効率にも優れた乗りもの。昭和初期に各地で建設されたが、戦後は建設費が安いロープウェイに押された。伊香保温泉のかのうや旅館のように、温泉旅館が利用客向けにケーブルカーを設置しているケースもある。

激パ
【げきぱ】㊣

激パニックの略。珍しい列車が運行されるなどして、鉄道ファンが殺到すること。

下車前途無効
【げしゃぜんとむこう】㊟㊎

「目的地の手前の駅で改札を出たら、その先の区間は無効になりますよ」という意味で、要するに途中下車できない乗車券。100km以下の区間や、大都市近郊区間（p109）内のみの乗車券は、すべて「下車前途無効」。

欠乗
【けつじょう】㊒

車掌をホームなどに置き去りにして列車が発車すること。車掌と運転士の連携不足で発生する。ホームで出発合図を出した車掌が列車に戻り損ねた、アナウンス用のマイクを落とし、拾おうとしている間に取り残された、トイレに駆け込む間に発車した……などの事例がある。列車は次の駅で停止し、車掌の到着を待たなくてはならない。

ゲバ
【げば】㊣

三脚のこと。語源は、過激派が機動隊と戦う時に使っていた角材「ゲバ棒」から。やや品のない隠語であり、近年は三脚に場所取りをさせる行為を指す「置きゲバ」として使われることが多い。

牽引車
【けんいんしゃ】㊋

車輌工場などで、自力走行できない車両に連結して牽引・制御する車両。さまざまな車両を牽引することから、各種連結器と回路をつなぐジャンパ栓を搭載している。国鉄時代は、電車と機関車は別に管理しており、電車の移動に機関車を手配する手続きが煩雑だったことから用意された。

建築限界
【けんちくげんかい】㊍

トンネルや信号機、プラットホームなど、線路周辺の鉄道構造物の建設可能範囲。これが守られないと、車両と接触する危険性が高まる。周辺構造物の建築限界が守られているかを測定する車両が建築限界測定車で、かつてのオヤ31形などは「おいらん」と呼ばれた（おいらん道中→p30）。

欠乗した車掌がタクシーで列車を追いかけた事例は昔、時おりあったらしい…

高架線
【こうかせん】設

高架橋によって、地上よりも高いところを走る鉄道路線。現在新しく建設される鉄道は、原則として道路とは立体交差することになっているので、地下もしくは高架線となることが多い。高い場所を走るのでたいていは見晴らしが良いが、新幹線などは防音壁に遮られてほとんど見えないケースもある。

広軌
【こうき】技

標準軌（軌間1,435㎜）よりも広い線路幅の鉄道。英国のグレート・ウェスタン鉄道が19世紀末まで2,140㎜（7フィート1/4インチ）の軌間を使用していた。現在広軌を採用している国には、ロシア（1,520㎜）、スペイン（1,668㎜）、インド・パキスタン（1,676㎜）などがある。日本では、昭和40年代までは標準軌のことを広軌と呼ぶことが多かった。現在日本に、標準軌を超える広軌の路線は存在しない。

甲組
【こうぐみ】用

蒸気機関車時代、機関車乗務員は受け持つ仕業の内容によって甲組・乙組・丙組の3つに分けられていた。このうち甲組は、最も高い運転技術を持つ乗務員が配属され、特別急行をはじめとする優等列車牽引業務を中心に行っていた。機関車乗務員の憧れの的だったエリート集団。池田邦彦の「甲組の徹」では甲組乗務員を目指す若き機関助士の姿が描かれている。

硬券
【こうけん】㊞ ㊞

自動券売機やマルス(p175)が普及する以前、駅の窓口に常備されていた厚紙製の乗車券。あらかじめ区間や運賃が印刷されており、日付を入れて販売した。古き良き時代のきっぷとして人気があり、特に硬券の入場券(p146)を記念に購入する人は多い。

デパートの大食堂の食券もむかし硬券だった．

鉱山鉄道
【こうざんてつどう】㊞ ㊞

炭鉱や鉱山などから産出される鉱石を輸送する鉄道。北海道や北九州の炭鉱鉄道をはじめ、全国に数多くの路線があったが、国内鉱山の衰退によりほとんどが廃止された。

甲種輸送
【こうしゅゆそう】㊞

鉄道車両を、機関車が牽引して「鉄道車両を輸送する貨物列車」として運行すること。甲種回送とも呼ばれる。新車を工場から輸送する時や、逆に解体に向かう時、あるいは他の会社に譲渡する時などで、保安装置の違いなど規定上自走できない場合に行われる。貨物扱いなので、最後尾には後部標識が取り付けられるのがユニーク。

交渉人 真下正義
【こうしょうにんましたまさよし】㊞

人気警察ドラマ「踊る大捜査線」のスピンオフ作品で、2005(平成17)年に公開された。師走で混雑する東京の地下鉄で、最新鋭試験車両が何者かに乗っ取られ、暴走を始める。東京の地下鉄が舞台だが、撮影許可が下りず、札幌市営地下鉄、埼玉高速鉄道、横浜市営地下鉄、大阪市営地下鉄、神戸市営地下鉄、福岡市営地下鉄、JR西日本の各線で撮影が行なわれた。

高速進行
【こうそくしんこう】㊞

在来線で、時速130km以上での進行を指示する信号。緑色灯を2灯現示する。日本では、特急「はくたか」が時速160km運転を行った北越急行ほくほく線で初めて導入。現在は、京成成田空港線で使用されている。

鋼体化
【こうたいか】㊞ ㊞

戦後の混乱期を脱した1948(昭和23)年から行なわれた、木製客車の車体を鋼体化、つまり鋼鉄製に取り替える作業のこと。戦争や製造技術の低下などによって、劣化が著しかった車両を低コストで近代化するのが目的だった。

交直両用電車
【こうちょくりょうようでんしゃ】㊞ ㊞

電化区間のうち、直流1500V区間と、交流2万V区間の両方で走行できる電車。交流電化区間では車両上で交流電気を直流に変換して電動機を回す仕組みで、「交流変換機能付き直流形電車／電気機関車」というのが正しい。485系のように、交直両用かつ50Hz／60Hz両対応の車両は、全国の電化区間で走ることができた。

交通新聞
【こうつうしんぶん】作

交通新聞社が刊行している、交通・運輸業界の専門紙。平日刊。戦時中の1943（昭和18）年4月に、「陸輪新報」として創刊した。航空や自動車、観光業界のニュースも取り扱うが、とりわけ鉄道分野に強い。3カ月ごとの定期購読のほか、書泉グランデ（p92）をはじめとする一部書店で小売も行なっている。

交通博物館
【こうつうはくぶつかん】文

千代田区神田須田町にあった、鉄道や交通をテーマにした博物館。1936（昭和11）年に、当時この場所にあった国鉄中央本線万世橋駅（p176）直結の「鉄道博物館」として開館した。1943（昭和18）年の万世橋駅休止を経て、戦後の1948（昭和23）年から航空機や自動車に関する展示も行なう交通博物館として再スタート。展示場には、中央線のガード下も活用していた。2006（平成18）年、老朽化のため閉館。収蔵品の大部分はさいたま市の鉄道博物館（p125）に引き継がれた。本館は解体されたが、ガード下は万世橋駅の遺構とともに保存され、商業施設の「マーチエキュート神田万世橋」となった。

ガード下ならではのちょっと怪しい感じが好きだった…

皇帝のいない八月
【こうていのいないはちがつ】作

小林久三の小説を原作とする1978（昭和53）年公開の松竹映画。自衛隊元将校が、東京行き寝台特急「さくら」を占拠する。クーデターを危惧する政府は、ただちに事態の収拾に乗り出す。その内容から国鉄の協力を得られず、「さくら」は北海道の三菱大夕張鉄道南大夕張駅で、旧型客車に14系客車風の張りぼてをつけて撮影された。

勾配標
【こうばいひょう】設

線路脇にある標識のひとつ。線路の勾配が変わる場所に設置され、その地点からの勾配がパーミル（1000m進んだ時の高低差）で表示される。木製の杭に、2本の腕木が設置されており、手前の腕木がここからの勾配、奥の黒塗りされた腕木がここまでの勾配を表す。反対側から見ると、反対方向の勾配標となっている。

公募社長
【こうぼしゃちょう】用

自治体が出資する第3セクター鉄道などで、社長を公募によって選ぶこと。千葉県のいすみ鉄道や、茨城県のひたちなか海浜鉄道が有名。かつての第3セクター鉄道は、自治体の長が社長となるケースが多かったが、外部の民間からやる気ある社長を招くことによって業績改善を図った。うまく機能して黒字転換に向かった路線もあれば、任期途中で辞任に至るケースもあり、評価は様々。

小海線
【こうみせん】路

山梨県の小淵沢駅と長野県の小諸駅を結ぶJR東日本のローカル線。八ヶ岳高原線の愛

小海線の風物詩

野辺山〜信濃川上間では夏場本線上に列車を停めて高原野菜の積み込みを行なっていた

称を持つ高原鉄道で、JRで最も標高の高い駅、野辺山駅（標高1,345m）をはじめ、標高の高い駅ベスト10のうち9位までを独占している。JRの標高最高地点（1,375m）も清里〜野辺山間にある。小淵沢駅発車直後の大カーブから眺める八ヶ岳や、千曲川の源流から佐久平に降りていく眺めなど、車窓風景が良い。

交流電化
【こうりゅうでんか】技
周期的に電気の向きが変わる交流電気を使った電化方式。送電ロスが少なく、地上設備のコストが低い、新幹線のような高出力の電車を作れる、車輪の空転を起こしにくいといった利点がある反面、車両のコストが高いという欠点がある。昭和30年代以降、国鉄路線では交流電化が採用されるケースが多く、新幹線のほか北海道、東北、北陸、九州の大半の電化路線が交流電化である。

工臨
【こうりん】列
工事列車の略。線路の工事のため、現場までレールやバラストを運ぶ列車などがある。線路のメンテナンスは定期的に行われるため、以前は定期列車に位置づけられる列車もあった。

国鉄型車両
【こくてつがたしゃりょう】車 趣
1987（昭和62）年以前、日本国有鉄道時代に設計・製造された鉄道車両の総称。車両運用の効率化と、全国民が同一水準の輸送サービスを受けられることを目的に、「標準化」を基本思想としていた。現在のJRが、地域の特性に合った多彩な車両を開発しているのとは対照的。国鉄分割民営化から30年を経て、現在では絶滅危惧種である。

国鉄再建法
【こくてつさいけんほう】規 歴
1980（昭和55）年に制定された、国鉄の経営改善のための政策をとりまとめた法律。国鉄の路線を幹線と地方交通線に分けて運賃単価に差をつけたほか、旅客輸送密度4,000人以下などの閑散路線を、特定地方交通線（p133）として廃止・転換を明記した。

国鉄色
【こくてつしょく】歴
国鉄時代の車両塗装の総称。1950（昭和25）年に登場した80系電車に採用された湘南色（緑＋オレンジ→p90）以降を指すことが多い。1956（昭和31）年に国鉄車両関係色見本帳が作成され、以降の国鉄車両は用途ごとに統一されていく。有名なのはワインレッドとクリームの国鉄特急色。

赤とクリーム色の"国鉄色"はヨーロッパのTEEカラーを逆転させたものと言われるが…?

国鉄バス
【こくてつばす】用
国鉄の自動車局が運行していた路線バスで、青い車体につばめがトレードマーク。高速バスと一般路線バスがあり、①鉄道建設予定線の先行、②鉄道の代行、③2駅間の短絡、④集落と駅の接続による乗客培養、⑤鉄道の補完という5つの目的で運行された。現在は7つのジェイアールバスグループに再編されている。

国鉄離れ
【こくてつばなれ】歴
1970年代後半、国鉄運賃が国会の承認を得なくても改定できるようになり、大幅値上げに踏み切った結果、国鉄利用者が激減した現象。国鉄職員のサービスの悪さや勤務態度も問題になり、国鉄改革が急がれる契機のひとつとなった。

国鉄分割民営化
【こくてつぶんかつみんえいか】歴
破綻状態にあった国鉄を救済・再生するため1987(昭和62)年4月1日に実施された国鉄の経営転換。国が出資する公共事業体では効率的な経営ができず、また全国一元運営のため地域密着のサービスが実現できないとされ、全国6つの旅客会社と貨物会社に分割。新設の民間会社として再スタートした。

国鉄労働組合
【こくてつろうどうくみあい】歴
国鉄職員による労働組合。「国労」の略称で知られる。1947(昭和22)年に全国の国鉄系労働組合が統合される形で発足した。発足当時の組合員数は約56万人。その組織力を背景に強い発言力を持ち、国鉄分割民営化の目的のひとつが国労の解体だったと言われる。今もその名称を堅持しており、組合員数は約9,000人。

コスモス(COSMOS)
【こすもす】技
新幹線の管理業務を総合的に行う、JR東日本の新幹線総合システム。「COmputerized Safety Maintenanceand Operation systems of Shinkansen」の略。輸送計画、運行管理、車両管理、設備管理、保守作業管理、電力系統制御、集中情報監視、構内

作業管理など、JR東日本の新幹線に必要なほとんどの管理業務を一元的に行っている。

こだま
【こだま】列

東海道・山陽新幹線の各駅停車タイプの列車。東海道新幹線開業以前は、東京〜大阪間を6時間台で結ぶ高速ビジネス特急だった。現在は多くの駅で「のぞみ」(p147)などの通過待ちを行い、昔ながらの汽車を思わせるのんびりした旅ができる。

こだま形
【こだまがた】車

151・181系特急形電車の愛称。1958(昭和33)年、初めて投入された東京〜大阪間の特急「こだま」にちなんで呼ばれるようになった。クリームと赤の国鉄特急色を初めて採用したボンネットタイプの車両。東京〜大阪間を初めて6時間台で結び、コンパートメントを含む世界最高水準のパーラーカー(p150)も連結するなど、新幹線開業以前の国鉄黄金時代を代表する車両だった。

御殿場線
【ごてんばせん】路

JR東海が運営する国府津〜沼津間の路線。元々は東海道本線の一部だったが、丹那トンネル(p115)の開通によって東海道本線が熱海経由となり、1934(昭和9)年12月1日から御殿場線となった。現在は単線だが、橋脚などには複線時代の遺構が残る。

後藤新平
【ごとうしんぺい】人

1857〜1929。明治から昭和にかけての政治家。1906(明治39)年に南満州鉄道(p178)の初代総裁に就任。日露戦争の軍事輸送のため狭軌

(p51)化されていた路線を標準軌(p161)に改軌し、南満州鉄道を世界トップクラスの鉄道会社に育て上げた。1908(明治41)年に鉄道院(p122)初代総裁に就任すると、国内の鉄道の標準軌化を主張。国有鉄道の礎を築いた。現在肥薩線で運行されている観光列車「しんぺい」は、後藤新平にちなんだ愛称だ。

庫内手
【こないしゅ】職 歴

国鉄時代、機関区構内で機関車の清掃を行なった職種のこと。機関車乗務員志望者は、全員まず庫内手になった。戦前の庫内手は10人程度ずつの組に分けられ、経験のある組が「有火組」としてボイラーに火が入り待機する状態の機関車を清掃した。現役の蒸気機関車は、庫内手たちによっていつもピカピカに磨かれていた。

ゴハチ
【ごはち】車 趣

EF58形電気機関車の愛称。特に1952(昭和27)年以降に登場した改良型を指す。流線形(p192)を思わせるスタイルで、多くのファンに親しまれた。昭和30年代には幹線の特急列車、昭和40年代以降は夜行急行列車などの牽引機関車として活躍。塗装がバラエティ豊かなのも特徴で、昔ながらの焦げ茶単色、青大将色(p17)、などがあった。61号機はお召し列車(p34)牽引指定機で、現在唯一車籍を有する現役。

あなたが一番かっこいいと思うゴハチは？
私はコレ！原形小窓ブルトレ塗り

583系
【ごはちさんけい／ごひゃくはちじゅうさんけい】車

1967(昭和42)年に登場した、世界初の寝台電車。高度経済成長期に、日中は4人掛けの座席特急、夜間は三段寝台の寝台特急として使用できる車両として開発された。最初に投入された列車名にちなみ「月光型」とも言われる。国鉄黄金時代を象徴する車両だが、人々の生活水準の向上や国鉄離れで活躍の場を失った。

583系は高度成長時代の"お父さん" 昼も夜も働いたモーレツ社員

500系
【ごひゃっけい】車

JR西日本が独自に開発し、1997(平成9)年に登場した東海道・山陽新幹線用の車両。15mに及ぶロングノーズや円筒形の車体を採用し、山陽新幹線で初めて時速300km運転を実現した。洗練されたデザインが絶大な人気を誇ったが、乗り心地や客室空間に課題があった。2010(平成22)年に東海道新幹線から撤退。現在は山陽新幹線で、「こだま」用に使われている。

コ・ホ・ナ・オ・ス・マ・カ
【こほなおすまか】車 用

客車の重量を表す記号。コ＝〜22.5t未満(以下同)、ホ＝〜27.5t、ナ＝〜32.5t、オ＝〜37.5t、ス＝〜42.5t、マ＝〜47.5t、カ＝47.5t以上を表す。各記号の由来は、「コ＝小型」「ホ＝ボギー」「ナ＝並型」「オ＝大型」「ス＝スごく大きい」「マ＝マすます大きい」「カ＝カぎりなく大きい」などと言われるが、はっきりしない。

コムトラック(COMTRAC)
【こむとらっく】技

1972(昭和47)年、山陽新幹線岡山開業に際して導入された東海道・山陽新幹線の運転管理システム。コンピュータが各列車の走行位置情報を把握し、その日の予定に従って進路や信号を設定。ダイヤが乱れても遅延回復の手順を指令員に提案し、ターミナル駅での乗客案内も自動的に行なえる。

コルゲート
【こるげーと】技

1970年代までに製造されたオールステンレス車両に使われた、波状のでこぼこのこと。軽量で錆びにくい一方、加工が難しくスポット溶接でできる「ひずみ」を消すことができなかった。それを解決したのがアメリカ・バッド社の技術で、ひずみを隠すための工夫がコルゲートである。現在はレーザー溶接が主流となり、ほぼ姿を消した。

銀色に輝くコルゲートが異彩を放ったサロ95-900番代。→サロ153-900→サロ110-900と変遷。

混合列車
【こんごうれっしゃ】列 歴

ローカル線などで、客車と貨車を併結していた列車。一般的な混合列車は、1987(昭和62)年に廃止された北海道の三菱大夕張鉄道を最後に姿を消したが、1985(昭和60)年から運行を開始したカートレイン(寝台車と貨車を併結し、自家用車とともに利用できた夜行列車)も混合列車の一種である。

斉藤雪乃
【さいとうゆきの】㊟

関西を中心に活動しているタレント。弟の影響から鉄道ファンになり、「乗り鉄」を自称。鉄道の町・吹田で生まれ育ち、青春18きっぷを利用しての普通列車の旅や、駅そばを愛する。優しい関西弁の語り口がお茶の間でもお馴染み。2017年3月に『斉藤雪乃の鉄道旅案内〈関西版〉』を上梓。

在来線
【ざいらいせん】㊗

国鉄・JRにおける、新幹線以外の鉄道のこと。「従来から在る路線」を意味する。新幹線(p92)の定義に当てはまらない路線と列車はすべて在来線であり、山陽新幹線の回送線を活用した博多南線や、越後湯沢~ガーラ湯沢間、山形新幹線福島~新庄間、秋田新幹線盛岡~秋田間は、新幹線車両が走っていても分類上は在来線である。

サイリスタチョッパ制御
【さいりすたちょっぱせいぎょ】㊝

電車の出力を制御する方式のひとつ。電機子(サイリスタ)と呼ばれる半導体を使い、直流電気を高速でオン・オフを繰り返して電圧を制御する。発熱が少なく、回生ブレーキ(p38)が使えるためエネルギー効率に優れるが、製造コストが高い。国鉄201系電車などに採用された。

国鉄201系電車

酒井製作所
【さかいせいさくじょ】㊗

1967(昭和42)年まで、小型ディーゼル機関車や作業用車両などを製造していた企業。林野庁との関係が深く、昭和初期から戦後にかけて、森林鉄道(p95)向けの車両で大きなシェアを持っていた。森林鉄道が衰退すると鉄道車両から撤退し、現在は酒井重工業として建設機械などを製造している。

相模鉄道(相鉄線)
【さがみてつどう】㊗

相鉄グループの中心企業で、横浜を中心に2路線35.9kmを運営。大手私鉄16社の中では営業キロが最も短い。ルーツは、JR相模線を建設した相模鉄道で、現在の相鉄本線を建設した神中鉄道を吸収合併して発展した。戦時中に相模線が国鉄に編入された一方、残った路線は戦後、首都圏への人口集中によって急速に発展し、準大手私鉄(p88)となった。1990(平成2)年に念願の大手私鉄入り。鉄道運転シミュレーションゲームの「Train Simulator」(p136)に自ら制作依頼し、鉄道会社として初めて全面協力するなど鉄道趣味への理解も高い。

相模鉄道キャラクター
そうにゃん

坂本衛
【さかもとまもる】㊟

1935~。元国鉄職員の著述家。国鉄時代は大阪車掌区所属の車掌などとして勤務する傍ら、在職中から「鉄道模型趣味」(p126)に記事を執筆していた。国鉄退職後、模型店勤務を経て著述家になり、趣味の温泉や、国鉄勤務時代の出来事を綴った著書を発表。

索道
【さくどう】㊝

ロープウェイやリフトなど、ロープに車体や座席を吊して人や貨物を輸送する山岳向け交通機関。地上構造物が少なく、環境への影響も最低限に抑えられるため、戦後ケーブルカー(p58)に代わって普及した。法

律上、鉄道に分類されるが、「日本の鉄道完乗（p42）」の対象にする人は少ない。

さくら
【さくら】列 歴

日本で最も古くから使われている列車愛称のひとつ。1929（昭和4）年、東京〜下関間の特別急行列車3・4列車が「櫻（さくら）」と名付けられたのが始まり。戦後の1951（昭和26）年、東京〜大阪間の臨時特急列車として復活し、1959（昭和34）年には、東京〜長崎間の寝台特急「平和」が、20系客車（p143）投入と同時に「さくら」と改められた。鉄道ファンの多くは「さくら」と言えばこの東京〜長崎・佐世保間の寝台特急を思い浮かべる。寝台特急「さくら」は2005（平成17）年に引退したが、2011（平成23）年からは新大阪〜鹿児島中央間の山陽・九州新幹線として活躍中だ。

「さくら」ヘッドマークのバリエーション

桜木町事故
【さくらぎちょうじこ】歴

国鉄五大事故の1つ。1951（昭和26）年4月24日、東海道本線支線（現在の根岸線）桜木町駅構内で発生した列車火災事故。作業員のミスで垂れ下がった架線（p38）が、パンタグラフ（p156）に絡まり、ショートして火災が発生、満員の乗客は脱出できず106人もの犠牲者を出した。この事故

の後、乗客が扉を開けられる非常ドアコックの設置と表示が義務づけられ、車両の鋼体化（p61）が急がれた。

座席指定席
【ざせきしていせき】サ 設

予め座席を指定して販売される客席。JRの場合、マルス（p175）システムで管理され、原則として乗車日の1カ月前の10時に発売される。昭和30年代までは、特急列車は全車指定が当たり前だった。旅が多様化すると特急にも自由席が連結されるようになったが、近年、新幹線などで再び全車指定の列車が増えているほか、東海道・山陽新幹線のエクスプレス予約のように指定席と自由席を同額としたりするケースもある。

座席の下
【ざせきのした】歴

長距離列車の座席の下。車内にくず物入れが少なく、また慢性的に混雑していた国鉄時代には、車内で食べた駅弁の空き箱などは、ここに置くことがマナーとされた。当時の駅弁の掛け紙には、「お食事後はくず物入れか座席の下にお入れください」と書いてあった。終着駅に近づく頃には、座席の下や通路にはゴミがあふれていた。

形式 **5**

サドルタンクは日本では少数派。
国鉄ではこの1形式2両のみ。

サドルタンク
【さどるたんく】車

蒸気機関車のボイラーに水を供給するタンクの形態。馬の鞍（サドル）のようにボイラーに覆い被さるため、この名前がついた。亀の子（p39）のような、海外製の小型機関車が多く採用していた。

サブウェイパニック
【さぶうぇいぱにっく】作

アメリカのジョン・ゴーディが1973（昭和48）年に発表した犯罪小説。武装グループがニューヨークの地下鉄をハイジャックし、乗客を人質に取って身代金を要求する。これまで3回映画化されているが、特にウォルター・マッソー主演の1974年版が、傑作として知られる。

サボ
【さぼ】設

車両の横に掲示される、行先などを表示する板。「サインボード」の略と言われる。かつてはホーロー板が主流だったが、その後軽量でメンテナンスが楽なプラスチック板に代わった。設置や交換の管理が煩雑、夜は見えにくく盗難の危険もあることから、現在ではLED表示や車両に内蔵された方向幕が使用されることが多い。

サメ
【さめ】車 趣

登場時は狭軌用として世界最高出力を誇ったEF66形電気機関車のうち、JR発足後にJR貨物の発注で製造された100番台の愛称。大型窓と曲線を活かした最新のデザイントレンドが取り入れられた。ブルーの車体と曲線、そして細長い前照灯がサメをイメージさせる。

このあたりでサメが"目撃"されたので…

サロンエクスプレス東京
【さろんえくすぷれすとうきょう】列

1983（昭和58）年8月に登場した、国鉄の団体・臨時列車専用客車。14系客車を改造し、編成両端には大型窓を備えた展望スペースを備えた。「欧風客車」と呼ばれ、その後国鉄から続々と登場したジョイフルトレイン（p89）の第1号である。しかし、個室主体のため団体向けには使いにくく、1997（平成9）年にお座敷客車「ゆとり」に再改造。2008（平成20）年まで活躍した。

デビュー時のキャンペーンをいとうまい子さんがやっていたのも懐かしい！

サロンカーなにわ
【さろんかーなにわ】列

1983（昭和58）年9月に国鉄から登場したジョイフルトレイン（p89）。大阪鉄道管理局が企画した車両で、サロンエクスプレス東京と共に話題になった。編成両端は昔の展望車をイメージした展望室になっている。客席は２＋１列のリクライニングシートを千鳥配置。2018年現在もJR西日本所属の団体専用車両として現役だ。

登場から35年以上活躍している

三江線
【さんこうせん】路

広島県の三次駅と島根県の江津を結ぶ、全長108.1kmの路線。JR西日本で最も利用者が少なく、様々な社会実験を経て2018（平成30）年3月末で廃止。廃止はやむを得なかったが、各地でローカル線廃止が始まるのではと心配する声も。

3シリンダー
【さんしりんだー】技

ボイラーの蒸気を送り込んでピストンを動かすシリンダーを３基搭載した蒸気機関車。通常シリンダーは左右２カ所に搭載されるが、馬力をアップさせるため、車両中央に３つめのシリンダーを搭載した。日本では、1928（昭和3）年から製造されたC53形蒸気機関車が唯一の存在。45号機が京都鉄道博物館に保存されている。

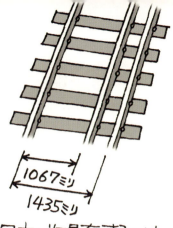

日本で現存するのはすべてこの組み合せ

三線軌条
【さんせんきじょう】技 設

狭軌と標準軌の車両が同じ路線を運行できるよう、レールが３本設置された軌道のこと。日本では北海道新幹線とJR海峡線が共用する青函トンネルや、秋田新幹線の在来線区間のうち神宮寺〜峰吉川間、箱根登山鉄道入生田〜箱根湯本間などがある。

三段寝台
【さんだんしんだい】設 サ

1970年代までB寝台車の標準だった方式。客車の場合、線路と直角方向に並んだ寝台が上段・中段・下段の３段に分かれている。日中は中段寝台を折りたたみ、下段を３人掛けの座席として使用した。身体を起こすと頭がつかえるほど狭い。

三島会社
【さんとうがいしゃ】企

JR旅客６社のうち、北海道、四国、九州の３社のこと。本州以外の３島は人口や産業が少なく、どれだけ経営努力を重ねても黒字経営は難しいとされ、損失を補填するために経営安定基金が運用されている。JR九州は着実に経営改善を進めて2016（平成28）年に株式上場を達成。

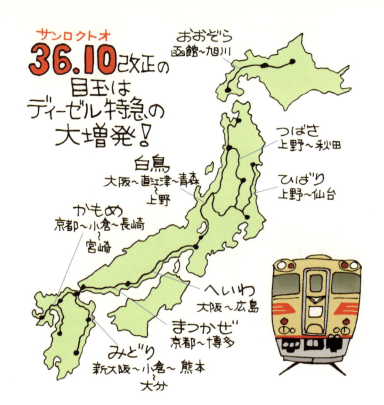

サンパチ豪雪

【さんぱちごうせつ】歴

1963（昭和38）年1～2月、日本海側を中心に、全国を襲った記録的な豪雪。国鉄は信越本線長岡駅が完全に使用不能となり、大混乱となった。中でも1月23日に新潟駅を発車した上野行き急行「越路」は、長岡駅で立ち往生。上野駅に到着したのは、106時間21分遅れの1月28日8時29分だった。これは日本の鉄道の最長遅延記録。上野～新潟間が完全に復旧したのは2月18日だった。

サンライズエクスプレス

【さんらいずえくすぷれす】列車

285系寝台電車の愛称。2018年現在、日本唯一の定期寝台特急である「サンライズ瀬戸・出雲」に使用されている。JR西日本と東海が共同開発した個室主体の寝台電車で、インテリアデザインはミサワホームが担当した。個室寝台のほか、座席扱いのノビノビ座席もあり人気が高い。上りは大阪を0時30分頃発車するため、大阪～東京間の夜行列車として利用する人も多い。

サンロクトオ

【さんろくとお】歴

1961（昭和36）年10月1日に実施された国鉄のダイヤ改正。全国の都市を高速で結ぶため、従来8種類しかなかった特急が全国の幹線に設定された。この時誕生した特急に「つばさ」（上野～秋田）、「ひばり」（上野～仙台）、「白鳥」（大阪～上野・青森）、「おおぞら」（函館～旭川）などがあり、新鋭のキハ80形気動車や151系（181系）電車が充当された。急行列車もほぼ倍増し、国鉄は黄金時代を迎えることになる。

シーサスクロッシング
【しーさすくろっしんぐ】㊙

隣接する２つの軌道の間に、二組の渡り線をＸ字状に配置した分岐構造。進行方向に関わらず、隣の軌道に渡ることができる。ダブルクロッシング、両渡り線とも。

シーサスクロッシング
シーサスとはハサミのこと！

Ｃ寝台
【しーしんだい】㊙

本来は昭和30年代まで存在した一等Ｃ寝台（開放型で非冷房）を指した用語だが、鉄道ファンの間では列車の座席などに横になって眠ることを「Ｂ寝台よりも下」という意味で使われた。夜行列車がほとんどなくなった今、死語と化しつつある。

CTC
【しーてぃーしー】㊙

列車集中制御装置。ある区間の信号と転てつ器をコントロールセンターで集中して制御し、列車の運転状況を監視する運行管理システム。1927(昭和2)年にアメリカで誕生し、日本では1954(昭和29)年に名古屋鉄道で初めて導入された。

シーメンス・モビリティ
【しーめんすもびりてぃ】㊙

ドイツのミュンヘンに本社を置く多国籍企業、シーメンス社の鉄道車両部門。ドイツ高速鉄道ICEをはじめ、世界の鉄道車両市場に２割のシェアを持っており、鉄道ファンが「シーメンス」と言った場合、通常はシーメンス・モビリティ社を指す。鉄道趣味の世界ではVVVFインバータ(p98)のメーカーとして知ら

れており、京浜急行1000形などに採用されたドレミファインバータ(p136)が特に人気。

シールドビーム
【しーるどびーむ】㊙

レンズと反射板を備えた照明。従来の白熱灯よりも明るく、反射板で照射方向を設定できるため、1970年代以降、電車の前部標識灯に多く用いられた。現在は、LEDライトに取って代わられつつある。

シールドビーム装備の115系

C63
【しーろくじゅうさん】㊙

1955(昭和30)年に製造が計画された、国鉄最後の制式蒸気機関車。ディーゼル機関車の開発が遅れていたため製造が計画されたが、製造開始直前に動力近代化の目処が立ち、実際に製造されることはなかった。京都鉄道博物館(p52)に、設計図を基にした模型と１号機のナンバープレートが展示されている。

まぼろしの蒸気機関車C63！
←こちらはまぼろし探偵　古い…

シウマイ弁当
【しうまいべんとう】食

「シュウマイ」ではなく、「シウマイ」。横浜駅をはじめ、関東一円で販売している崎陽軒の駅弁。初代社長の野並茂吉が、横浜駅の名物を作ろうと考案した。厚焼卵、鮪のつけ焼き、蒲鉾、鶏唐揚、筍煮などと一緒に5個入ったシウマイは、冷めても美味しく食べられるよう工夫されている。

紫雲丸事故
【しうんまるじこ】歴

1955（昭和30）年5月11日に発生した国鉄五大事故の1つ。濃霧の中、修学旅行生などを乗せた宇高連絡船の紫雲丸が大型貨車運航船「第三宇高丸」と衝突して沈没。168名の犠牲者を出した。実は紫雲丸はこれが5度目の衝突事故で、前年には青函連絡船の洞爺丸事故が発生していたため、国鉄は世論から強く非難されることになる。

JR貨物
【じぇいあーるかもつ】企

国鉄分割民営化によって誕生した鉄道会社のうち、全国の貨物列車の運行を行なう企業。自社の路線をほとんど持たず、旅客会社や第3セクターの路線を借りて列車を運行する。長年、トラック輸送にシェアを奪われ苦しい経営が続いたが、環境保護意識の高まりやトラック運転手の人出不足が追い風となり、2016（平成28）年度には24年ぶりに黒字化を達成した。

JR九州
【じぇいあーるきゅうしゅう】企

九州内の国鉄線を継承したJRの旅客鉄道会社で、2273.0kmの路線網を持つ。正式名称は九州旅客鉄道株式会社。高速バスや自家用車の普及が進んだ九州で、「地域密着」をモットーに積極的な投資を行ない、発足当初はほとんど誰も予想していなかった黒字化を達成。D&S列車と呼ばれる観光列車を続々登場させ、九州を「鉄道王国」に作り上げた。

JR四国
【じぇいあーるしこく】企

国鉄から四国内の全線と、本四備讃線の一部を引き継いだ旅客鉄道会社。正式名称は四国旅客鉄道株式会社。営業キロ855.2km、社員数2,450人（2017年4月現在）はJR旅客6社中最小。四国全体の年間利用者数は巣鴨駅の年間乗降客数より少ない。少年時代を高知で過ごしたやなせたかし原作のアンパンマンをデザインした列車が多いが、近年は高級感のある観光列車に力を入れる。

JR発足から30年
国鉄時代はごく少数だった女性乗務員も多数活躍中!!

JR電車編成表シリーズ

【じぇいあーるでんしゃへんせいひょうしりーず】㉑㊜
ジェー・アール・アールが編集し、交通新聞社が刊行する電車編成表。概ね年2回刊行され、JRの全電車の編成と所属、仕様などを編成単位で図説。鉄道ファンのほか、鉄道関係者などで業務用としても使われている。姉妹本に「JR気動車客車編成表」、「私鉄車両編成表」、「普通列車編成両数表」、「列車編成席番表」(p196)がある。

JR東海

【じぇいあーるとうかい】㊞
東海・中部地方の在来線及び東海道新幹線を運営するJR旅客鉄道会社。正式名称は「東海旅客鉄道株式会社」だが、英語名は「Central Japan Railway Company」。1970.8kmの路線を持つが、東海道新幹線が営業収入の8割以上を占め、日本でもトップクラスの利益率を誇る。経営は「利益の最大化」「輸送の効率化」に主眼が置かれ、観光列車などとは無縁。そのため、鉄道ファンからの受けは良くない。高い資金力を活かし、現在自社による中央リニア新幹線の建設をスタートさせている。

JR西日本

【じぇいあーるにしにほん】㊞
西日本及び北陸地区の在来線及び新幹線を担当するJR旅客会社。4984.4kmと、JR東日本につぐ路線網を持つが、数多くのローカル線を抱え、山陽新幹線の輸送量は東海道新幹線の3分の1、京阪神地区は私鉄各社との激しい競争にあるなど、本州3社の中では最も厳しい経営環境にある。本州の他社に比べ、車両や施設を長期間使う傾向があり、国鉄型の車両も残っている。蒸気機関車の動態保存に積極的で、山口線の「SLやまぐち号」では昔の客車を再現した車両を新製するなど、日本の鉄道文化を受け継ぐ役割を果たしている。

JR東日本

【じぇいあーるひがしにほん】㊞
総営業キロ7336.9km。首都圏や新幹線を擁し、JRグループ最大の規模を誇る旅客鉄道会社。Suica(p95)を開発するなど最新の技術を取り入れる一方、蒸気機関車や旧型客車の動態保存(p131)も行なう、日本最大の総合鉄道企業。東北地方などに数多くのローカル線を抱え、東日本大震災での被害も甚大だったが、全体としては黒字経営のため政府からの援助をほとんど受けられないなど、大企業ならではの悩みも抱える。

JR北海道

【じぇいあーるほっかいどう】㊞
北海道の全国鉄道を引き継いだ旅客鉄道会社。赤字ローカル線廃止によって、多くの路線が廃止されたが、今も2464.2kmの路線を持つ。大自然の中を走る線が多く、日本離れした車窓風景を楽しめるとあって人気は高い。しかし経営基盤は非常に弱く、事故や不祥事が続いたこともあり、国の指導で経営改善が進められている。2016(平成28)年には、全線の約半分にあたる路線が「JR北海道単独では維持が難しい路線」とされ、バス転換や自治体からの財政支援が不可欠と表明された。

ウェスタン・メリーランド鉄道(米)
世界最大のシェイギアード

シェイギアード
【しぇいぎあーど】車 歴

アメリカのアフレイム・シェイが考案した、世界で最も普及した歯車式蒸気機関車（ギアードロコ）。シェイ式蒸気機関車とも呼ばれ、アメリカのライマー社が一手に製造した。通常、蒸気機関車は、蒸気で動くピストンが動輪につながったロッドを動かして動輪を回すが、ギアードロコはピストンの動きを回転運動に変換し、ギア（歯車）を介して動輪を動かす。シェイギアードは、車体の右側に2〜3個のシリンダーが垂直に配置され、シャフトとギアを通じて動輪を動かす。縦に並んでいるのでシリンダーを増やしやすく、コンパクトで力のある機関車を作ることができた。日本の魚梁瀬森林鉄道でも使用された。

ジェットカー
【じぇっとかー】車 技

阪神電気鉄道(p156)の各駅停車用車両の愛称。阪神電鉄特有の短い駅間距離に対応するため、全国トップクラスの高い加減速性能を持つ。通常、通勤電車の起動加速度は3.0km/h/s程度だが、ジェットカーは4.0〜4.5km/h/sを誇る。青い塗装から青銅車とも。

汐留駅
【しおどめえき】駅

現在の汐留シオサイトの位置にかつてあった、国鉄の貨物駅。そのルーツは、1872（明治5）年に日本の鉄道が初めて開業した際の新橋駅だ。1914（大正3）年、東京駅の開業と同時に汐留駅に改めて、貨物専用駅となり、それまでの烏森駅が新橋駅となった。国鉄末期の1986（昭和61）年11月に、機能を品川区の東京貨物ターミナルに移転して廃止。旧新橋駅舎があった場所には当時の建物を再現した「旧新橋停車場 鉄道歴史展示室」がある。

四季島
【しきしま】列

JR東日本が2017（平成29）年5月1日から運行している豪華クルーズトレイン。正式名称は「TRAIN SUITE 四季島」。車体は秋田新幹線E6系をデザインした奥山清行(p33)がプロデュースし、2人用個室を基本としている。個室には和紙や天然木、畳敷きの床に掘りごたつシートなど日本の文化がふんだんに取り入れられ、展望ラウンジ「こもれび」は樹木をイメージしたインテリアが施されている。

仕業

【しぎょう】用

1日の業務。ある乗務員が出勤してから退勤するまでの勤務単位を表す場合と、ある編成の1日分の運行を表す場合がある。

パンタグラフなど屋根上を見るための検査台

足まわりを見やすいよう線路が床より高くなっている

仕業検査は主に車両基地の検車庫で行なう。

仕業検査

【しぎょうけんさ】用

主に4種類ある車両検査のうち、最も日常的に行なわれる検査。だいたい2～6日ごとに、パンタグラフやブレーキ、台車など走行に不可欠な装置を点検し、消耗品の交換を行なう。

事業用車

【じぎょうようしゃ】車

線路や架線の検査・管理、乗務員の輸送、事故時の救援など、旅客・貨物営業以外の目的で使用される車両のこと。

シグナス(CYGNUS)

【しぐなす】技

北海道新幹線総合システムのことで、「Computer sYstem for siGNal control and Useful maintenance of hokkaido Shinkansen」の略。北海道新幹線の輸送計画や運行管理、車両管理、設備管理などを一元的に行なう。東北新幹線のコスモス(p64)や、青函トンネルで線路を共用する在来線の運行管理システムとも接続されている。

時刻表

【じこくひょう】作

列車の時刻が掲載されている実用書……だが、鉄道ファンにとっては鉄道旅行の全てが詰まっている夢の本。愛読者は毎月購入し、細かい臨時列車(p193)の時刻や鉄道ニュース、あるいは広告までを読み込む。目的地までの最短ルートを示す乗換案内と異なり、調べるうちに旅のアイディアがひらめき、プランが豊かになることもある。かつては国鉄監修だった「JTB時刻表」と、現在JRの公式時刻表である「JR時刻表」があり、国鉄時代からのファンは前者、若い人は後者を愛用することが多い。

『カレチ』を描くのに専らお世話になったのは交通公社の時刻表 昭和48年5月号→

並べてみたら違いがわかる
JR時刻表 × JTB時刻表

JR時刻表

JRグループの公式時刻表。全国のJR駅のほか、多くの旅行会社が常備している。ルーツは1963（昭和38）年に弘済出版社（現・交通新聞社）から創刊された「全国観光時間表」。数度の改題を経た後、1987（昭和62）年3月発売の4月号からJRグループ公式時刻表となり、1988（昭和63）年5月号から、現在の「JR時刻表」という誌名になった。

「JR時刻表」2017年12月号／© 交通新聞社

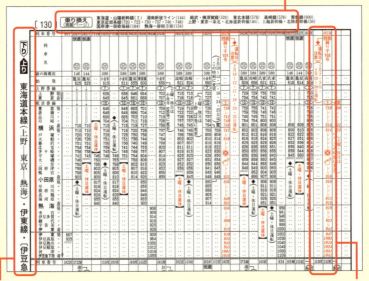

欄外に乗り換え路線の掲載ページが記載されている。

JRグループの公式時刻表らしく、鉄道会社と、地域のまとまりごとに掲載。

特急・急行列車の時刻が赤字で表示され、目的の列車を探しやすい。

その他の特徴

- 巻頭特集は、JRで訪れる観光地やグルメの情報が中心。
- 巻頭の特急列車のページは、新幹線と在来線特急の連絡早見表が充実。
- 索引地図は、ある程度のデフォルメがあるものの、日本列島の形を素直に再現。
- スマホ・タブレットアプリ版（デジタルJR時刻表）もある。

スマホ全盛の時代にあっても、根強い人気を誇る2つの時刻表。どちらもB5版でほとんど同じに見えるけど、いったいどこが違うのだろう？

JTB時刻表

1925（大正14）年創刊、日本で最も長い歴史を持つ時刻表。国鉄時代は、「国鉄監修 交通公社の時刻表」を名乗り、国鉄公式の時刻表として全国で広く愛用された。国鉄分割民営化後は「国鉄監修」がなくなり、1988（昭和63）年11月号から「JTB時刻表」に改題。時代時代の鉄道と世相を映す資料としての価値があり、重要なダイヤ改正などがあった号を復刻した「復刻版時刻表」は高い人気を誇る。

「JTB時刻表」2017年12月号／©JTBパブリッシング

ページの表と裏で罫線の位置が揃っており、裏写りが少なくなる工夫がされている。

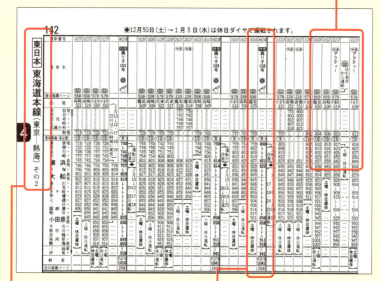

東京から門司まで一気に掲載するなど全国ネットワークを重視した順序。

1色ながら、特急列車の時刻や土曜・休日運休記事は太字で表示され、縦軸の罫線も太線で見やすく、コピーでの使用に強い。

その他の特徴

- 巻頭特集は、鉄道ファン向けの情報が充実。読者投稿のページもある。
- 私鉄有料特急のページがあるなど、私鉄の情報も充実している。
- JTBの支店やビジネスホテル情報が充実しているのがJTBらしい。
- 索引地図は、私鉄や第3セクター、ケーブルカーも全駅が掲載されている。

宮脇俊三氏の"原体験"は原っぱで見た山手線だった

時刻表昭和史
【じこくひょうしょうわし】作

鉄道紀行作家・宮脇俊三（p179）が1980（昭和55）年に発表した随筆作品。「時刻表2万キロ」「最長片道きっぷの旅」などと並び、宮脇を代表する作品で、昭和初期から終戦の日まで、戦争に向かう時代の日本と鉄道の様子が、筆者の体験を通じて描かれている。初版時の売上はあまり良くなかったが、宮脇が最も愛着を持っていた作品である。初版では、米坂線今泉駅前で玉音放送を聞き、疎開先の村上に戻ったところで終わるが、1997（平成9）年には戦後の混乱期の鉄道を加筆した「増補版」が刊行された。鉄道ファンのみならず、1人でも多くの人が読むべき、貴重な昭和の証言である。

時刻表2万キロ
【じこくひょうにまんきろ】作

1978（昭和53）年に刊行された、鉄道紀行作家・宮脇俊三（p179）のデビュー作。中央公論社の役員だった著者が、週末の休みなどを利用して国鉄全線を完乗（p42）するまでの過程を綴っている。今で言う「乗り鉄」の旅をまとめた初めての書籍であり、静かなユーモアをちりばめた文章は多くの人に受け入れられた。

指差喚呼
【しさかんこ】用

鉄道職員が、信号や標識、列車が進入してきていないことなどを、指をさしながら声に出して確認する、安全確認行動のひとつ。思い込みや慣れを避けるため、「目で見て」「腕を伸ばして指でさして」「声に出して」「その声を自分で聞く」の4段階で危険が迫っていないことを確認する。駅の構内踏切などで指差喚呼をしている乗客がいたら、80％くらいの確率で職員か鉄道ファンである。

私鉄
【してつ】用

民間企業が運営する鉄道事業者。「国鉄」の対義語として生まれた言葉なので、民間企業でもJRは含まない。法律や統計など役所では「民鉄（民営鉄道）」（p180）という言葉が使われる。

自動解結装置
【じどうかいけつそうち】設

車両を連結したり、切り離したりする際に、作業員が線路上に降りなくても運転席などから乗務員の操作によって作業が行えるよう自動化されたシステム。

自動連結器
【じどうれんけつき】設

車両を連結する装置で、正式名称は「並形自動連結器」。略称「自連」。拳のような形をしており、2両の連結器が接触して押し合うと、指にあたるナックルが閉じ、握り合う形で連結される。遊びがあるため揺れるが、安全・確実で、小さい力で多くの車両を牽引できる。それ以前は、車両についたフックをねじによる締結機構つきの鎖で

つなぐ、リンク式連結器（p193）が使われていた。しかし、事故が絶えなかったため、1925（大正14）年7月に全国の国鉄で一斉に自動連結器に交換された。

「グー」を思わせる形の自動連結器

自撮り棒
【じどりぼう】㊣

デジタルカメラやスマートフォンを先端につけ、離れた位置から自分を撮影できる小道具。2014（平成26）年頃から韓国などで爆発的に流行し、日本でも普及した。伸ばした自撮り棒がホームから線路上にはみ出したり、他の乗客にぶつかったりといったトラブルが絶えず、最悪の場合架線から感電する危険もあるため、現在ではほとんどの鉄道会社がホームでの使用を禁止している。

ジパング倶楽部
【じぱんぐくらぶ】㊗

国鉄時代の1985（昭和60）年にスタートした、高齢者向けの有料会員制サービス。原則として男性65歳以上、女性60歳以上が入会でき、JRを201km以上利用する場合、最大30％の割引が受けられる。JR各社に引き継がれ、JR東日本は「大人の休日倶楽部」（p34）と統合して「大人の休日倶楽部ジパング」として展開している。割引を受けられるのは年間20回までで、購入時には会員証とともに「JR乗車券購入証」に乗車区間などを記入して窓口に提出する必要があるという点が、国鉄時代からのサービスらしい。このため窓口で時間がかかり、ジパング倶楽部会員優先窓口を設けている駅もある。

シベリア鉄道
【しべりあてつどう】㊙

ロシアの首都モスクワと、極東のウラジオストクを結ぶ全長9,000kmを超える鉄道路線。日露戦争最中の1904（明治37）年9月に全線開通した。1930年代にはアジアとヨーロッパを結ぶ最短ルートで、東京駅の窓口でシベリア鉄道経由ヨーロッパ行きの乗車券を購入することができた。現在も、「ロシア号」がモスクワ～ウラジオストク間を結んでおり、所要時間は実に約140時間、7日間かけて走破する。豪華クルーズ列車の「ゴールデン・イーグル」もあり、こちらは倍の15日間かけてシベリアを満喫できる。

シベリア鉄道といえば"太田裕美さんの「さらばシベリア鉄道」を思いだす… 作曲は大瀧詠一さん

しまかぜ
【しまかぜ】㊗

大阪難波・京都・近鉄名古屋～賢島間を運行する近鉄の豪華観光特急。伊勢志摩の青空をイメージしたブルーの車体で、「しまかぜ」の愛称も志摩に吹く爽やかな風をイメージ。座席は本革製で、シートピッチはJRのグリーン車を凌ぐ1,250mm。リズミカルに動くリラクゼーション機能まで備える。二階建てのラウンジでは、伊勢海老が付いた海の幸ピラフや松阪牛カレーを味わえる。

島式ホーム
【しましきほーむ】(設)
ホームの両側に列車が発着するホーム。1本のホームで上下両方向をまかなえるので、効率的な反面、混雑しやすい。反対語は相対式（対向式）ホーム（p104）。

島秀雄
【しまひでお】(人)
1901～1998。国鉄を代表する車両設計技師。D51形蒸気機関車をはじめ、C11形、C62形、151系電車などに関わった。父は島安次郎。桜木町事故（p69）を機に国鉄を退職したが、十河信二（p104）国鉄総裁に請われて復帰、新幹線の実現に尽力した。東海道新幹線0系電車の設計に参画し、台湾新幹線にも携わった島隆は次男。

島安次郎
【しまやすじろう】(人)
1870～1946。明治・大正期を代表する技術者で、新幹線につながる標準軌高速鉄道の父。明治末期には、鉄道院総裁だった後藤新平（p65）の指示で国鉄の広軌（標準軌）化計画を策定。しかし、政府が地方への鉄道建設を優先し、広軌化計画は挫折したため満州に渡り、南満州鉄道の筆頭理事などを務めた。昭和初期には、鉄道幹線調査会の特別委員長として弾丸列車計画（p114）を推進したが、戦局の悪化によってこれも頓挫した。しかし、彼の夢は息子・秀雄により、東海道新幹線として実現する。

清水トンネル
【しみずとんねる】(施)
JR上越線の群馬・新潟県境にあり、三国山脈の中央を貫通する全長9,702mのトンネル。1931（昭和6）年に開通し、それまで長野を経由していた東京～新潟間を距離にして98km、所要時間は実に4時間も短縮した。戦後、1967（昭和42）年には新清水トンネル（1万3,500m）が完成し、清水トンネルは上り専用となった。冬の下り列車に乗ると、新清水トンネルを抜けたところで辺りは一面の雪景色となり、川端康成の小説「雪国」の冒頭と同じ体験ができる。

下山事件
【しもやまじけん】(歴)
1949（昭和24）年7月6日未明、行方不明と

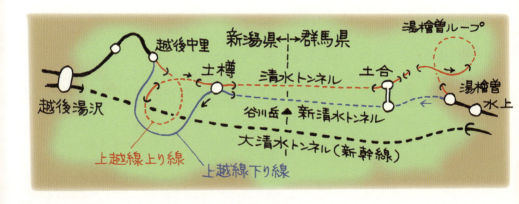

なっていた国鉄初代総裁の下山定則が、常磐線北千住〜綾瀬間で轢断死体となって発見された事件。自殺か、他殺かで論争となり、国鉄三大ミステリーの一つに数えられる。背景に、GHQの命令による10万人規模の国鉄人員整理があったと言われる。

遮光幕
【しゃこうまく】設

乗務員室と客室との間の窓にあるブラインド。原則として上げられているが、地下鉄やトンネルの多い区間では、車内灯が反射して運転士が前方を見づらくなるので降ろされる。せめて運転席の反対側くらいは上げておいてほしいと思うファン多数。

車掌車
【しゃしょうしゃ】車

国鉄時代、貨物列車の最後尾に連結された車両。非常ブレーキを搭載し、車掌が乗務して後方の監視や緊急時の防護を行なった。形式記号は「ヨ」で、親しみを込めて「ヨ太郎」などと呼ばれた。長大編成の貨物列車が減り、列車防護無線の搭載など非常時の安全確保技術が発達したことから1985(昭和60)年に原則廃止された。

国鉄最後の車掌車 ヨ8000
昭和49年登場。
はじめてトイレが付きました…

車上信号
【しゃじょうしんごう】設

車内信号とも呼ばれ、線路脇ではなく運転台に装備された信号装置のこと。青・黄・赤といった色灯ではなく、現在の許容最高速度などを表示できる。新幹線のように高速で走る鉄道では、線路脇の信号機を目視で確認することが難しいため、ATC(自動列車制御装置→p28)などの保安装置の一部として搭載されている。現在は、新幹線だけでなく山手線や地下鉄など、運行本数の多い通勤路線でも数多く採用。

車掌弁
【しゃしょうべん】設

車掌室にある非常ブレーキ。赤いハンドルのついた紐を引くと制動管の空気が抜けて、強制的にブレーキがかかる。電気指令式ブレーキを搭載した現代の車両は、紐ではなく非常スイッチになっている。車掌は駅の発着時や通過時、いつでも車掌弁を引ける体制でホームの安全を監視した。

車窓風景
【しゃそうふうけい】趣

列車から見える風景。鉄道旅の大きな魅力のひとつ。「完乗」(p42)を目指す乗り鉄の中には、車窓風景を見ることにこだわる人も多く、ストイックなケースでは「車窓風景が見える日中に乗らないと乗車したと認めない」「必ず往復乗車して左右両方の車窓風景を確認する」という人もいる。新幹線をはじめ、新しく建設される鉄道はトンネルが多く、車窓風景があまり楽しめない路線が多い。特にリニア中央新幹線(p191)は全線の9割がトンネルだ。

シャダーン
【しゃだーん】歴

1980年代に国鉄が青少年向けの踏切啓発運動の一環として登場させたキャラクターで、正式名称は「ふみ切戦士シャダーン」。「とまって、みぎひだりをかくにんしましょう」「ゆきちがいれっしゃにちゅういしましょう」「けいほうきがなりやんでわたりましょう」という「ふみきりでまもる3ツのちかい」を唱えた。その姿は、当時流行の「機■戦士ガン○ム」にそっくり。特に広島鉄道管理局が制作したポスターは踏切カラーをまとった「ガ●ダム」といっても差し支えないほど作画レベルが高かった。

車体傾斜装置
【しゃたいけいしゃそうち】設

カーブで発生する遠心力を打ち消し、高速で通過するために車体を内側に傾ける装置。振子式車両(p164)の振子装置も車体傾斜装

N700系は車体を1度傾ける

置のひとつだが、最新のシステムでは油圧などによって強制的に車体を傾ける強制車体傾斜式や、台車の空気ばねの伸縮を調整して傾ける空気ばね式がある。東海道新幹線のN700系や、東北新幹線E5・E6系は空気ばね式だ。

車体更新
【しゃたいこうしん】用

既存車両の台車や機器類を流用し、乗客が利用する車体だけを新製して交換した車両のこと。車体だけでなく、台車や一部機器も新調して、ほとんど新車と言えるような車体更新もあれば、外板の一部を取り替えただけの車体更新もあり、明確な定義はない。逆に床下の機器類だけを交換することは機器更新という。川越線の103系3000番台のように、昭和20年代製造の旧型電車が車体更新と機器更新を繰り返し、ほとんど別の車両に生まれ変わって2000年代まで活躍したケースもある。

車内警報装置
【しゃないけいほうそうち】設

現在の自動列車停止装置(ATS→p28)の前身。前方の信号が「停止」の時、運転士に注意を促すブザーを鳴らす。警報を発するだけで列車を停止させる機能はなく、運転士が意識を失ったり、パニックに陥ったりしたケースには無力だった。1954年から東京・大阪の国電区間で導入が始まったが、1962(昭和37)年の三河島事故(p177)をきっかけに、ATSが導入されることになった。現在日本の鉄道には存在しない。

車内チャイム
【しゃないちゃいむ】車

主に国鉄・JRで、車内放送の最初と最後に

流れる音楽のこと。車内メロディともいう。国鉄時代はオルゴールが使われ、在来線の場合、電車は「鉄道唱歌」(p124)、気動車は「アルプスの牧場」(p21)、客車は「ハイケンスのセレナーデ」(p150)と車両の種類ごとに曲が決まっていた。東北・上越新幹線が、停車駅ごとに地元の唱歌・民謡を車内チャイムに採用し、話題となった。現在は電子音が使われることが多く、会社ごと、列車ごとに様々なメロディが用意されている。

車内販売
【しゃないはんばい】㋚

主に特急列車において、車内を小型のワゴンで巡回し飲食物を中心に販売するサービス。駅弁、コーヒー、アルコール類からお土産、鉄道グッズ、スマホ用充電器など多種多様な商品を販売している。近年は列車の高速化と駅ナカの充実によって売上が落ち込んでいるが、車内販売でしか購入できない限定グッズを用意する、生ビールを販売するといった施策も活発だ。

車内補充券
【しゃないほじゅうけん】㋖

乗り越し(p147)たり、無人駅(p181)から乗車したりした時などに車掌から購入するきっぷ。現在は車掌がPOS端末を所持し、小型プリンタからレシートのようなきっぷが発券されることが多い。必要項目をボールペンで書き込むタイプや、各駅名と金額が印刷された券片に車掌がパンチと呼ばれる道具で穴を開けて区間や運賃を指定するタイプもあるが、絶滅危惧種である。

車内持ち込み容器
【しゃないもちこみようき】㋕

駅のホームにある立ち食いそば・うどん店が用意していた、車内持ち込み用の容器。30〜50円程度で、発泡ポリスチレン製が多い。車内で安価に温かい食事をとれることから、かつては人気が高かった。しかし、残した汁で車内が汚れやすい、においが車内に残りやすいといった理由で敬遠されるようになり、近年はほとんど見なくなった。

下関駅ホームで買ったうどんをブルトレ車内で食べる楽しみも過去のもの....

しゃぶしゃぶ弁当
【しゃぶしゃぶべんとう】㋕

神戸駅などで販売されている、淡路屋の駅弁。しゃぶしゃぶ風の牛肉弁当は「松風」と「村雨」の二種類あり、どちらもポン酢とごまだれをつけて楽しめる。高級版の「村雨」は、国鉄時代、「日本一高価な駅弁」として有名だった。現在は2,000円ほどで、神戸牛のしゃぶしゃぶがこの値段で食べられるならむしろ安いと感じる。

車両基地
【しゃりょうきち】施

車両を保管し、整備や列車の組成（p86）などを行う施設。電車の基地は電車区、機関車の基地は機関区などと呼ばれたが、近年は運転所、車両センターなどと呼ばれることが多い。大型の車両基地では定期検査を行なう検車区や工場を併設している。定期的に公開イベントを行なっている施設もある。

車両限界
【しゃりょうげんかい】技

車体断面の大きさの限界のこと。これが守られないと、走行時に車両が周囲の構造物に接触する危険性が高まる。単純な最大高や最大幅はなく、トンネルや橋の大きさ、信号機の設置位置、集電方法の違い、あるいは列車の揺れやカーブでの車体の傾きなどが全て考慮され、複雑な形状が決められている。対義語は建築限界（p59）。

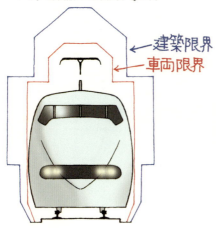

車両鉄
【しゃりょうてつ】趣

鉄道車両の資料及び知識の収集を行なう鉄道ファン。製造時期による細かい差異や、床下機器の仕様、個々の車両の改造履歴など、技術者顔負けの知識を持つ人も多い。

車両銘板
【しゃりょうめいばん】設

車両の製造会社と製造年などが記されている銘板。通常、車両妻面（連結器のある面）の外側または車内に掲示されている。「日本国有鉄道」など、鉄道事業者の名称が記された銘板や、「日本国有鉄道 浜松工場 昭和33年改造」のように改造場所と時期を記した車両改造銘板もある。

ジャンパ連結器
【じゃんぱれんけつき】設

車両同士でやり取りする制御装置や電源装置を接続する装置。車両を牽引する自動連結器の左右につながれたケーブル状の装置で、ケーブル側の「ジャンパ栓」と、接続される「ジャンパ栓受」から成る。この装置のおかげで、先頭車で行なう運転操作が編成全体に行き渡る「総括制御」（p104）が可能となる。

集煙装置
【しゅうえんそうち】設

蒸気機関車の煙突の上に設置されている装置。トンネルと勾配が特に多い北陸本線の敦賀機関区で考案され、1951（昭和26）年に実用化された。トンネル内では、煙突から排出された煙が車内に流れ込んで乗務員や乗客を苦しめた。そこで、集煙装置がトンネル内のみ煙を後方に流すことによって、列車の屋根とトンネルの天井の間に煙を誘導、車内に煙が入るのを防いだ。現在も「SLやまぐち号」などで使用されている。

修学旅行電車
【しゅうがくりょこうでんしゃ】車 歴

戦後のベビーブームで生まれた子ども達が中学生となり、修学旅行の需要が増加したことから、1959（昭和34）年に登場した修学旅行専用電車。国鉄では155系、157系、167系の3種類が開発された。座席は向かい合

自由席
【じゆうせき】設 サ

特急列車で、座席を指定しない車両のこと。昔の特急は全車指定席が当たり前だったが、特急の増加によって指定席券の管理・発券が煩雑になり、座席を指定しない車両を設けて合理化を図ったのが始まり。指定席より特急料金が安く、どんなに混んでいても始発駅で早くから並べば座れるとあって、自由席を好む人は多い。

周遊きっぷ
【しゅうゆうきっぷ】き 歴

ワイド周遊券（p199）、ミニ周遊券（p179）に代わる割引商品として、1998（平成10）年4月にJRグループから発売されたきっぷ。乗り降り自由のゾーン券に、行き帰りの乗車券を組み合わせると、行き帰りの運賃も割引になる仕組みだった。全67ゾーンで始まったが、2013（平成25）年3月末で販売が終了した。

周遊券
【しゅうゆうけん】歴

国鉄時代を代表する割引きっぷ。現在の割引きっぷが、期間限定・条件限定の企画商品であるのに対し、「周遊券取扱基準規程」という規則が存在する通年販売の正式な乗車券だった。一般周遊券（p24）、ワイド周遊券（p199）、ミニ周遊券（p179）、ルート周遊券（p193）という4種類が主力で、新婚旅行専用のことぶき周遊券（後のグリーン周遊券）もあった。

わせのボックスシートながら、より多くの生徒が乗れるよう片側の座席は3人掛け。各ボックスには着脱式のテーブルが設けられ、座席の真上にリュックを置ける荷棚が設置されるなど、修学旅行用途に特化した設備を備えていた。近鉄も1962（昭和37）年に修学旅行専用車両20100系電車を開発。世界初のオール二階建て電車で、「あおぞら」の愛称で親しまれた。

10時打ち
【じゅうじうち】趣

指定券が発売される、乗車1カ月前の午前10時ちょうどに指定券を照会・購入すること。超人気列車は発売から数秒で売り切れるため、10時ちょうどにマルス（p175）の照会キーを押してもらう必要があった。廃止される寝台列車の最終便などは、コンマ数秒の闘いとなった。

蒐集鉄
【しゅうしゅうてつ】趣

収集鉄とも書く、鉄道関連のアイテムを集めるコレクター。そのジャンルは、きっぷや駅スタンプから、廃車部品、駅装備品、駅弁の掛け紙、サボ、行先表示板など多岐にわたる。103系（p160）など、特定形式の全車両の写真を集めている人もおり、これはコンプリートが可能なのでトレーディングカードに近い楽しみがある。

かつての周遊券にはその地方の民芸品をあしらった表紙がついていた

重要部検査
【じゅうようぶけんさ】用

定期的に行われる4種類の検査のうち、全般検査(p103)に次いで二番目に高度な検査。在来線の車両の場合、基本的に4年に一度、または走行距離が60万km(気動車・機関車は50万km)を超える前に行われる。通常は整備工場に入場して、1週間程度かけてブレーキや動力装置、駆動装置などを分解して点検整備を行う。新幹線電車はサイクルが短く、18カ月ごと(または走行距離が60万kmを超える前)に行われる。

重連
【じゅうれん】用

勾配が急な路線や、長大編成の列車などで、機関車を2両以上連結して運行すること。牽引力が弱かった蒸気機関車はもちろん、電気機関車やディーゼル機関車でも見られる。通常、メインの機関車は本務機、補助的な役割を果たす機関車は補機と呼ばれる。蒸気機関車時代の伯備線や奥羽本線などでは、3両の蒸気機関車が煙を吐きながら勾配を超える3重連も見られ、人気が高かった。

首都圏色
【しゅとけんしょく】車歴

朱色5号と呼ばれる色で全体を塗装されたディーゼルカーのこと。1975(昭和50)年、国鉄はコスト削減のため、相模線の車両を朱色1色に塗装。その後、木原線(現・いすみ鉄道)、久留里線、八高線などの車両が軒並み同じ塗装に変更された。首都圏の非電化路線に導入された塗装のため、首都圏色と呼ばれ、「タラコ」の愛称もある。当時は味気ないと不評だったが、現在では「貴重な首都圏色が復刻」と重宝がられている。

ジュラルミン電車
【じゅらるみんでんしゃ】車歴

1944(昭和19)年に製造が開始された63系電車のうち、1946(昭和21)年に製造された6両の愛称。終戦直後の日本には軍用航空機用に確保されていたジュラルミンが余っており、試験的に鉄道車両の車体に用いられたもの。ジュラルミン特有のキラキラした車体が特徴で、「ジュラ電」の愛称で親しまれたが、腐食しやすい欠点があり、1954(昭和29)年に全車普通鋼に更新された。

準大手私鉄
【じゅんおおてしてつ】用

中小私鉄(大手私鉄以外の私鉄)のうち、特に規模の大きな鉄道会社のこと。2018年現在は新京成電鉄、泉北高速鉄道、北大阪急行電鉄、神戸高速鉄道、山陽電気鉄道の5社。大手私鉄をサッカーのJ1に例えるならJ2的存在。ごくまれに昇格・降格もあり、相模鉄道は1990(平成2)年に大手私鉄に「昇格」、神戸電鉄は2005(平成17)年に中小私鉄に「降格」した。

準急列車
【じゅんきゅうれっしゃ】列

「準急行列車」の略で、急行よりも停車駅の多い優等列車。かつての国鉄では準急料金

"タラコ"でゴハンが3杯食べられるヨ!

準急列車全盛時代の象徴『日光』キハ55の9連で東武鉄道に対抗！

が存在し、比較的短区間で運行される優等列車として運行された。しかし昭和30年代半ばから急行への格上げが続き、1966（昭和41）年には運行区間100km未満の列車のみ、しかも準急料金は急行料金と同額とされた。結局、1968（昭和43）年10月のダイヤ改正で全廃され急行に統合。大手私鉄では今も特別料金不要の準急電車が運行されている。

準特急
【じゅんとっきゅう】列

全国でも京王電鉄だけに存在する列車種別。「準」なのか「特別」なのか微妙な存在だ。2017年現在は、特急が通過する笹塚、千歳烏山、そして特急・急行が通過する京王片倉、山田、狭間の各駅に停車する。停車駅と位置づけは頻繁に変わっており、東日本大震災直後の2011（平成23）年から2013（平成25）年にかけては、節電のため列車種別が整理され準特急が最上位だった。

ジョイフルトレイン
【じょいふるとれいん】車

国鉄末期から、各地で登場した団体・イベント用車両。かつては「欧風列車」とも呼ばれた。1983（昭和58）年に登場した「サロンエクスプレス東京」(p70)、「サロンカーなにわ」(p71)の人気を受けて全国的なブームとなった。現在はJR九州の一連の観光列車のように、週末を中心に定期的に運行されるケースが多い。

千葉県で活躍していた「ニューなのはな」

省形
【しょうがた】歴

国鉄の前身である鉄道省の主導によって設計・製造された国産車両。特に、1928（昭和3）年に開発されたEF52形電気機関車から始まる戦前の国産電気機関車を指すことが多い。広義では、戦前に国産された鉄道省の車両全般を指す。

上下分離
【じょうげぶんり】用

軌道や駅、車両などのインフラを沿線自治体などが所有し、鉄道会社は列車の運行だけを行う方式。通常、鉄道会社は車両と設備の両方を所有・管理しているが、乗客の少ない地方路線では鉄道会社の負担が大きいため、設備は道路と同様の社会インフラとして自治体が所有・管理し鉄道会社は使用料を支払う。青森県の青い森鉄道が初めて本格的に採用した。新幹線も、JR発足時はインフラを新幹線保有機構が保有する一種の「上下分離」だったが、技術革新や弾力的な運行の足かせとなったため、3年でJR各社が施設を買い取り解消した。

称号改正
【しょうごうかいせい】用 歴

「クハ185」といった車両形式のルールを変更すること。称号改正は、時代に合わせて何度も実施されてきたが、最も大規模なのは1959(昭和34)年6月1日に実施された改正で、このときは1957年から登場した新性能電車(p94)の形式称号を、従来の旧型車両のルールから分離し、3ケタを基本とする称号に改めた。例えば、20系電車は151系に、90系電車は101系にといった具合。この時定められたルールは、国鉄分割民営化までほぼそのまま使われた。JR化後に登場したものを含め、現在も多くの車両が使用している。

乗車変更
【じょうしゃへんこう】規 き

一度購入したきっぷを、他のきっぷに変更すること。使用開始前か後かでルールが異なる。使用開始前の場合は、同じ種類のきっぷに1度だけ無手数料で変更できる。使用開始後の乗車券は、乗り越す場合は乗り越す区間の運賃を支払う(元のきっぷが100km以下の場合は差額のみ)。区間によっては、乗り越した方が安くなるケースも。例えば東京から菊川までの運賃は4,000円だが、一駅手前の金谷まで買っておいて(3,670円)乗り越すと、金谷〜菊川間は200円で合計3,870円。130円安上がりとなる。

上州の朝がゆ
【じょうしゅうのあさがゆ】食

高崎駅で限定販売される栗や海老、しらす、梅などが入った温かい粥の駅弁(p106)。朝食用として、朝のみ数量限定で販売されるため、一般の旅行者はなかなか目にすることができない幻の駅弁だ。

省電
【しょうでん】歴

「鉄道省電車」の略で、戦前の通勤電車の愛称。戦後、日本国有鉄道が発足すると「国電」となり、JR化後はいったん「E電」(p22)と名付けられたものの、定着せず、「JR」と呼ばれるようになった。

湘南顔
【しょうなんがお】車 趣

1950(昭和25)年に登場した80系電車のうち、2次製造車以降に採用された前面デザインのこと。上半分に傾斜をつけ、運転台に大型の二枚窓を装備していた。愛嬌のあるデザインで全国的にブームとなり、国鉄・私鉄を問わず多くの車両が同様のデザインを採用。80系電車が東海道本線に投入され湘南電車の愛称が付いたことから、後年「湘南顔」と呼ばれるようになった。

湘南色
【しょうなんしょく】車 趣

湘南電車として親しまれた80系電車が採用した、緑とオレンジのツートンカラー。静岡のみかんをイメージしたと言われ、それまで茶色などの暗い色彩が多かった電車のイメージを一新したことから大人気となった。2018年現在は高崎地区と岡山地区などの115系電車などがある。

湘南顔ブームは人里はなれた山奥にも…!

乗務行路表
【じょうむこうろひょう】⑪

乗務員の乗務予定を指定した表のこと。1本の列車だけでなく、その日の乗務開始から終了までの予定（行路）が全て記されている。路線ごとにいくつかのパターンがある。時刻には、時分だけでなく秒まで記されており、正確な運行の指針となる。

ジョージ・スティーブンソン
【じょーじすてぃーぶんそん】⑫

1781〜1848。イギリスの土木・機械技術者で、蒸気機関による公共交通機関としての鉄道を初めて実用化した、鉄道の父。1814年に、キリングワース炭鉱で使用する石炭輸送のための蒸気機関車を設計し、実用化に成功。1825年には世界初の蒸気機関車による公共交通機関、ストックトン・アンド・ダーリントン鉄道を開業させ、さらに1830年、ダイヤグラムを使った本格的な鉄道、リバプール・アンド・マンチェスター鉄道を開業させた。この両鉄道が採用した1,435mmの軌間が、今も世界の標準軌である。

イギリス チェスタフィールド駅前のジョージ・スティーブンソン像

「少年ジャンプ」の表紙みたい…

食堂車
【しょくどうしゃ】⑬

国鉄時代、長距離を運行する特急・急行列車には必ず連結されていた食堂専用車両。車内に厨房を持ち、列車の中で温かい食事をとることができた。「高くてまずい」とも評されたが、鉄道ファンからは深く愛された存在。特に、東海道・山陽新幹線の食堂車は帝国ホテルや都ホテルといった一流ホテルが営業を担当し、列車ごとにメニューと味を競った。列車の高速化による利用率の低迷や、自由席代わりに使う乗客の横行などによって採算がとれず、在来線昼行特急は一部を除いて1985（昭和60）年までに、東海道・山陽新幹線は2000（平成12）年に全廃された。

食パン電車
【しょくぱんでんしゃ】⑬⑭

583系寝台電車（p66）から改造された、419系及び715系近郊形電車の愛称。1980年代、国鉄は事実上財政破たん状態にあり、特急用の車両をほとんどそのまま通勤用に転用した。クモハ419形やクハ714形などは、583系の中間車に、無理やり運転台をくっつけたスタイルで、無骨な先頭形状が食パンのように見えることから、親しみ半分、皮肉半分で「食パン電車」と呼ばれた。

そうだ 食パン 買わなきゃ

書泉グランデ
【しょせんぐらんで】㊙

東京の神保町にある総合書店。6階全体が鉄道関連書籍売場となっており、雑誌のバックナンバーや同人誌など、貴重な資料が入手できる。鉄道書籍の聖地的存在。

白糠線
【しらぬかせん】路

1983（昭和58）年10月22日限りで廃止された、北海道のローカル線。国鉄再建法（p63）に基づく赤字ローカル線廃止の一番手で大きく報道された。末端の上茶路〜北進間は開業から廃止までわずか11年だった。

※テールサインの色は想像。

進駐軍接収時代のスイテ492

さよなら列車は10両編成！

いつもこれぐらい乗ってくれれば…

…と思った人も多かったハズ…

シル・ヘッダー
【しるへっだー】設

主に1950年代以前の旧型客車に見られた、客室窓の上下にある金属製の補強板のこと。窓下の板をウインドウ・シル、窓上の板をウインドウ・ヘッダーといった。窓の周囲の強度が不足したため設けられ、旧型客車の外観を象徴する存在だった。全金属製の軽量客車（p58）が開発されると姿を消した。

白帯車
【しろおびしゃ】車 歴

三等級時代の一等客車のこと。一等車は白帯、二等車は青帯を車体につけており、白帯は最高級の客車の象徴だった。だが、戦後白帯は進駐軍専用客車に使われることになったため、従来の一等車はクリーム色の帯に変更された。また、1982（昭和57）年に登場した名古屋鉄道7000系電車の特急専用改造車も、車体に白帯をまとい「白帯車」と呼ばれた。

シロクニ
【しろくに】車 ㊙

日本最大の旅客用蒸気機関車、C62形機関車の通称。同様の通称は多いが、鉄道ファン以外にまで広く浸透した通称は、これと「デゴイチ（D51形）」くらい。

新幹線
【しんかんせん】路 技

JRグループが運営する、日本の高速鉄道。2018年現在は7路線2,764.6kmで営業運転を行なっている。法律上は、時速200km以上で走行できる鉄道と定義されており、新幹線の車両基地への回送線を活用した博多南線や、越後湯沢駅から分岐するガーラ湯沢支線、ミニ新幹線の区間は新幹線車両が走っ

ていても新幹線ではない。開業すると地元の人は喜ぶが、並行在来線がJRから分離されたり、歴史ある列車が廃止されたりするので、ファンは複雑な思いを抱く。

新幹線公安官
【しんかんせんこうあんかん】⑭

1977～1978年にテレビ朝日系列で放送された、西郷輝彦、坂口良子主演のドラマ。「鉄道公安官」「さすらい刑事旅情編」など東映＆テレビ朝日による鉄道サスペンスドラマの元祖的作品だ。毎回新幹線の映像がふんだんに登場し、鉄道少年にも大人気だった。

シンカンセンスゴクカタイアイス
【しんかんせんすごくかたいあいす】㊝㊞

新幹線で車内販売されているアイスクリーム。スプーンが折れるほど硬く、販売員からも「しばらく置いてから召し上がるよう」お勧めされる。ネットで話題になり、いつの間にかカタカナで書かれるようになった。硬い理由は「乳脂肪率が通常よりも高く、濃厚な味わいと舌触りを楽しめるよう空気含有量を減らしたため」だとか。

新幹線大爆破
【しんかんせんだいばくは】⑭

1975（昭和50）年公開の東映配給映画。「営業運転中の新幹線に時速80kmを下回ったら爆発する爆弾が仕掛けられた」という状況で、犯人と警察・国鉄・国の攻防や乗客たちのパニックが描かれる。高倉健、宇津井健出演の大作ながら、国鉄の協力は一切得られなかった。車両メーカーから直接部品を取り寄せて制作された新幹線車内のセットは、その後「新幹線公安官」でも使用。海外での評価が高く、ハリウッド映画「スピード」に影響を与えたと言われる。

大きなホースとシリンダが真空ブレーキの目印！

真空ブレーキ
【しんくうぶれーき】㊝

19世紀に主にイギリスで採用されたブレーキ技術。普段は各車両の列車管が真空状態で、ブレーキシリンダー内のピストンは重さで下がっている。列車管に空気を入れると、その空気がピストンを押し上げ、ブレーキ力が発生する。しかしブレーキ力が弱いといった欠点があり、日本では明治時代に見られたのみ。

シングルツイン
【しんぐるついん】㊝㊞

大阪～札幌間を結んでいた豪華寝台特急「トワイライトエクスプレス」(p137)の寝台設備。通路の両側に個室が並び、二段ベッドを備えていた。シングルなのかツインなのかわかりにくかったが「ツインユースもできるが基本シングル」が正解。二人で利用するには狭かった。

シングルデラックス

【しんぐるでらっくす】設 サ

「サンライズエクスプレス」(p72)に連結されている1人用A寝台個室。ビジネスマンを意識した設備で、ライティングデスクなどを備える。今は亡き「はやぶさ」「富士」などにも連結されていたが、国鉄時代の古いA寝台個室を改称したもので、高い料金の割に狭く、魅力に欠けた。

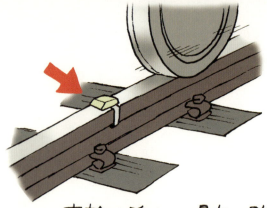

車輪が踏むと爆音を発する

信号場

【しんごうじょう】施

旅客や貨物を取り扱わず、信号のみ扱う停車場のこと。駅間の長い単線区間で、列車行き違いのために設けられたりした。羽越本線女鹿駅のように、信号場が便宜的に旅客の乗降を認めて後に駅に昇格した例、石勝線楓信号場のように、利用客が減って駅から信号場に降格した例なども多い。

新交通システム

【しんこうつうしすてむ】用

東京臨海部の「ゆりかもめ」や神戸の「ポートライナー」のような公共交通機関。実は法律上の定義はなく、「技術が新しそうな交通機関」の総称だ。「ゆりかもめ」のようなゴムタイヤを使った案内軌条式の交通機関や、名古屋のガイドウェイバスは新交通システムだが、同じゴムタイヤ方式でも札幌市営地下鉄は含ないことが多い。

信号雷管

【しんごうらいかん】設

線路に設置する爆薬。と書くと穏やかでないが、大きな音を出して乗務員に警告や停止指示を出す正式な特殊信号器具で、破壊力はない。車輪が雷管を押しつぶすと、爆竹のような大きな音を出す。現在は、信号システムに対して列車が存在しているかのように見せかけて停止信号を出させる軌道短絡装置などに取って代わられた。

新性能電車

【しんせいのうでんしゃ】車

国鉄において、カルダン駆動方式(p40)や電磁直通ブレーキなど、戦後の新しい技術を投入して製造された電車のこと。1957(昭和32)年に登場した101系電車以降に開発された電車全般を指す。

元祖新性能電車101系は秩父鉄道で余生を送った

寝台車

【しんだいしゃ】車

寝台、ベッドを装備する鉄道車両。寝ている間に見知らぬ土地へ連れて行ってくれるイメージから、寝台車を愛するファンは多い。一方で、スペースが大きいため料金が割高、しかもホテルより狭いことから眠れないと嫌う人もいた。現在日本では「ななつ星」など豪華クルーズ列車と「サンライズエクスプレス」(p72)だけが残っている。

深名線
【しんめいせん】路

北海道の深川と名寄を結んだ全長121.8kmのローカル線。国鉄時代から全国ワーストクラスの営業赤字だったが、豪雪地帯を走り、沿線人口が少なすぎて並行する道路が未整備との理由で生き残り、JR発足から8年が経過した1995（平成7）年に廃止された。

森林鉄道
【しんりんてつどう】用

森林から伐採・生産される木材を輸送する鉄道で、林鉄（りんてつ）とも呼ばれた。明治末期から昭和40年代にかけて、全国の森林に路線網をめぐらし、最盛期の昭和20年代には6,000kmを超えた。ほとんどの路線が軌間762mmの特殊狭軌（p132）で、旅客輸送を行なっていた路線も多い。林業の衰退に加えて林道の整備が進み、現在は、鹿児島県屋久島の安房森林軌道だけが残る。

スイート
【すいーと】設 サ

大阪〜札幌間を結んでいた寝台特急「トワイライトエクスプレス」（p137）の最上級の客室。展望室タイプ1室と、中間車タイプ2室があった。最後尾からの景色を楽しめる展望室タイプの人気が高かったが、よりホテルに近い設備を誇った中間車タイプもファンが多かった。多くの寝台列車ファンにとって憧れの存在だったが2015年に廃止。

憧れの的だったスイート展望室タイプ

Suica
【すいか】サ き

JR東日本が導入した電子マネーサービス。「Super Urban Intelligent CArd」の略で、ソニーが開発した非接触型ICカードシステム「Felica」を使用している。全国15の電子マネーと相互利用でき、数ある電子マネーの中でも特に普及している。携帯電話に搭載する「モバイルSuica」もあり、Apple社のiPhoneも対応した。

Suicaのペンギン
【すいかのぺんぎん】サ 趣

Suicaのマスコットキャラクター。絵本作家さかざきちはるがSuica登場前から描いていたペンギンを広告に採用したところ、評判がよく正式なマスコットキャラクターとなった。絵本では「スイッピ」と呼ばれているが、Suicaのキャラクターとしての名前はなく、「ペンギン」と呼ぶのが正しい。

大井川鐵道 井川線では下り列車がすべて推進運転

推進運転
【すいしんうんてん】(用)

客車列車で、機関車が列車の最後尾から客車を押す形で進むこと。寝台特急「北斗星」(p169)など上野発の寝台列車が、尾久車両センターからバックする形で上野駅に入線したのが有名。客車の最前部に推進機関士が乗務し、無線で前方を警戒しながら運転した。ちなみに、本来「推進」とは空気や水などの流体を後方に押しやって前方に進むこと。機関車が最後尾に連結されて進むことから、この名称で呼ばれるようになった。

スイッチバック
【すいっちばっく】(施)(技)

主として狭い急斜面を上り下りするために、線路をジグザグに配置して進行方向を変えながら進む線路配置のこと。道路に例えるなら日光いろは坂のようなもので、ジグザグに進んで距離を稼ぎ、少しずつ上り下りする。勾配区間の駅では、平坦な場所に乗降場を設けるためにスイッチバックを採用した例も多い。鉄道車両の性能が向上した近年は、廃止されるところが増えた。

隧道
【ずいどう】(施)

いわゆるトンネルのこと。「トンネル」とい

うと、車窓風景の見えない邪魔な施設のように感じるが、「隧道」というと途端に産業文化の香りがしてくるから不思議。隧道の意匠などを研究している人も多い。

中央本線の旧大日影トンネル

スーパーベルズ
【すーぱーべるず】(人)

「車掌DJ」野月貴弘を中心とするテクノユニット。車掌や保線員のコスプレをして、鉄道をテーマとした楽曲を演奏する。1999(平成11)年にデビュー、京浜東北線の車内放送をテクノポップ化したファーストシングル「MOTER MAN(秋葉原〜南浦和)」がヒットした。

スーパーロングレール
【すーぱーろんぐれーる】(設)(技)

数kmにわたって継ぎ目のないレールのこと。特に、52.67kmにわたって継ぎ目がない青函トンネルのレールを指すことが多い。鉄

温度により伸縮するため、通常は25〜400m程度ごとに分割して継ぎ目を入れるが、青函トンネルは1年を通じて温度が一定のため、スーパーロングレールの使用が可能となった。「ガタンゴトン」という揺れがない。

ズームカー
【ずーむかー】車

南海電気鉄道で、難波方面から南海高野線橋本〜極楽橋間の山岳区間へ直通運転を行なうために開発された電車の愛称。平野部での高速運転と、山岳区間の急勾配の両方に対応できることから、様々な画角で撮影できるカメラのズームレンズに例えて名付けられた。狭義では、1958(昭和33)年に登場した21001系電車のこと。

スカ色
【すかしょく】車 趣

1950年頃から、横須賀線電車に採用された青とクリームのツートンカラー。海岸の白砂青松を表したと言われる。横須賀線だけでなく、中央本線の普通列車などにも採用され、こちらは「山スカ」(p184)と呼ばれた。

スカ色の色調は時代により変化

スケネク
【すけねく】車 企

19世紀アメリカのニューヨーク州スケネクタディにあった機関車メーカー、スケネクタディ・ロコモティブ・ワークス製の車両

のこと。日本では、1897(明治30)年から262両が輸入され、九州鉄道、日本鉄道、山陽鉄道など全国で活躍した。

スジ
【すじ】用

列車の運行時刻のこと。ダイヤグラム(p109)上で、1本の線で表現されることからこの愛称がついた。元々は業界用語だが、好んで使う鉄道ファンも多い。

すずらん
【すずらん】作

1999(平成11)年4月5日〜10月2日に放送されたNHK連続テレビ小説。大正時代末期に北海道留萌地方の駅に捨てられ、駅長に育てられた少女の一生を通じ、街と鉄道の栄枯盛衰を描く。留萌本線恵比島駅前に、舞台となった「明日萌駅」をはじめ数々のセットが建てられ、真岡鐵道から借りたC12形機関車も留萌本線を走行した。

スタフ閉塞
【すたふへいそく】技

「スタフ」と呼ばれる通票を所持した列車だけが運行できる原始的な保安システム。スタフが元から1つしかないので衝突事故を防げるが、スタフが戻ってこないと次の列車が発車できない。そのため、1本の列車が往復するだけの閑散路線に使用された。スタフは、本来棒状の金具だが、タブレット閉塞(p113)で使われるタブレットで代用されるケースも多かった。

先端の形は各種アリ
ホルダーに入れ受け渡し

ステンレスカー
【すてんれすかー】車 技
ステンレス合金で製造された車両。ステンレスは錆びにくく耐久性に優れる反面、加工が難しく、ひずみが出ることから、高い技術を必要とした。日本では1958(昭和33)年に東急5200系と国鉄サロ153形900番台が、初めて外板にステンレスを使用した。1960年代に入るとオールステンレスカーが登場し、東急電鉄、南海電鉄、京王電鉄を中心に導入が進んだ。1970年代にはメンテナンスが容易な軽量ステンレス工法が普及し、国鉄205系などに採用されている。

スポーク動輪
【すぽーくどうりん】設 歴
明治・大正時代に製造された蒸気機関車の動輪に採用された形式。動輪の外周部分と中心部を、スポーク(輻)で支えている昔ながらのスタイル。昭和に入ってから製造された機関車は、メンテナンスが容易なボックス動輪(p170)を採用した。

スラック
【すらっく】用 設
カーブの線路幅を規定の軌間(在来線なら1,067㎜)よりも広げること。鉄道の車輪はまっすぐで、カーブでは必ず線路に対して斜めに車輪が乗る。このため規定のままでは車輪とレールに負担がかかり、最悪の場合走行できない。車輪が大きいほどスラックを大きく取らなくてはならないため、蒸気機関車は走れる路線が限られる。

スラブ軌道
【すらぶきどう】技 設
バラスト(砕石)の代わりに、軌道スラブと呼ばれるコンクリート製の板を線路の下に敷いた軌道。バラストより高価だが、狂いが生じにくく、雨などの自然災害にも強く、新幹線や都市鉄道に多く採用されている。レールの音が響きやすいという欠点もあり、京葉線など、騒音吸収のためスラブの上にバラストを敷いている路線もある。

VVVFインバータ制御
【すりーぶいえふいんばーたせいぎょ】技
現代の電車に多く採用されている制御方式。「VVVF」は、「ブイブイブイエフ」とも読む。日本語訳は「可変電圧可変周波数方式」。インバータによって交流電気の電圧や周波数を自由に制御し出力を調整する装置で、電気の出力を無駄なく、スムーズかつ自在に調整できる。物理的な部品が少なくメンテナンスも容易。

スワローエンゼル
【すわろーえんぜる】車 趣
C62形2号機の愛称。1951(昭和26)年、除煙板に国鉄のシンボルだったつばめのマークが設置されたことから、この愛称がついた。特急「つばめ」専用の機関車ではない。現在は京都鉄道博物館で動態保存。

青函連絡船をエスコートしたタグボートもJNRマーク付だった。

盛夏服
【せいかふく】設 歴

特急など優等列車のカレチ（車掌長）が、夏季に着用した白い制服。気品と威厳が感じられ、鉄道少年には憧れだった。現代と異なる幅広のシルエットが様々な体格にフィットし、風通しもよい。制帽は、冬用の帽子にスーツと同じ素材の白いカバーをかけたもの。現在では、新型列車の運行開始時など特別な時に礼服として使われている。

青函トンネル
【せいかんとんねる】施

津軽海峡の下をくぐる、全長53.85kmの鉄道トンネル。1988（昭和63）年3月13日に開業し、2016（平成28）年にスイスのゴッタルドベーストンネルが開通するまで、世界一の長さを誇る交通トンネルだった。建設中に本州～北海道間の交通の主役は旅客機に移り、無用論が唱えられたが、開業後は本州～北海道間の物流の要となっている。

寝台車から見た青函トンネル

青函連絡船
【せいかんれんらくせん】路 歴

青函トンネルが開業するまで、青森駅と函館駅を3時間50分で結んだ国鉄運営の旅客航路。桟敷席のほか、グリーン席や寝台室、レストラン、シャワールームなどの設備を誇り、旅客機が一般化するまで本州と北海道を結ぶ大動脈だった。列車に接続するため分刻みの正確さで運航され、特に狭い函館港での離接岸作業は職人芸だった。

制御車
【せいぎょしゃ】車

運転席を装備している車両のこと。記号は「ク」で、由来は「駆動する」から。制御車で、かつ主電動機（モーター）を装備している車両は制御電動車と言い、仕様書などでは「Mc車」と表す。主電動機のない制御車は「Tc車」。

政治駅
【せいじえき】歴

政治家が、地元への利益誘導のために政府や鉄道会社に働きかけて強引に設置させた、とされる駅。自民党副総裁だった大野伴睦の政治力によって設置されたと言われる東海道新幹線岐阜羽島駅が有名。実際には、狭い名古屋駅の代わりに「ひかり」が「こだま」を追い抜くための駅として建設が決まり、在来線の岐阜駅経由を主張する岐阜県関係者を大野が説得する形を取ったというのが真相に近い。

青春18きっぷ
【せいしゅんじゅうはちきっぷ】 き

JR全線の普通列車に1日乗り放題のきっぷが5回分セットで1万1,850円という激安きっぷ。毎年春、夏、冬に販売されている。使い方によっては非常に割安で、貧乏旅行派や鉄道ファンに人気だったが、最近は家族連れや女性同士など幅広い層に親しまれている。ルーツは1982 (昭和57) 年に発売された「青春18のびのびきっぷ」。あまりの安さから毎年廃止の噂が絶えないが、実は利益率の高い優良商品。18歳専用という誤解も多いが、年齢を問わず使える。

青蔵鉄道
【せいぞうてつどう】 路

中華人民共和国の青海省西寧と、チベット自治区の中心都市・ラサを結ぶ全長1,956kmの鉄道。世界で最も標高の高いところを通る鉄道で、最高地点は標高5,072m。客車には航空機メーカーでもあるカナダのボンバルディア社の技術が使われており、標高3,000m程度の気圧を保つよう車内は与圧されている。高山病に備えて、各席には酸素吸入器も備えられている。列車は北京、上海、広州などから運行され、日本からのツアー客も多いが、チベット情勢によって突然外国人の乗車が難しくなることも。

整備新幹線
【せいびしんかんせん】 規 歴

1970 (昭和45) 年施行の全国新幹線鉄道整備法に基づいて計画された新幹線路線。東北新幹線 (盛岡〜青森)、北海道新幹線、北陸新幹線、九州新幹線鹿児島ルート、九州新幹線長崎ルートの5路線がある。新幹線の建設にはお金がかかるので、在来線の線路幅を広げるミニ新幹線方式や、新幹線規格の高架線に在来線特急を走らせるスーパー特急などさまざまなアイディアが出た。しかし、後にほぼ全てフル規格新幹線に変更されている。建設費や保守費を抑えるため最高速度が時速260kmに抑えられており、時速320kmで走る「はやぶさ」も、盛岡以北は時速260kmにスピードを落とす。

西武鉄道
【せいぶてつどう】 企

東京と所沢、川越など埼玉県西部の都市を結ぶ大手私鉄。池袋線と新宿線を軸に、12路線176.6kmの路線網を持つ。かつては高級リゾート開発などで裕福なイメージがあった。最近はクルーズ列車「52席の至福」を運行するなどソフトなイメージに変わっている。高架・複々線化が進んだ池袋線と、開かずの踏切が多い新宿線の格差を嘆く利用者 (主に新宿線沿線) が多かったが、中井〜野方間の地下化工事が進行している。

関ヶ原
【せきがはら】 歴

安土桃山時代に天下分け目の合戦が行なわれた関ヶ原は、鈴鹿山脈と伊吹山地に挟まれた狭い谷。東海道新幹線にとっては長大なトンネルを掘らなくても名古屋と大阪を結べる唯一のルートであり、建設当時は開業を東京オリンピックまでに間に合わせる

ための救世主的存在だった。だが、開業後は雪で新幹線を苦しめている。

セクション
【せくしょん】設

直流電化(p117)区間で、変電所Aからの架線から、変電所Bからの架線に切り替わる境目。エアセクションともいう。異なる変電所から供給された電気が流れる架線が2本並走している。ここを電車が通過するとショートしてしまうが、通過する一瞬の間なら問題ない。しかし、この区間内で停車したり、加速したりすると負荷がかかって架線が破損する危険がある。セクションで車両を停止させることは禁止されている。

セノハチ
【せのはち】趣

山陽本線最大の難所として知られる山陽本線八本松〜瀬野間の通称。10.6kmの区間のほとんどが22.6‰(1,000m進むごとに22.6mの高低差)の急勾配となっている。1987(昭和62)年までは瀬野駅構内に瀬野機関区があり、貨物列車はもちろん、旅客列車にも後押し用の機関車(補機)が連結された。一部の列車では、八本松駅で走行中に補機を切り離すシーンが見られ、山陽本線の名物の一つだった。

ゼロイチ
【ぜろいち】車 歴

ドイツ国鉄01形蒸気機関車のこと。第一次世界大戦後、それまで地方ごとにバラバラに運営されていた鉄道が統一されて、全国一元のドイツ国有鉄道が登場。効率的な運行とメンテナンスが行なえるよう、初めて登場した標準形蒸気機関車で、200両以上が製造された。C62形を思わせる精悍なスタイルと、赤いスポーク動輪などが人気を呼び、日本でも「ゼロイチ」の愛称で親しまれた。第二次世界大戦後も、分断された東西ドイツで活躍を続け、1980年代まで使われた。

昔 東京の京橋近くにゼロイチという喫茶店があって子ども心に憧れたものでした。いまテッパクにある01の動輪はこのお店にあったものだそうです。

ゼロキロポスト
【ぜろきろぽすと】設

ある路線の起点を示す標識。東京駅の中央線ホームや東海道本線のホームにあるゼロキロポストのように、記念碑的な意匠となっているものも多い。また、歴史的経緯から実際の起点とは異なる場所に置かれるケースもあり、例えば西武新宿線のゼロキロポストは、開業当初起点だった高田馬場駅にある。

0系
【ぜろけい】車 歴

1964(昭和39)年に開業した東海道新幹線の初代営業用車両。国鉄の財政難により新型の開発が遅れ、1986(昭和61)年まで製造された。初期の窓は2列分ある大窓だったが、バラストを巻き上げ窓にひびが入る事故が頻発したため、1976(昭和51)年度製造の1000番台からは1列1窓の小窓タイプに変更。座席からの眺望は悪くなったが、小窓の方が格好いいと感じる人もいた。2008(平成20)年12月現役引退。

前位・後位
【ぜんい・こうい】車

鉄道車両には、すべて前と後ろがある。原則は運転席のある側が前位。両側に運転席がある車両は、主な制御機器のある側が前位だ。ややこしいのが運転席のない中間車両で、基本は制御回路の引通線(p158)が左側に来るように立った時の前方が前位。乗降扉が1カ所しかない場合は扉のない側、あるいはトイレのない側が前位となる。新幹線の場合は、1号車側が前位だ。

全駅下車
【ぜんえきげしゃ】趣

全国に約1万ある、全ての鉄道駅に下車すること。全線に乗車する「完乗」を達成した人は数多いが、全駅下車を達成した人は少ない。漫画「鉄子の旅」シリーズの案内人として知られる横見浩彦(p186)が有名。何をもって「下車した」と見なすかは人によって異なり、「ホームに降りただけでは不可」「駅前に出る」「乗車でもよい」というのが一般的。ストイックな人は、「停車時間の間に駅前まで出てもダメ」「同じ駅でも鉄道会社が異なる場合はすべて別の駅と見なす」といった条件が加わる。

全金車
【ぜんきんしゃ】車 技

「全金属車両」の略。車体が木でできている木造車両、内装が木でできている半鋼製車両に対し、すべて金属でできている車両のことで、戦後の1950年代から一般化していった。半鋼製車両のことを「半金属車両」とは言わない。戦後、国鉄の標準形通勤電車として活躍した72系電車は元々半鋼製車だったが、一部の車両は後に改造を受けて全金車となった。国鉄の各工場で改造され、様々なバリエーションがあった。

仙石貢
【せんごくみつぎ】人

1857〜1931。明治時代の鉄道技術者で、鉄道大国・日本の礎を築いた1人。後に実業家、政治家としても活躍し、筑豊鉄道・九州鉄道の社長や鉄道大臣、南満州鉄道総裁を歴任。猛烈な仕事ぶりと「雷大臣」とあだ名された気性で知られる。甲武鉄道の建設時には、反対運動に怒った彼が、定規で地図上の何もないところに直線を引いて強引にルートを決め、これが現在の東中野〜立川間の直線になったという伝説がある。

仙石貢
1857〜1931

戦時設計
【せんじせっけい】車 歴

戦時中、限られた国力を最大限に活かせるよう、低コストかつ短期間で大量生産するため、デザイン性や安全性、耐久性がギリギリまでカットされた車両。使用する鋼材を極限まで減らし、不足する重量をコンクリートでカバーしたEF13形電気機関車や、天井の骨組みがむき出しだったモハ63形電車などが有名。蒸気機関車も、一部の部品に木が使われたり、製作に手間のかかる曲線部が省略されたりした。

選択乗車
【せんたくじょうしゃ】規

駅間に２つのルートがある時、乗車券に書かれていない方を通っても良いという決まりで、全国に57カ所ある。ほとんどが新幹線と在来線に関する決まりだが、相生〜東岡山間は山陽本線と赤穂線のどちらを経由してもよいといったケースも。かつては、国鉄から藤沢を経由して(片瀬)江ノ島までの連絡乗車券は、藤沢から小田急と江ノ電を選択乗車できた。

船底型テンダー
【せんていがたてんだー】車

蒸気機関車の後部にある、石炭と水を搭載する炭水車の形状で、戦時設計のひとつ。それまでの炭水車が台枠の上に箱形の車体を載せていたのに対し、車体下部に船底のような角度をつけ、車体全体で機関車の力を均等に受け止めることで台枠を省略した。アメリカのバスタブ型テンダーを元に考え出され、戦後の蒸気機関車にも採用された。

全般検査
【ぜんぱんけんさ】用

「全検」とも呼ばれる車両検査で、自動車の車検に相当。ほぼ全ての部品を解体、隅々までリフレッシュする。在来線車両は原則８年に１回、新幹線車両は３年に１回(または前回の検査から120万km走行する前に)行なわれる。内装の改良や台車の変更などのリニューアルが行なわれることも多い。

釧網本線
【せんもうほんせん】路

JR北海道が東釧路と網走を結ぶ全長166.2kmのローカル線。網走〜斜里間ではオホーツク海の海岸沿いを、緑〜川湯温泉間では野上峠越えの原生林を、塘路〜東釧路間では果てしない釧路湿原の中を走り、全国屈指の絶景路線として人気がある。しかし実態は、輸送密度（１kmあたりの輸送人員）が436人／日(2016年)と、北海道でもワーストに近く存続が危ぶまれている。

舟底型テンダーは車体の下に潜りこみやすいやすいことも現場で歓迎されたそうな。

総括制御
【そうかつせいぎょ】技
2両以上の車両を連結した列車を、1人の運転士が制御・運転できる仕組み。今では当たり前ながら、昔は動力やブレーキを連動させることができず、1両ごとに運転士が乗務していた。

相互乗り入れ運転
【そうごのりいれうんてん】用
2社以上の鉄道事業者が互いの路線に直通運転を行なうこと。JRと私鉄・第3セクター、私鉄同士など、様々な形態がある。JRグループ同士の場合は「相互乗り入れ」と言わない。規模の大きなものに、西武鉄道（有楽町線・池袋線）、東武鉄道、東京メトロ（有楽町線・副都心線）、東急電鉄（東横線）、横浜高速鉄道（みなとみらい線）の5社直通運転が有名。これほどの規模になると電車内に掲示される路線図も壮観だ。

いまだに所沢で元町・中華街行きの電車をみるとおどろいてしまう…

葬式鉄
【そうしきてつ】趣
廃止間際の路線や列車に殺到する鉄道ファンの蔑称。そんなに廃止を惜しむなら、普段から乗ってほしい。「せめて最後くらい盛り上げたい」という前向きな意見も。

操車場
【そうしゃじょう】施
主に貨物列車の組成・入替を行う基地。ヤードとも言う。昔は車扱いといって貨車1両ごとに行先があり、各地から集められた貨物列車は操車場で分解されて行先別に仕分。ハンプ(p157)と呼ばれる丘から下り勾配を転がり、いくつもの分岐器を通過して行先別の仕分線に分けられた。目的地到着まで時間がかかることから1984(昭和59)年2月に廃止、以降の輸送は拠点間を直接結ぶ方式となった。

相対式ホーム
【そうたいしきほーむ】設
上下2本の線路を挟むように、2つのホームが向かい合う配置のこと。上下線の乗客が各ホームに分かれるので、混雑に強い。対向式ホームとも言う。対義語は島式ホーム(p82)。

側面よし
【そくめんよし】用
電車の発車時、車掌が確認して喚呼する言葉。車掌から見て、乗客の乗降が終わってドアが閉まり、ドアに乗客や荷物が挟まっていないことを確認した時に言う。西武鉄道では駅員がマイクを使って喚呼するため、乗客にもお馴染みだ。

十河信二
【そごうしんじ】人
1884〜1981。第4代国鉄総裁(1955〜1963)で、「新幹線の父」と呼ばれる。戦前、標準軌への改軌を主張していた後藤新平(p65)の薫陶を受けた十河は、南満州鉄道(p178)の理事や愛媛県西条市長を歴任し、1955年に71歳で第4代国鉄総裁に就任。当時ささやかれていた鉄道斜陽論を押しのけて、新幹線計画を推進した。新幹線以外でも、新性能電車(p94)や気動車の導入を進めて近

代化を図ったり、今も使われている座席予約システム「マルス」(p175)を導入したりと国鉄の近代化に努め、戦後の鉄道黄金時代を築いた。東京駅18・19番ホームにある東海道新幹線建設記念碑には、十河のレリーフと座右の銘である「一花開天下春」の文字が刻まれている。

東海道新幹線を見守る記念碑

組成
【そせい】用
複数の車両を連結して、編成を作ること。

続行
【ぞっこう】用
ある列車に続いて、時間を置かずに運行される列車のこと。乗客が多い路線や時間帯に運転される。列車が続けて来るので、撮影者にとっては嬉しい反面、撮影地の移動ができないので悩ましくもある。

ソロ
【そろ】サ 設
「北斗星」や「あけぼの」などの寝台特急に連結されていた、1人用B寝台個室。従来の開放型B寝台とほぼ同じ料金で利用できるため、特に人気が高かった。カプセルホテル並みの狭さだが、静かな個室の窓から眺める夜景は格別の趣がある。

北海道北斗市で保存されるソロ

遜色急行
【そんしょくきゅうこう】歴
普通列車用など、グレードの低い車両を使った急行列車のこと。元は鉄道ファンが考案した蔑称だったが、今では懐かしさとともに語られている。例えば1970年代までの北海道では、普通列車用のキハ22形を使った急行列車が各地を走っていた。これは、優等列車用の車両が不足していたのに加え、キハ22形が車内防寒のため客室と乗降デッキが分かれており、急行列車に近い設備だったため。昭和30年代には、急行用の客車を使った「遜色特急」もあった。JR最後の定期昼行急行「つやま」も、最晩年は快速列車と同じキハ48形を使う遜色急行だった。

115系遜色急行『かいじ』はサロ165を装りかえて組み込むという"悪ノリ"ぶり!

駅弁傑作選② 変わり種編

駅弁と言えば、駅に並べて売るもの。常温に置かれるので、食材や調理法は限られる……と思いきや、世の中にはほかほかのお粥や「ほぼ刺身」など、信じられない駅弁がある。一度は味わってほしい、奇跡の駅弁たちだ。

上州の朝がゆ 高崎線 高崎駅

毎朝数量限定で販売されるお粥の駅弁。海老と栗の入った粥に、たくあんと梅ペーストが付く。あっという間に売り切れる幻の駅弁だ。

港あじ鮨 東海道本線 三島駅ほか

駿河の海で獲れる鰺を使った駅弁。伊豆天城産のワサビが茎のまま入っており、自分で摺り下ろすというのが凄い。香りも味も抜群。

正真正銘、風味抜群のかつおのたたきが、葱、ニンニク、そして保冷剤とともにどっさり入っている。ポン酢のタレがまた旨い。

かつおのたたき弁当 土讃線 高知駅

た

耐寒・耐雪仕様
【たいかんたいせつしよう】車 設

冬の気候が厳しい地域に向けた設備を持つ車両。客室保温のための設備と、機器類を保護する設備に分けられる。前者は、乗客が自分で扉を開閉する半自動扉、北海道の車両に見られた二重窓、そして乗降扉のあるデッキと客室を分離する仕切りなどがある。後者は、軽い積雪を押しのけるスノープラウや、機器冷却用に取り込んだ外気から雪を落とし、機器への雪付着を防ぐ雪切室が代表的。東北・上越新幹線などの、床下をすっぽりカバーで覆ったボディマウント構造も、耐雪仕様のひとつだ。

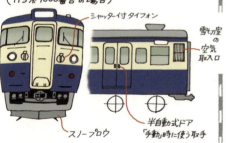

代行バス
【だいこうばす】列

災害などによって鉄道が不通になった際に運行されるバス。通常は、鉄道のきっぷで乗車できる。国鉄時代の士幌線糠平〜十勝三股間のように、乗客の減少によって日常的に代行バスが運行された例もある。全線完乗を目指す乗り鉄の場合、代行バスの乗車を路線乗車と認めるかは人それぞれ。ちなみに、廃止された鉄道の代わりとして運行されるバスは「代替バス」。

第三軌条方式
【だいさんきじょうほうしき】技

鉄道は通常2本のレールの上を走行するが、その横に架線の代わりとして集電用のレールを設置し、そこから電気を取り込む方式。架線のスペースが不要なので、トンネルの断面を小さくできるメリットがあり、東京メトロ銀座線、丸の内線、名古屋市営地下鉄東山線など初期に建設された地下鉄で一般的な方式だった。高圧電気が流れるレールが地上にあるため、通常の鉄道ではほとんど採用されない。

第3セクター
【だいさんせくたー】用 路

沿線の地方自治体が出資する企業が運営する鉄道事業者。国鉄、私鉄に続く3つめの運営方式として名付けられ、主に国鉄から転換した赤字ローカル線の受け皿となった。民間企業の活力と、公営の安定性という双方の利点を備えるとされたが、経営責任が曖昧になりやすいという欠点もある。また、鉄道廃止を主張する人物が首長に当選すると、あっという間に廃止されてしまうこともある。昔は自治体の首長が社長に就任するのが普通だったが、近年は民間出身者や、公募によって選ばれた人物が就任するケースが増えている。

茨城県のひたちなか海浜鉄道

台車
【だいしゃ】⚙

車体の下に接続された走り装置。最も主流の2軸ボギー台車は、2対の車軸が搭載された台車が車両の前後に2基設置され、車体の下で左右に回転することでカーブでも安定して走ることができる。推進力やブレーキの制動力を車体に伝え、レールからの振動を和らげるなど、様々な役割がある。

大東急
【だいとうきゅう】歴

1942（昭和17）年から戦後の1948（昭和23）年にかけて、関東地方の多くの私鉄・バス会社を吸収合併していた東京急行電鉄の俗称。公共交通の整理統合を目指した陸上交通事業調整法に基づき、京王電気軌道、小田急電鉄、京浜電鉄を合併したほか、相模鉄道の経営を受託。江ノ島電鉄、箱根登山鉄道、静岡鉄道、大山鋼索鉄道（ケーブルカー）、草軽電鉄も傘下に収め、関東南西部を中心に膨大な路線を運営していた。

大都市近郊区間
【だいとしきんこうくかん】規

関東や京阪神など、大都市に設定された特例エリア。このエリア内だけを発着する場合は、実際に乗車する経路に関わらず、最短ルートで運賃を計算できる。例えば代々木～上野間は、池袋経由と秋葉原経由が考えられるが、いちいちルートを指定するのは煩雑なので、最短の秋葉原経由で計算する。ただし、101km以上乗車しても途中下車（p134）はできず、当日限り有効。このルールを応用したのが、「大回り乗車」（p32）だ。東京近郊区間は近年どんどん膨張しており、北はいわき、松本、伊東など、本当に近郊なのかと言いたくなる地域まで含まれてし まった。東京～上野間を新幹線経由とすることで途中下車できるようにする裏ワザも。

ダイヤグラム
【だいやぐらむ】用

列車の運行時刻を表したグラフのことで、正式名称を列車運行図表（トレイン・ダイヤグラム）」という。縦軸が距離、横軸が時間となっており、列車は線で表現。列車の速度によって線の角度が変わり、ある時刻に列車がどの位置にいるか、一目でわかる。列車を線で表現するため「スジ」（p97）とも呼ばれ、ダイヤグラムを作成する職人を「スジ屋」といった。鉄道ファンの中には時刻表をもとにダイヤグラムを自作し、列車のすれ違い地点と時刻を予想する人もいる。

海外には糸を使うものも！
（ストリングダイヤグラムという）

ダイヤモンドクロッシング
【だいやもんどくろっしんぐ】⚙

線路が十字状、あるいはX字状に交差する地点のこと。クロスした部分の線路が菱形に見えることからこの名がついた。日本では、名鉄築港線大江～東名古屋港間、伊予鉄道大手町駅、とさでん交通はりまや橋停留場の3カ所のみ現存。伊予鉄道大手町駅は鉄道と路面電車の交差で、路面電車が踏切待ちをする光景が萌える。

大陸横断超特急
【たいりくおうだんちょうとっきゅう】(作)

1976(昭和51)年に制作された、アーサー・ヒラー監督のアメリカ映画。ロサンゼルスからシカゴに向かう大陸横断超特急「シルバーストリーク号」を舞台に、大掛かりな陰謀に巻き込まれた主人公の冒険を描いた娯楽作。カナディアン・パシフィック鉄道が全面協力した列車爆走シーンは必見。

タウシュベツ橋梁が姿をあらわす冬の糠平湖では
ワカサギ釣りも楽しめる

タウシュベツ橋梁
【たうしゅべつきょうりょう】(歴)

北海道上士幌町の糠平湖にある、旧国鉄士幌線のコンクリート橋梁跡。1955(昭和30)年に、糠平ダムの完成によって水没した橋梁で、正式名称は「タウシュベツ川橋梁」。毎年冬から初夏にかけて水位が下がると姿を現し、幻想的な光景を見せる。水位によっては、アーチが水面に映って美しい円形の姿を見せることから「めがね橋」とも呼ばれる。しかし、水没と露出を繰り返した結果風化が進んでおり、完全な崩壊も近いと言われている。

高松吉太郎
【たかまつきちたろう】(人)

1901～1990。薬剤師で、鉄道友の会の発起人の一人。旧制中学の生徒だった大正時代から東京市電の撮影を開始し、都電をはじめとする路面電車に関する著作で知られる。

たから
【たから】(列)

1959(昭和34)年から汐留～梅田間で運行を開始した国鉄初のコンテナ専用特急貨物列車。車掌車を含む25両編成で、5トンコンテナを最大120個積載。汐留～梅田間を10時間55分で結んだ。車掌車にはモスグリーンの専用塗装が施され、テールマークも掲示された。積荷をコンテナごと即トラックに移し替え、ドアツードアの輸送が可能なコンテナ輸送は、鉄道貨物輸送の革命だった。

宅扱
【たくあつかい】(歴)

1927(昭和2)年に登場した、現在の宅配便のルーツにあたるサービス。鉄道省が運送会社と連携して、主に個人客を対象にドアツードアで小口貨物を輸送した。汐留～梅田間には宅扱専用の急行貨物列車(急行便→p49)が運行され、大々的に宣伝された。1942(昭和17)年廃止。

テールマークが付いた
緑色の「ヨ」がシンボル

惰行
【だこう】用

動力をオフにし、慣性の法則だけで進むこと。鉄の車輪と軌道を使う鉄道は摩擦が少なく、平坦な区間ではなかなか速度が落ちない。鉄道が省エネ&エコなのは、これのおかげだ。

蛇行動
【だこうどう】用

鉄道が直線を走る時、台車や車軸が軌道の上をうねうねと蛇行するように動く現象のこと。揺れや乗り心地の悪化を招き、高速走行時は最悪の場合脱線の原因となる。東海道新幹線の開発時には、この蛇行動の克服が大きな技術的課題となった。

多層建て列車
【たそうだてれっしゃ】列

列車が途中駅で分割して複数の目的地に向かったり、別々の駅を発車した列車が途中駅で併合したりする列車。昔は運行できる列車の本数が限られ、多層建て列車が多かった。米子〜熊本間の急行「さんべ」のように、いったん分割した列車が別路線を経由して再び併合する通称「再婚列車」も。

立ち売り
【たちうり】駅

駅弁などを、売店ではなく、駅のホームなどで係員が立って販売する形式、またはその販売員。列車の窓が開いた時代には、木箱に駅弁を山積みにしてホームを練り歩く立ち売りの姿がお馴染みの光景だった。近年は急速に姿を消しつつある。

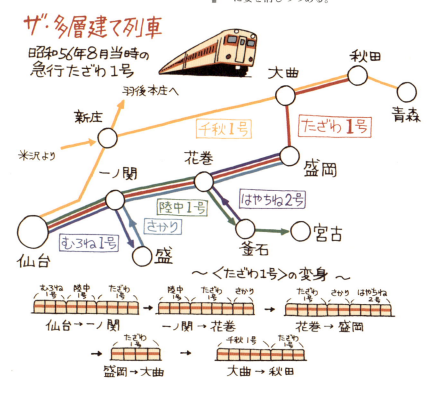

建物財産標
【たてものざいさんひょう】㊙

国鉄が、駅舎など所有する建築物に掲示していたプレート。使用開始年月や使用目的を記したもので、今も地方の木造駅舎などに数多く残る。武豊線亀崎駅や播但線香呂駅など、明治時代の年月が記された建物財産標もあり、駅舎の歴史を証明している。

岡山県美作河井駅の建物財産標

立山砂防工事専用軌道
【たてやまさぼうこうじせんようきどう】㊙

富山県にある、常願寺川流域の砂防施設建設のための資材・人員の輸送を目的とする軌道。千寿ヶ原〜水谷間約18kmを結ぶ軌間610mmの工事用軌道で、連続18段をはじめとする全38段ものスイッチバック（p96）が存在し、スイッチバックファン憧れの軌道だ。通常は一般人は乗車できないが、毎年夏に軌道を利用する見学会が実施されている。

種村直樹
【たねむらなおき】㊙

1936〜2014。レイルウェイ・ライター。元毎日新聞社会部記者で、1973（昭和48）年に独立してフリーランスとなった。宮脇俊三（p179）と並ぶ、国鉄末期からJR初期を代表する鉄道ライターで、月刊「鉄道ジャーナル」（p123）を中心にルポやエッセイ、ハウツー物で活躍した。予定をはっきり決めずに自由な旅を楽しむ「気まぐれ列車」を好み、昭和50〜60年代の若い鉄道ファンに大きな影響を与えた。一方で、内輪ネタの多さや、読者を大勢引き連れて旅をするスタイルには批判もあった。海岸線に沿った公共交通機関で日本を一周する「日本列島外周の旅」をライフワークとし、29年かけて2009（平成21）年にゴールした。

一時代を築いた種村直樹

旅と鉄道
【たびとてつどう】㊙

鉄道による旅をテーマとした雑誌。愛称はタビテツ。1971（昭和46）年に鉄道ジャーナル社から創刊された。鉄道旅をテーマとした雑誌は、鉄道ファン、旅行ファン双方から中途半端な存在になりやすいが、80年代にはユースホステルを利用するような若い層に支持された。2009（平成21）年に休刊したが、同誌の元編集者である芦原伸が中心となって、2011（平成23）年に朝日新聞出版から別雑誌として復刊した。現在は山と渓谷社から隔月刊で刊行されている。

ダブルデッカー
【だぶるでっかー】㊙

2階建て車両のこと。乗客サービスとして眺望のよい2階席を設けるケースと、通勤電車などで座席定員を増やすことを目的としたケースがある。前者の代表は近鉄特急のビスタカー（p159）や「しまかぜ」（p81）、後者には上越新幹線E4系MAXや、オール2階建ての通勤電車215系などがある。しかし、2階建ての通勤電車はラッシュ時の乗降に時間がかかるという欠点もあり、最近は減りつつある。

215系電車

ダブルルーフ
【だぶるるーふ】設 歴

明治から大正時代にかけての鉄道車両に見られた二重屋根で、クラシックな鉄道風景に欠かせないデザイン。平たい屋根の上にもう一段屋根を重ね、屋根と屋根の間に小窓を設けることによって採光や換気の役割を果たしていた。構造が複雑で強度にも問題があるため、室内灯が普及した大正時代にはほとんど見られなくなった。

タブレット閉塞
【たぶれっとへいそく】技

ある閉塞(p166)区間に対し、タブレットと呼ばれる通票を所持した列車だけが入線できる保安システム。タブレットは、区間両端の駅にあるタブレット閉塞器で管理され、同時に1つしか取り出せない仕組みとすることで、複数の列車が同時に閉塞区間に進入する事故を防ぐ。円盤状のタブレットには、丸や三角などの穴が開いており、この形で区間を識別する。使用時には大きな輪のついたキャリアに収められ、通過列車ともやり取りできるようになっていた。

今や貴重なタブレット

タモリ
【たもり】人

1945～。日本を代表するお笑いタレント。本名は森田一義。大の鉄道ファンとして知られ、2006(平成18)年には自らの冠番組「タモリ倶楽部」で、「タモリ電車クラブ」を発足させた。車両や路線、技術、歴史など幅広い分野の知識を有し、中でも線路についての造詣が深い。それでいて、ディープな知識を自慢するところがなく、多くの人に鉄道の魅力を伝える役割を果たしている。

タルゴ
【たるご】列 技

スペインで開発された軌間可変車両。世界に先駆けて実用化に成功したフリーゲージトレイン(p163)である。通常の鉄道は、左右2つの車輪が車軸で結ばれ一体化しているが、タルゴは左右の車輪が独立した一軸台車を採用しており、軌間を変えることができる。車輪を左右のレール(p194)に押しつける車軸がないので、車輪の向きを変えるステアリング機構を搭載。元々は、広軌(1,668mm)を採用したスペイン国鉄が、カーブで生じる内輪差に対応するために開発したシステムだ。現在は、時速330kmで走行可能な「タルゴAvril」が開発されている。

ダルマ駅
【だるまえき】駅 趣

車掌車や貨車の車体を待合室に転用した無人駅の、鉄道ファンによる通称。北海道に多く見られる。国鉄末期、老朽化した駅舎を取り壊し、大量に余っていた貨車や車掌車を簡易駅舎として再利用したもの。今では老朽化や地域の衰退が進んでおり、駅ごと廃止になるケースもでてきている。

ダルマさん
【だるまさん】車 趣

京浜急行800形の愛称。非貫通の前面を赤とホワイトのツートンカラーで塗り分け、前部標識灯の周囲を黒く塗装した姿がダルマを彷彿させることから、鉄道ファンによって名付けられた。

だるま弁当
【だるまべんとう】食

群馬県高崎駅の名物駅弁。高崎市郊外の達磨寺で、毎年1月にだるま市が開かれる事にちなんだ。プラスチック製のダルマが容器になっており、山菜キノコ煮、筍、鶏肉、椎茸などが茶飯の上に載っている。ダルマは口のところが開いており、食べ終わった後は貯金箱として使える。

弾丸列車計画
【だんがんれっしゃけいかく】歴 技

1940（昭和15）年から建設が始まった、東京〜下関間の高速鉄道。現在の東海道・山陽新幹線のルーツとされる。日本の大陸進出によって、日本から朝鮮半島や中国大陸へ向かう輸送需要が増加し、最高時速200km、東京〜下関間を9時間で結ぶ標準軌（p161）の鉄道計画だった。多くの区間で用地買収が進められ、建設工事も始まったが、太平洋戦争の激化によって1943（昭和18）年に建設が中断。東京〜大阪間の用地や建設途中で放棄された新丹那トンネル・日本坂トンネルなどは、戦後の東海道新幹線計画で活用された。

タンク機関車
【たんくきかんしゃ】車

石炭と水を機関車本体に搭載する蒸気機関車。長距離は走れないが小回りが利き、駅構内での入替作業やローカル線で活躍した。

タンク車
【たんくしゃ】車

石油や化学薬品を輸送するための貨車。円筒状のタンクを装備している。車種記号は"タンク"の「タ」。ガソリン、石油のほか、濃硫酸、苛性ソーダ液、LPガスなど様々な用途に使われる。

ガソリン用のタンク車

単行
【たんこう】用

ローカル線などで、1両だけで運行される列車。1両だけでも「列車」であり、その車両は「編成」と呼ばれる。

単線
【たんせん】設 技

線路が一組のみ敷設された路線・区間。上下線とも同じ線路を走るので、列車の行き違いは駅や信号場で行う。運行できる列車の数が限られるほか、対向列車を待って長時間停車することも多い。

単線並列
【たんせんへいれつ】設 技

単線の線路が二つ並んでいる形態。別々の単線路

線が並ぶ「単線併設」と、普段は複線(p162)として使用しながら双方の信号システムが独立し単線としても運用できる「双単線」がある。前者は、秋田新幹線(標準軌)と普通列車(狭軌)が並ぶ奥羽本線大曲～秋田間、京成空港線とJR成田線が並ぶ空港第2ビル～成田空港間などがあり、後者には関門トンネルがある山陽本線下関～門司間などがある。

丹那トンネル
【たんなとんねる】施

1934(昭和9)年12月に開業した、東海道本線熱海～函南間にある全長7,804mの複線トンネル。箱根から伊豆半島へ延びる箱根山系直下を貫く。それまで急勾配を伴う御殿場を経由していた東海道本線をショートカットし、劇的な時間短縮を果たした。建設中は大量の湧水に悩まされ、周辺地域の地下水不足も招いたが、現在はその一部が熱海市の飲料水として使われている。

団臨
【だんりん】列

団体臨時列車の略。団体専用の臨時列車。ジョイフルトレイン(p89)が使われることも多い。

遅延証明書
【ちえんしょうめいしょ】規

事故や災害で列車が遅れた時に、それを鉄

アナウンサー久野知美さんは928分遅れの遅延証明書を持っている

道会社として証明する書類。通勤路線では予め用意されており、遅延が発生すると改札周辺で取り放題となることも。

地下鉄
【ちかてつ】路用

路線のすべて、または大部分が地下を経由する鉄道路線。日本では東京、大阪をはじめ10都市で運行されている。実は定義が曖昧で、東京臨海高速鉄道りんかい線のように全線都心の地下を走っていても地下鉄と見なされない場合が多い。基本的には、事業者名で「地下鉄」を名乗る路線である。

チキ
【ちき】車

長物車と呼ばれる貨車で、レールや材木などの貨物を運ぶ。現在、日本で「チキ」と言えばレール運搬車を指すことが多い。東京の越中島にはJR東日本の東京レールセンターがあり、都内唯一の非電化貨物線を1日1～3本の「チキ」が運行。

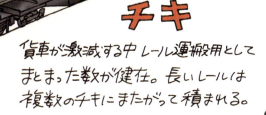

チキ
貨車が激減する中 レール運搬用としてまとまった数が健在。長いレールは複数のチキにまたがって積まれる。

チッキ
【ちっき】用 歴

かつて国鉄が提供していた託送手荷物の略称。飛行機に乗る際に荷物を預ける受託手荷物に近いもので、乗車券を所持する乗客が、荷物を目的地の駅まで安価に別送できるシステムだった。宅配便のように、小口荷物だけを送る小荷物もあり、両者をまとめて「チッキ」と呼ぶことも多い。国鉄末期には、主要都市で集配サービスを行う「宅配鉄道便Q」も行われたが、宅配便に敵わず1986(昭和61)年にすべて廃止された。個数ではなく全体の重量で料金が決まり、割安という利点もあった。

かつては山手線ナドの通勤路線でもチッキを運ぶ荷物電車が走っていた！

千葉動労
【ちばどうろう】用 歴

国鉄千葉動力車労働組合。成田空港反対運動(三里塚闘争)をめぐる路線の対立によって、国鉄動力車労働組合(動労)から独立した組合。国鉄の労働組合の中でも過激な活動で知られ、1985(昭和60)年11月29日に発生した国電同時多発ゲリラ事件は動労千葉のストライキを支援したものとも言われる。現在でも200人あまりの組合員を有する現役の組合。ネットでも公開されている機関誌は、千葉エリアの車両動向などの情報源にもなっている。

地方交通線
【ちほうこうつうせん】用

国鉄再建法(p63)によって定義された、「幹線(p42)以外の路線」。1979年度末の旅客輸送密度(p185)が8,000人未満など、いくつかの条件に該当する路線で、幹線に比べて1割増しの運賃が適用された。時刻表の索引地図では、青線で描かれている。

地方交通線である宗谷本線北星駅

茶坊主
【ちゃぼうず】車 趣

1951(昭和26)年に登場した70系電車のうち、旧型電車と同じぶどう色(p163)の配色が施された京阪神各駅停車向け車両につけられた愛称。当時最先端の流行だった湘南顔(p90)でありながら、古めかしい配色というアンバランスがファンに親しまれた。

チャレンジくん
【ちゃれんじくん】作

庄司としお作の漫画作品。国鉄の「いい旅チャレンジ20,000km」(p22)キャンペーンに合わせ、キャンペーン事務局があった弘済出版社(現・交通新聞社)から刊行された少年漫画。鉄道模型好きの速見真吾は、美女の写真が入った「いい旅チャレンジ20,000km会員証」を拾ったことをきっかけに、「国鉄全線踏破」にチャレンジする。小中学生の一人旅が珍しくなかった、当時の乗りつぶし派の生態がよくわかる作品。

超低床車両
【ちょうていしょうしゃりょう】車 技

路面電車で、客室の床面が地面すれすれまで低い車両のこと。停留場のプラットホームとほぼ段差がなく、足の不自由な人でも楽に乗り降りできる。ライトレール(p190)には必須の設備。

超電導リニア
【ちょうでんどうりにあ】技

超電導磁石と地上コイルを使い、軌道から車両を浮き上がらせ、磁力を動力とする次世代鉄道。車輪とレールの摩擦に頼らないため時速500kmでの超高速運転が可能。2018年現在、JR東海が品川〜名古屋間をリニア中央新幹線(p191)として建設中。

山梨の実験線で試験走行を行なう超電導リニア

直並列組合せ制御
【ちょくへいれつくみあわせせいぎょ】技

抵抗器を使った電車の制御方式の1つで、複数の主電動機(モーター)のつなぎ方を直列と並列に切り替えることで、電気の損失を減らし、スムーズに加速する。2両単位で8台ある主電動機を、低速時は直列につなぎ1台に加わる電圧を抑え、速度が上がると並列に切り替えて電圧を上げる。

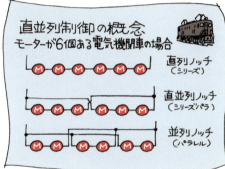

直流電化
【ちょくりゅうでんか】技

直流電気を使った電化方式。日本では600Vと1500Vがある。高圧線を通じて受電した交流電力を、変電所の整流器で直流電力に変換し、架線に流す昔ながらのシステムだ。電車側の制御装置をシンプルにできる反面、送電ロスが大きく、沿線に多数の変電設備を必要とする。交流電化(p63)は、従来変電所で行なっていた直流電力への変換を電車内で行なうもので、電車のモーター自体は直流電気で動く。

通勤形
【つうきんがた】車

山手線や大阪環状線など、大都市の通勤路線を走るオールロングシートの電車の通称。国鉄時代には国電型とも呼ばれ、101系、103系、201系、205系といった車両があった。近年は、生活圏の拡大とともに近郊形(p53)との違いが曖昧になっている。

通風車

【つうふうしゃ】車

貨車の一種で、車種記号は「ツ」。車体側面や床面に、空気を通すスリットを多数備え、屋根にもベンチレーターを備えるなど風通しがよい構造となっている。主に野菜や果物などの生鮮食料品の輸送に使われた。

屋根にはズラリとベンチレーター

全身ヨロイ戸で風通しバツグン！

吊り掛け駆動

【つりかけくどう】技

電車や電気機関車の駆動方式。モーターを車軸（車輪の軸）と並行になるよう台車（車体）から吊り掛け、モーターの回転を車軸に取り付けた大歯車を介して車軸に伝える。シンプルな構造で、電車の黎明期から使われてきた駆動方式だが、モーター重量の半分が車軸にかかるため、車軸や線路への負担が大きく高速運転には不向き。今でも、速度が低く床下スペースが限られる路面電車などでは現役で使われている。「グワアアアアアアン」という独得の駆動音は、古き良き電車の懐かしさを感じさせる。

吊り掛け駆動の長崎市電500形

つり革

【つりかわ】設

通勤電車などで、立っている乗客が身体を支える目的で吊されている道具。古い車両では動物の皮が使われたが、現在はナイロンやプラスチックが主流。昔は丸い取っ手がほとんどだったが、最近はどこを握ってもしっかり持てる三角形タイプが多い。通勤電車の乗車ポジションとしては、座席やドア横を確保できなかった人が使う。

鶴見事故

【つるみじこ】歴

1963（昭和38）年11月9日に、東海道本線鶴見～新子安間で発生した列車脱線衝突事故。国鉄五大事故の1つ。貨物列車の貨車が脱線・転覆したところに、上下2本の電車がほぼ同時に突っ込み、死者161名、負傷者120名の大惨事となった。原因は、運転速度や積載状況、加減速状況などが複雑に絡み合う複合脱線だったとされる。

鶴見線

【つるみせん】路

神奈川県の鶴見駅と扇町駅などを結ぶ、JR東日本の路線。鶴見臨港鉄道として1926（大正15）年に開業し、太平洋戦争中に戦時買収された路線で、ほとんどの区間が工場に囲まれた臨港部を走る。朝夕は通勤客で混雑するが、日中は1時間に1～3本しか電車がなく、都会のローカル線として人気。ホームが海（運河）に接し、東芝の工場敷地内

にあるため改札外に出られない海芝浦駅、日中は8時間以上電車がない大川駅など特徴的な駅が多い。昭和初期の街並みが残る安善や、地域猫がうじゃうじゃいる浅野、扇町など町歩きにもぴったり。

たくさんある鶴見線のみどころからひとつだけ絵にするなら…。やはり「国道駅」でしょう！

TEE
【てぃーいーいー】列 歴

1957(昭和32)年から運行を開始した、ヨーロッパ国際特急の総称で、「Trans Europ Express」の略。フランス、西ドイツ、ベルギー、オランダなどの西側のヨーロッパ諸国を結ぶ国際昼行特急で、オール1等車、最高時速は200kmに達し、食堂車も連結するなど、最先端の列車だった。「ル・ミストラル」「ラインゴルト」など数々の名列車を生んだが、1990年代に終焉を迎えた。

TGV
【てぃーじーぶい】列

フランス国鉄が1981(昭和56)年から運行している高速鉄道。現在の最高時速は320km。フランス国内に約1,800kmの路線網を持ち、ドイツやベルギー、イタリアなどにも乗り入れている。英仏海峡を越えるユーロスターや韓国のKTXなど、TGVをベースとする高速鉄道は数多い。

T車
【てぃーしゃ】車

主電動機(モーター)を搭載しない車両。「Trailer」の「T」。単に「T車」と言うと、「モーターを搭載していない中間車」を指す。「モーター」を搭載しないが運転席はある車両」は「Tc車」と表現される。モーターを搭載している車両は「M車」(p29)。

抵抗制御
【ていこうせいぎょ】技

電車の制御方式の1つ。パンタグラフ(p156)と主電動機(モーター)の間に抵抗器を設置し、電気抵抗の値を変化させることによってモーターに流れる電圧を調整する。シンプルな制御方式だが、熱を発生させ、電気の無駄が多いという欠点があり、たいていは直並列組合せ制御(p117)が用いられる。

第1世代TEEの一種
オランダ・スイスの共同開発車両

ディスカバー・ジャパン
【でぃすかばーじゃぱん】歴

大阪万博閉幕直後の、1970(昭和45)年10月14日から始まった、国鉄の旅行キャンペーン。サブタイトルは、川端康成揮毫による「美しい日本と私」。どこだかはっきりとはわからない詩的な情景のポスターシリーズも話題となり、全国に国内旅行ブームを巻き起こした。ミニ周遊券(p179)が発売されたり、雑誌「an・an」「non・no」が創刊され、女性だけで出かける「アンノン族」が登場したりしたのもこの時期で、国内旅行のトレンドが団体旅行から個人旅行に移るきっかけとなった。

"ディスカバー・ジャパン"の頃、駅でこんなスタンプ台を見かけたが、全国1400ヶ所に設置されていたそうで。

定発
【ていはつ】用

定時発車の略。列車がダイヤ通りの時刻に発車する際、運転士が発車時に喚呼する。通過駅にも時刻は決められており、秒も含めて定時に通過した時は「定通(定時通過)」と言う。鉄道ファンのほか、「電車でGO！」(p128)のファンにもお馴染み。

TIMS
【ティムス】技

「Train Information Management System」の略で、JR東日本が三菱電機と共同開発した車両情報統合管理装置のこと。車両の加減速状況や行先標示、空調、乗車率、車両検査状況などを一括して管理できる。運転席のモニターに各車両の状況が表示されており、見えるとワクワクする。JR西日本などにも同様のシステムがある。

テールマーク
【てーるまーく】設

寝台列車の最後尾客車に掲示される愛称幕。以前は白地の幕に愛称名のみだったが、1979(昭和54)年頃から絵入りのマークが掲示されるようになった。国鉄時代に登場した絵柄の多くはヘッドマーク(p167)に準じたデザインで、黒岩保美氏(p56)によるもの。絵入りテールマークはブルートレインブーム(p164)の牽引役ともなり、昼行特急の方向幕にも取り入れられた。シンプルながら、列車愛称を巧みにデザインした絵柄は、今見ても全く古さを感じない。

ロマンを感じた寝台特急「銀河」のテールマーク

テールランプ
【てーるらんぷ】設

列車の最後尾に点灯している、赤いランプのこと。尾灯、後部標識灯とも言う。夜間などに、後方から列車の存在を認識できるよう点灯が義務づけられている。貨物列車では、ランプではなく赤色反射板を用いることが多い。鉄道系雑誌の編集後記や、同人誌のあとがきのタイトルにも使われる。

デゴイチ
【でごいち】(車)(趣)
D51形蒸気機関車の愛称。「シロクニ(p92)」「シゴナナ」など同様の愛称を持つ蒸気機関車は多いが、一般への認知度では圧倒的に「デゴイチ」だ。普及しすぎて、「デゴイチ」が何を表すのか知らない人もいる。

デジタルATC
【でじたるえーてぃーしー】(技)
ATC(p28)のうち、デジタルで高度に制御されたシステムのこと。山手線や京浜東北線、新幹線などに導入されている。現在位置から次の停車駅の停止位置までの距離と時間を計算し、現在時速何kmで走るべきかをリアルタイムに算出して列車を制動する。よりスムーズで、ダイヤに正確な制御が可能となる。

テツ
【てつ】(趣)
鉄道愛好家の総称のひとつ。2000年代に広まった表現で、一般的には差別的なニュアンスのないニュートラルな表現とされる。「乗り鉄」「撮り鉄」といった呼び方もここから。カタカナで書くことが多い。

鉄
【てつ】(用)
JRグループの各鉄道会社は、社名のロゴに「鉄道」を使わず、代わりに「銕道」と表記している。これは、国鉄から転換した際に、「金を失う道」という文字を縁起が悪いとしたため。JR四国だけは「鉄道」を使っている。

鉄オタ
【てつおた】(趣)
鉄道愛好家の総称のひとつ。「鉄道オタク」の略で、差別的あるいは自嘲的なニュアンスを多く含むとされる。「鉄ヲタ」とも書く。

デッキ
【でっき】(設)
車両前後の乗降扉周辺にあるスペース。客室とは壁で仕切られ、乗降扉のほか洗面台やトイレ、乗務員室などがある。客室をこれらの設備から分離することで、客室の静粛性と室温を保つ目的がある。乗降が頻繁な普通列車用車両には通常デッキは設けられないが、北海道など冬の気候が厳しい地域ではほとんどの車両にデッキがある。

デッキに立つのは座席があいていないせいなのだけれど妙に旅情がかきたてられた…

鉄子・女子鉄
【てつこじょしてつ】(趣)
鉄道を趣味とする女性のこと。長い間、鉄道は男性の趣味と思われてきたが、近年鉄道好きを公言する女性が増え、耳にする機会が増えた。「鉄子」という言葉に差別的なにおいを感じ、「女子鉄」と称している女性もいる。

鉄子の旅
【てつこのたび】(作)

菊池直恵作のノンフィクション漫画。2001(平成13)年から2006(平成18)年まで、小学館「月刊IKKI」などで連載された。筋金入りの鉄道オタクである横見浩彦(p186)が、鉄道に興味のない女性漫画家を鉄道の旅に案内する内容で、作者がオタクに振り回される様と、時々気付く鉄道の魅力を描いた。連載初期は、「鉄道ファンを馬鹿にしている」という批判もあった。連載終了後の2007(平成19)年にはアニメ化された。その後、ほあしかのこによる「新・鉄子の旅」、霧丘晶による「鉄子の旅3代目」も発表されたが、横見が女性漫画家と旅をするという設定は一貫している。

鉄ちゃん
【てっちゃん】(趣)

鉄道愛好家の総称のひとつ。1990年代まで広く使われていた言葉で、好意的から差別的まで、幅広いニュアンスを含んでいた。近年は「テツ」に取って代わられつつある。

鉄道アイドル
【てつどうあいどる】(趣)

鉄道が好きであることを公言している女性アイドル。木村裕子(p48)、豊岡真澄(p135)などが先駆となった。事務所の演出を疑う人もいるが、本当に好きでないと生き残れない。男性鉄道ファンとは興味を持つポイントが異なる。

鉄道院
【てつどういん】(歴)

鉄道国有化によって、1908(明治41)年に設置された鉄道行政を行う中央官庁。内閣直属の組織で、正式名称を内閣鉄道院といった。当時は、国鉄のことを「院線」「院線電車」と呼んだ。

鉄道・運輸機構
【てつどううんゆきこう】(用)

2003(平成15)年に日本鉄道建設公団(p145)と運輸施設整備事業団の業務を統合して発足した組織。正式名称は「独立行政法人鉄道建設・運輸施設整備支援機構」と実に長い。整備新幹線をはじめとする鉄道の建設を中心に、全国の運輸施設の整備促進を行なう。

鉄道管理局
【てつどうかんりきょく】(歴)

国鉄時代、地域ごとの鉄道を管理した地方機関。民間企業における支社にあたる。国鉄本社と各地の現場(現業)の調整・監督を行なった。また、北海道、四国、九州の3島と新幹線には、地域・路線全体の業務を総括する総局が設置された。

鉄道公安官
【てつどうこうあんかん】(作)

1979(昭和54)年4月9日から1980(昭和55)年3月17日まで、テレビ朝日系列で放送された東映制作のテレビドラマ。「新幹線公安官」(p93)の人気を受けて、舞台を国鉄全体

桐と動輪の帽章
桐と旭日章の襟章
国鉄時代の"鉄道公安"は警察官ではなく国鉄職員!

に広げた。主演に石立鉄男を起用し、人情・コメディ色の強い作品となった。当時はブルートレインブームで、新幹線からブルートレイン、特急まで、毎週多彩な国鉄列車が登場した。

鉄道公安職員
【てつどうこうあんしょくいん】職

国鉄の施設内で警察権を行使する国鉄職員。ドラマの影響で「鉄道公安官」とも呼ばれたが、「鉄道公安職員」が正しい。駅や列車内の治安維持に当たったが、あくまで国鉄職員のため、国鉄の施設外では捜査活動ができなかった。JR発足と同時に警察庁に移管し、鉄道警察隊に生まれ変わった。

鉄道弘済会
【てつどうこうさいかい】駅

国鉄職員の職域福祉を目的に設立された公益財団法人で、国鉄時代は駅の売店「キヨスク」を運営していた。JR時刻表などを刊行している交通新聞社は、鉄道弘済会が設立した弘済会出版社がルーツ。

鉄道国有化
【てつどうこくゆうか】歴

1906(明治39)年3月31日に公布された鉄道国有法により、同年から翌1907(明治40)年にかけて全国17の私鉄、4,525kmが国有化された出来事。元々明治政府は鉄道を国が主導して整備する方針だったが、実際には多くの私営鉄道が建設された。日清・日露戦争を経て、国の物流の大動脈を民間企業が運営しているのは問題があると認識されるようになり、国有化が進められた。

鉄道事業法
【てつどうじぎょうほう】規

鉄道と索道(p68)の事業について取り決めた法律。日本の鉄道は、軌道法(p46)に基づく路面電車などを除き、この法律によって定義づけられている。1987(昭和62)年の国鉄改革に際し、日本国有鉄道法や地方鉄道法に代わって制定された。

鉄道ジャーナル
【てつどうじゃーなる】趣

1967(昭和42)年に創刊された鉄道専門誌。五大鉄道趣味誌の1つで、「鉄道の将来を考える専門情報誌」を称し、鉄道行政や地方公共交通問題など社会的なテーマに力を入れている。1980年代には、レイルウェイ・ライター種村直樹(p112)を中心に、国鉄再建問題に関する記事に力を入れていた。現在も、人口減少に苦しむ地方の鉄道の存続問題など、社会派の記事が多い。

鉄道省
【てつどうしょう】歴

1920(大正9)年、原敬内閣の時に設置された省庁。かつて「国電」、現在は「JR線」と呼ばれる通勤電車は、当時「省線」「省線電車」と呼ばれた。内閣直属だった鉄道院を昇格させたもので、国鉄の管理運営や私鉄の監督などを行なっていた。太平洋戦争が激化した1943(昭和18)年の中央省庁改組によって逓信省と合併、運輸通信省となり、戦後再び分離して運輸省となった。

かつて東京駅前にあった国鉄本社は元・鉄道省。永田町以外にあった珍しい中央省庁だった。

鉄道唱歌
【てつどうしょうか】文 作

1899(明治32)年に発表された、鉄道路線の車窓を歌う唱歌。「汽笛一声新橋を」の歌詞とメロディで知られ、国鉄・JRの車内チャイムにも広く使われている。全66番から成る東海道編が有名だが、山陽・九州編、奥州・磐城線編、北陸編、関西・参宮・南海編もほぼ同時期に制作された。最初に作った会社は発表後すぐに倒産し、版権を買い取った楽器商の三木佐吉が大々的に宣伝をして、人気となった。今日一般的なのは多梅稚が作曲したもの。

鉄道大バザール
【てつどうだいばざーる】作

アメリカの作家、ポール・セルーが1975(昭和50)年に発表した鉄道紀行エッセイ。ロンドンから鉄道を利用して、ヨーロッパ、中東、インド、東南アジア、シベリアをまわった旅をつづる。日本では阿川弘之が翻訳。日本も登場し、当時の日本の物価の高さや新幹線の速さが描かれている。

鉄道ダイヤ情報
【てつどうだいやじょうほう】趣

交通新聞社から刊行されている鉄道趣味誌。「JRグループ協力」をうたい、臨時列車などの列車運行情報や新型車両の情報が充実、撮り鉄の情報源として人気が高い。毎月、ダイヤグラム(p109)の折り込み付録があり、コレクション性も高い。

鉄道チャンネル
【てつどうちゃんねる】趣

番組制作会社エキスプレスが運営する、鉄道専門チャンネル。スカパー！プレミアムサービスを中心に放送しているが、Youtubeなど、ネット動画サービスにも進出している。鉄道ファンなら1日中見ていても飽きないコンテンツがいっぱい。

鉄道友の会
【てつどうとものかい】趣 文

1953(昭和28)年に発足した、日本最大級の鉄道愛好家団体。星晃(p169)国鉄工作局客貨車課員をはじめ、国鉄内外の鉄道愛好家が設立し、2018年現在会員数は約3,000人。須田寬JR東海元社長が会長を務め、毎年「ブルーリボン賞」(p164)、「ローレル賞」(p198)、「島秀雄記念優秀著作賞」を選定するなど、強い影響力を持つ。

鉄道友の会発足は昭和33年。第1回ブルーリボン賞は小田急3000系SE車に授与！

鉄道の日
【てつどうのひ】㊃

10月14日。1872（明治5）年に初めて鉄道が開業した旧暦9月12日が新暦の10月14日にあたることと、1921（大正11）年10月14日、東京駅に初代鉄道博物館が開館したことを記念する。長年、「鉄道記念日」として国鉄及びJRグループの記念日とされてきたが、1994（平成6）年から、日本の鉄道文化全体を記念する「鉄道の日」に生まれ変わった。毎年、全国で記念イベントが開催されており、中でも日比谷公園で開催される鉄道フェスティバルが有名。

鉄道博物館
【てつどうはくぶつかん】㊃

埼玉県さいたま市にある鉄道をテーマとした博物館。2007（平成19）年10月14日に開館し、JR東日本が財産を拠出した公益財団法人東日本鉄道文化財団が運営している。愛称は「てっぱく」。中心となる車両ステーションには、明治初期の1号機関車から新幹線まで30両あまりの車両を保存。蒸気機関車や新幹線などの運転を体験できるシミュレーターホール、ミニ電車を運転しながら信号システムを学べるミニ運転列車など体験型の展示も多く、博物館であると同時にテーマパークでもある。

鉄道ピクトリアル
【てつどうぴくとりある】㊣

1951（昭和26）年創刊の、電気車研究会が刊行している鉄道専門誌。ほとんどのページがモノクロで、趣味誌というよりは学術誌に近い。執筆陣も、車両設計者や大学教授など専門家が多く、車両や技術、歴史などを深く掘り下げた記事を掲載している。資料性はピカイチだが、読みこなすにはそれなりに知識が必要。

鉄道ファン
【てつどうふぁん】㊣

1961（昭和36）年に創刊された、交友社が刊行している鉄道専門誌。車両紹介を中心に、鮮やかな写真をふんだんに掲載している総合誌で、鉄道専門誌の中では最も発行部数が多い。新型車両、列車、歴史など多角的な特集を組み、ゲームや芸能人など新しい分野も積極的に掲載。車両鉄（p86）を中心に幅広い読者層に読まれている。近年はスマートフォンの雑誌読み放題サービスにも提供しており、新しい読者も獲得。巻末には毎号車両の形式図が折り込まれており、これをコレクションする人も多い。

日本の歴代車両が保存公開されている

「鉄道五大誌」と呼ばれる雑誌たち

鉄道ファン
【てつどうふぁん】(趣)
数ある鉄道愛好家の総称の中で、最もニュートラルなニュアンスを持つと言われる呼称。「ファン」は「熱心な愛好者」を意味する英語で、差別的な意味合いを感じる人はほとんどいない。迷ったら、とりあえずこの言葉を使っておけばオーケー。

鉄道模型趣味
【てつどうもけいしゅみ】(趣)
1946(昭和21)年に創刊された、現存する鉄道専門誌の中では最も歴史のある雑誌。機芸社から刊行されている。「TetsudoMokei Shumi」の頭文字をとって、「TMS」とも呼ばれる。記事は、自社開催のコンテスト入賞作や、読者投稿の模型・レイアウト写真の紹介が中心。老舗らしい落ち着いた誌面に根強い人気がある。

早々と冷房化された郵便車がうらやましかった!

昭和21年創刊(!) 当初はガリ版刷りだったという…

ガリ版刷りの「旧1号」 定価7円50銭

鉄道郵便車
【てつどうゆうびんしゃ】(車)
国鉄時代に活躍した郵便物を輸送する専用客車で、「鉄郵」の愛称で親しまれた。単に輸送するだけでなく、郵便局としての機能を持っており、鉄道郵便局の職員が乗り込んで車内で区分作業などを行っていた。車体にも投函口があり、駅や車内で手紙を書いて、郵便車に直接投函することもできた。駅のポストや郵便車に投函された郵便物は車内で「東京青森間」といった専用の消印が押され、これをコレクションしている人もいた。1986(昭和61)年までに廃止。

鉄道旅行術
【てつどうりょこうじゅつ】(作)
レイルウェイ・ライター種村直樹(p112)の代表作。鉄道旅行の楽しみ方を、プランニングから帰宅後の資料整理まで、見開き1項目で網羅したガイドブック。1977(昭和52)年に日本交通公社(現JTBパブリッシング)から出版され、80年代から90年代にかけて、今で言う「乗り鉄」系鉄道ファンのバイブルだった。1998(平成10)年まで、ほぼ毎年改訂版が出版されたロングセラー。

デッドセクション
【でっどせくしょん】(技)
異なる電化方式の境界に設けられた、架線に電気が流れていない区間のこと。通常は、直流電化(p117)区間と交流電化(p63)区間の境界に設けられる交直セクションを指す。

常磐線取手〜藤代間、北陸本線敦賀〜南今庄間など全国に9カ所ある。死区間、死電区間とも呼ぶ。この区間では列車は惰行（p111）で通過し、古い車両は一時的に室内灯が消えた。

デュアルモードビークル
【でゅあるもーどびーくる】技 車

線路と道路の両方を走れる車両。略称は「DMV」。鉄道の定時性と、バスの機動力の両方を兼ね備える次世代の交通機関としてJR北海道が中心となって開発を進めたが、JR北海道は経営悪化によって撤退。日本一乗客が少ない徳島県の阿佐海岸鉄道が、観光用として2020年までに導入予定。

デラックスデゴイチ
【でらっくすでごいち】車 趣

DD51形ディーゼル機関車のこと。蒸気機関車の引退と入れ替わりに投入されることが多く、蒸気機関車ファンが皮肉って呼んだ。

テレビカー
【てれびかー】車

かつて、京阪電鉄の特急に連結されていた、無料でテレビが見られる車両。京阪はスピードで国鉄や阪急電鉄に勝てなかったので、料金不要の特急にテレビを設置しサービスで勝負した。しかし携帯電話やスマホの普及により魅力が下がり、2013（平成25）年3月31日限りで運行を終了した。

転換式クロスシート
【てんかんしきくろすしーと】設 サ

背もたれを前後に倒すことで方向を変える2人掛けシートのこと。初代新幹線の0系普通車や、関西地区の117系新快速、関東地区の185系特急電車などに採用された。料金不要の117系は大人気だったが、ほとんど同じ設計で特急用の185系は評判が悪かった。

電気釜
【でんきがま】趣

485系や183系などの非ボンネット・非貫通型特急電車のあだ名。車体が釜、運転台が蓋に見えたという。

電気式気動車
【でんきしききどうしゃ】技

ガソリンエンジンやディーゼルエンジンで発電機をまわし、その電気を動力として走る気動車。戦前から戦後にかけて開発されたが、重すぎることなどから普及しなかった。その思想は、近年ハイブリッド車両(p151)として復活しつつある。

電車
【でんしゃ】車

架線などの集電装置から電気の供給を受け、車両に搭載した主電動機(モーター)を回して動力とする鉄道車両。速度や加減速性能、省エネ性に優れ、都市部や幹線鉄道には欠かせない。気動車や機関車とは構造が大きく異なり、運転免許も別。最近は気動車などもすべて「電車」と呼ぶ人が増えており、「電車じゃないよ!」と突っ込みたがる鉄道ファンは多い。

電車男
【でんしゃおとこ】作

2004(平成16)年にネットで話題になり、2005(平成17)年に映画化、ドラマ化された作品。実は鉄道趣味とは全然関係ないが、その後しばしば鉄道ファンの男性を電車男と呼ぶようになった。

転車台
【てんしゃだい】設

機関車の方向を転換する装置。蒸気機関車は向きが決まっていたため、転車台でいちいち方向を変えていた。前後に運転台を持つ電車や気動車は転車台を必要とせず、激減した。回転する転車台はそれ自体がレールに乗っており、人力で動かすものと動力

で動かすものがある。2017(平成29)年からSL「大樹」の運行を開始した東武鉄道は、下今市駅と鬼怒川温泉駅に転車台を新設し、話題となった。

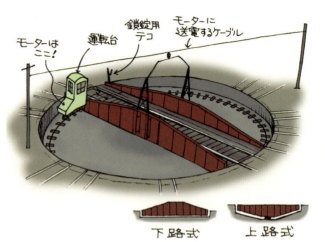

電車でGO!
【でんしゃでごー】趣 作

タイトーから1997(平成9)年に登場した、ビデオゲームシリーズ。列車をダイヤ通りに運転するゲームで、「売れない」という下馬評を覆し、家庭用ゲーム機にも次々と移植されるブームを巻き起こした。2017(平成29)年には、ゲームセンター用としては17年ぶりの新作「電車でGO!!」が登場。

電車特定区間
【でんしゃとくていくかん】規

東京・大阪中心部の、特に乗客が多く、通常の幹線運賃よりも割安な電車特定運賃が適用されるエリア。国鉄時代には国電区間と言われた。山手線内と大阪環状線内はさらに割安な運賃が設定されている。

天賞堂
【てんしょうどう】趣 文

銀座にある、老舗の宝石店兼鉄道模型店。1949(昭和24)年から鉄道模型の製造・販売

テンダー
【てんだー】⚟

中・大型蒸気機関車の後部に連結されている炭水車のこと。燃料となる石炭と水を搭載している。元は看護人、つきそいという意味の英語。

テンダー機関車
【てんだー】⚟

炭水車を連結した蒸気機関車。タンク機関車(p114)よりも長距離を運行できる。

DENCHA
【でんちゃ】⚟

JR九州のBEC819系電車の愛称。大容量バッテリーを搭載し、非電化区間では電化区間で充電したバッテリーで駆動する電車で、「Dual ENergy CHArge train」の頭文字から取られた。交流電化(p63)区間に対応している。JR九州の通勤電車817系をベースに開発され、筑豊本線・篠栗線若松〜直方〜博多間で使用されている。

点と線
【てんとせん】作

松本清張(p175)が1957(昭和32)年に発表した長編推理小説の金字塔。福岡の海岸で発見された男女2人の水死体。一見ありふれた心中に見えたが、その裏には企業汚職に絡む陰謀が隠されていた。デビュー直後の特急「あさかぜ」と、混雑を極める東京駅に存在した僅かな時間をめぐるトリックが話題となり、推理小説ブームを巻き起こした。

展望車
【てんぼうしゃ】⚟

「つばめ」「はと」など、往年の客車特急列車の最後尾に連結されていた、オープンデッキの展望スペースを備えた客車。特急の電車・気動車化とともに姿を消したが、国鉄末期、団体・ツアー専用のジョイフルトレインとして復活した。2017(平成29)年9月には、JR西日本の山口線で運行されているSL「やまぐち」号に戦前の特急「富士」用に使用されていた展望車マイテ49の復刻車が登場。多くの鉄道ファンを感動させた。

サロンカーなにわがデビューした時には往年の展望車を彷彿とさせるデザインで嬉しかった！

電報略号
【でんぽうりゃくごう】用

かつて国鉄などで使われていた鉄道電報に使用された略号。電報はカタカナと数字しか使えず、文字数も限られたので、各用語がカタカナ1〜3文字に省略された略号が使用された。電報が使われなくなった現代でも一部の略号は部内用語として日常的に使われており、「ウヤ＝運転休止」などは好んで使う鉄道ファンも多い。

ドアエンジン
【どあえんじん】設

自動扉を開閉する動力。以前はバスの扉と同様空気圧を使っていたが、最近はモーターを使うことが多い。

ドアカット
【どあかっと】用

ホームが短い駅で、ホームからはみ出す車両のドアを開かないよう締め切ること。列車の一部がトンネルに入ってしまう横須賀線田浦駅などが有名。

東海形
【とうかいがた】車

貫通扉の左右に車体側面まで延びた前面窓（パノラミックウインドウ→p154）があり、扉の上に方向幕、左右の窓下に前照灯が配置されたスタイルをした電車のこと。国鉄153系、165系など、東海道本線の準急・急行「東海」に使われた車両に採用されたことからこの名がついた。113系、115系、401系、457系、711系など、近郊型・急行型電車に広く採用された。このデザインを指して「東海顔」とも言う。

急行形電車の始祖153系だが"東海形"の名の由来は準急「東海」

道外禁止
【どうがいきんし】用 歴

かつて、北海道で使われていた貨車の一部に書かれていた文言。石炭車（セキ）が多かった。「北海道外での使用禁止」の略だが、正確には仕様上「青函連絡船への搭載禁止」という意味。厳しい北海道内で黙々と働く貨車たちにロマンを感じた。

東京急行電鉄
【とうきょうきゅうこうでんてつ】企

東京都南部と神奈川県に8路線104.9kmの路線網を持つ大手私鉄で、通称「東急電鉄」。理想的な「田園都市」の建設を目指した渋沢栄一と、辣腕の実業家・五島慶太によって創設された東急グループの中核企業だ。渋谷、自由ケ丘、田園調布、横浜など関東有数の高級繁華街を沿線に揃える東横線を擁する一方、五反田、戸越銀座、蒲田といった庶民的な町が並ぶ池上線もあるなど、バラエティ豊か。

東京地下鉄
【とうきょうちかてつ】企

通称東京メトロ。都心周辺に9路線195.1kmを運行する大手私鉄。2004（平成16）年に、帝都高速度交通営団（営団地下鉄）が民営化して発足した。都心に多数の路線を持ち、利益率は20％台半ばと大手私鉄の中でも断ツ。地下鉄なのに、私鉄としては二番目に長い橋梁（東西線荒川中川橋梁1,236m）がある。

峠の釜めし
【とうげのかまめし】食

信越本線横川駅の駅弁。益子焼の容器に、炊き込みごはんと鶏肉やゴボウなどの具が載っている。横軽（p186）が現役の頃は、列車が発着するたびにホームに並んでお辞儀をする売り子たちが有名だった。

峠の力餅
【とうげのちからもち】㊝

奥羽本線峠駅で立ち売りされている、こし餡入りの折り詰め大福餅。峠駅前の峠の茶屋が製造・販売している。峠駅のスイッチバック(p96)が解消されて停車時間が短くなったが、ウェブサイトに販売列車を掲載するなどして今も頑張っている。停車時間が短いので、おつりのないようにするのがマナー。なお、山形新幹線の車内で販売しているのは別会社の製品だ。

動態保存
【どうたいほぞん】㊌

廃止・引退した車両を動かせる状態で保存・維持すること。特に蒸気機関車の動態保存には非常にコストがかかる。鉄道ファンが私財を投じて動態保存をするケースもあるが、継続には大変な努力が必要だ。

頭端式ホーム
【とうたんしきほーむ】㊌

線路が行き止まりになっていて、終端部で２本以上のホームがつながっているホーム。上野駅の地平ホーム(13〜17番)や門司港駅、阪急電鉄梅田駅などが有名。いかにも終着駅という趣と旅情がある。

上野駅地平ホームには頭端式ならではの風情が…。

動物駅長
【どうぶつえきちょう】㊌

観光客を誘致するため、駅に住み着いた動物や、近所で飼われているペットを「駅長」として待遇すること。保存されている旧片上鉄道吉ヶ原駅に住み着いた猫の「コトラ駅長」が走りで、和歌山電鐵貴志駅の「タマ駅長」がブームの火付け役となった。犬駅長、ウサギ駅長、ヤギ駅長のほか、伊勢海老駅長(阿佐海岸鉄道宍喰駅)までいる。帽子や衣装を着せて不特定多数の観光客に見せることには、否定的な意見もある。

東武鉄道
【とうぶてつどう】㊐

東京と北関東に12路線463.3kmと、東日本最大の路線網を持つ私鉄。歴史的経緯から、浅草から日光、鬼怒川、伊勢崎方面へ延びる伊勢崎線グループと、池袋から川越、小川町方面に延びる東上線グループに分かれている。伊勢崎線グループに、特急スペーシアなど華やかな列車が投入される一方、東上線グループはTJライナー登場まで通勤電車しかなく、イメージに差があった。最近、伊勢崎線浅草〜東武動物公園間に「スカイツリーライン」、野田線に「アーバンパークライン」と路線愛称がつけられているが、「アーバンパークライン」は評判が今ひとつ。沿線に公園が多いということらしい。

動脈列島
【どうみゃくれっとう】(作)

清水一行作のミステリー小説と、それを原作にした東宝配給の映画作品。1975 (昭和50) 年公開。新幹線「ひかり」の車内で爆発物と脅迫状が発見された。新幹線による騒音と振動を除去しなければ、10日後に列車を転覆させるという。翌日、豊橋駅構内で同一人物の犯行と思われる脱線事故が発生。犯人は、もくろみ通り新幹線を転覆させるのか。当時社会問題となっていた新幹線の騒音問題をテーマにした社会派ミステリー。東映の「新幹線大爆破」(p93)のライバルともされる作品。国鉄の協力は得られず、車内の描写は登場しない。

洞爺丸事故
【とうやまるじこ】(歴)

1954 (昭和29) 年9月26日に発生した、日本最大の海難事故。台風15号の影響により、国鉄青函連絡船の洞爺丸をはじめ、北見丸、日高丸、十勝丸、第十一青函丸の5隻が沈没。1,430人 (うち洞爺丸1,155人) もの人命が失われた。国鉄五大事故の1つ。気象衛星が存在しない時代、急速に勢力を増した台風の動きと規模を正確に把握できなかったことが原因と言われる。

動力近代化
【どうりょくきんだいか】(歴)

国鉄が1960年代から70年代にかけて実施した、蒸気機関車を廃止してディーゼル機関車など新しい動力車を全国に導入した施策。蒸気機関車は、見た目の迫力と違って力が弱く、エネルギー効率も悪かった。幹線では電化を実施して電車や電気機関車を導入、非電化の路線では気動車やディーゼル機関車を導入した。これによって大幅なスピードアップと輸送力の向上を得たが、趣ある蒸気機関車が淘汰され、ファンの心は複雑だった。

動力集中方式
【どうりょくしゅうちゅうほうしき】(技)

機関車が客車や貨車を牽引する方式。動力が機関車だけなので、列車の長さを比較的自由に決められ、増備や維持のコストが安いという長所がある反面、機関車だけが極端に重く線路に負担がかかる、終着駅で機関車を反対側に付け替える機回し作業が必要といった短所がある。日本では貨物列車以外廃れつつある。

動力分散方式
【どうりょくぶんさんほうしき】(技)

電車や気動車など、編成中に複数の動力車を持つ方式のこと。導入にコストはかかるが、加減速性能や高速性能に優れるほか、列車の重量が分散するので線路への負担が少ない、省エネルギー性に優れるといった長所がある。

トーマス・クック
【とーますくっく】(人)

Thomas Cook 1808〜1892

1808〜1892。イギリスの実業家。旅行代理店のトーマス・クック・グループの創始者で、現代の旅行ビジネスを確立した。ヨーロッパ全体の鉄道時刻を掲載した「ヨーロッパ鉄道時刻表」を出版したことで知られ、日本では「地球の歩き方」のダイヤモンド・ビッグ社から刊行されている。

特殊狭軌
【とくしゅきょうき】(技)

1,067mmよりも狭い軌間のこと。日本では軽便鉄道 (p58) が多く採用した762mm (2フィート6インチ) が知られ、「ナロー」とも呼ばれる。速度や輸送力が限られ、ほとんどの路線が狭軌以上に改軌するか、廃止され

てしまった。日本で今でも運行されているのは、四日市あすなろう鉄道、三岐鉄道北勢線、黒部峡谷鉄道、屋久島の安房森林軌道、立山砂防工事専用軌道（軌間610mm→p112）のみ。

特殊弁当
【とくしゅべんとう】⾷
幕ノ内弁当以外の駅弁のこと。寿司類や釜めし、焼肉弁当などはすべて特殊弁当だ。これに対し幕ノ内弁当は「普通弁当」。今やほとんど意味のなくなった、国鉄時代の分類。

ドクターイエロー
【どくたーいえろー】⾞
東海道・山陽新幹線の新幹線電気軌道総合試験車。700系をベースにした923形が使われている。線路や架線、電気設備に異常がないかを検査するため、数日に1回、東京〜博多間を往復している。いつ運行されるかわからないことと、黄色をベースにした車体から「出会えたら幸せになれる」という伝説が広まり、今では一般の人にもよく知られている。運転日は、Twitterを見ていればだいたいわかる。

特定地方交通線
【とくていちほうこうつうせん】歴
国鉄再建法（p63）で定められた、旅客輸送密度（p185）4,000人未満の路線。原則としてバス転換が適当とされ、第1次廃止対象から第3次廃止対象まで、全83路線が指定された。1983（昭和58）年10月22日限りで廃止された白糠線（p92）を皮切りに、45線区がバスに、38線区が私鉄や第3セクターに転換され、1990（平成2）年4月1日に完了した。なお、私鉄・第3セクターに転換された路線のうち7線区はその後廃止された。

トクトクきっぷ
【とくとくきっぷ】き
JRグループの割引きっぷ（特別企画乗車券）の総称。周遊券（p87）以外の商品が増えてきた1983（昭和58）年に割引きっぷの総称として登場し、テレビCMも放送された。「楽だ」にかけたラクダがシンボルマークで、取扱窓口にはラクダのマークが掲示された。JR西日本では今でも使われている。

特二
【とくに】設サ
「特別二等車」の略で、二等車（現在のグリーン車）の中でも設備が特別に良い車両に付けられた。1950（昭和25）年、二等車にリクライニングシートが登場した際、従来の二等車と区別する意味から誕生した。

戸閉車側灯
【とじめしゃそくとう】般

車両の側面上部に設置された赤色灯。扉が開いた状態の時点灯し続ける。車掌は、この灯がすべて消えたことを視認して、扉がすべて閉まったことを確認する。

途中下車
【とちゅうげしゃ】規

目的地までの途中駅で、きっぷを回収させずに改札を出ること。JRの乗車券は、原則として101km以上の乗車券であれば自由に途中下車が可能。100km未満の乗車券や、大都市近郊区間(p109)内相互発着の乗車券などは途中下車できない。途中下車した場合は、その駅まで輸送したと証明する途中下車印を押す決まりで、これを集める人もいる。西鉄や高松琴平電鉄など、一定の条件で途中下車を認めている私鉄も。

特急がっかり
【とっきゅうがっかり】歴

上野〜青森間の特急「はつかり」に車両故障が相次いだことを皮肉ったあだ名。1960(昭和35)年、「はつかり」新鋭気動車キハ81系が投入されたが、事前の試験運転が足りず初期故障が続出。運行開始から半年で10回以上トラブルを出したため、マスコミに『『はつかり』じゃなくて『がっかり』だ』と酷評されたことから生まれた。

特急列車
【とっきゅうれっしゃ】列

JRなど多くの鉄道で、最も速く、設備の良い優等列車。正式名称は「特別急行列車」で、急行列車(p50)の一部。1906(明治39)年4月16日に新橋〜神戸間で運行を開始した「最急行」がルーツと言われる。国鉄の場合、昭和30年代までは社会的地位の高い人などが利用する「特別な」列車だったが、昭和40年代以降大衆化が進み、ついには普通急行列車が定期列車としては消滅してしまった。私鉄にも数多くの特急があるが、「列車」とはあまり言わない。

突放
【とっぽう】用

貨車を機関車から「突き放す」こと。加速した貨車を切り離し、慣性の法則や勾配によって自走させて他の貨車などに連結させる。操車場(p104)では、各方面別の仕切線が放射状に配置されており、機関車に押されてきた貨物列車は、職員が方面ごとに自動連結器(p80)のロックを解除する(自連を切る)。所定の位置で機関車が停車すると、自連を切られた貨車は切り離され、惰性でそのまま走り続ける。いくつもの分岐器を通過して該当する仕切線に入り、同乗した職員が手動ブレーキを操作して減速し、同一方面の貨車に連結される。貨車を効率よく仕訳できるが、危険な作業だった。

都電荒川線
【とでんあらかわせん】路

東京の三ノ輪橋と早稲田を結ぶ全長12.2kmの路面電車。東京都電は、交通渋滞解消と東京都の赤字削減のため1972(昭和47)年までにほとんどの路線を廃止した。しかし、道路上を走る併用区間が少ない27・32系統だけは沿線住民の要望もあり大部分の区間を存続、1974(昭和49)年に統合されて「都電荒川線」となった。2017(平成29)年には

「東京さくらトラム」の愛称がつけられたが、消えた都営大江戸線の愛称「東京ゆめもぐら」の二の舞が心配されている。

とびうお
【とびうお】㋵

長崎（幡生）〜東京市場間で、1966（昭和41）年から1986（昭和61）年まで運行された鮮魚特急貨物列車。冷蔵貨車レサ10000形に、九州で獲れた鮮魚を満載し、毎日運行されていた。長崎を22時過ぎに出発した列車は、途中唐津や下関などから来た貨車を併結し、翌朝7時頃に山口県の幡生駅を発車。東海道・山陽本線を最高時速100kmで駆け抜けて未明の1時頃に築地市場内の東京市場駅に滑り込み、鮮魚は5時からのセリにかけられた。1998（平成10）年まで博多港〜大阪市場間で運行された「ぎんりん」もある。

豊岡真澄
【とよおかますみ】㋐

ママ鉄として活動しているタレント。かつてはホリプロに所属し、当時の担当マネージャーである南田裕介（p178）の教育によって鉄道に詳しくなった。鉄道アイドルの走り的存在であり、テレビやラジオで活躍したが、2008（平成20）年、結婚・出産を機に引退した。今はフリーランスのママ鉄として鉄道イベントを中心に活動している。

豊田巧
【とよだたくみ】㋐

ライトノベル「RAIL WARS！」や児童小説「電車で行こう！」など、鉄道をテーマとした作品で知られる小説家。以前はゲームメーカーのタイトーで「電車でGO！」（p128）シリーズの宣伝を担当していたが、ミリタリー小説家を志して転進。「電車でGO！シリーズを手がけていたなら」と編集者に勧められて鉄道小説を書くようになった。「宇宙戦艦ヤマト2119」の小説版なども手がける。

トラストトレイン
【とらすととれいん】㋕

日本で初めて市民の募金などにより保存され、公益財団法人日本ナショナルトラストが所有している鉄道車両。C12形蒸気機関車と旧型客車3両があり、静岡県の大井川鐵道で保存されている。機関車は資金難から2006（平成18）年以降休車中だが、復活に向けて準備が進められている。

トラバーサー
【とらばーさー】㋛

車両基地や工場で、車両を並行に移動させる装置。並行する複数の線路間を転線させる時に使われる。トラバーサーによる転線実演は車両基地公開の目玉のひとつ。

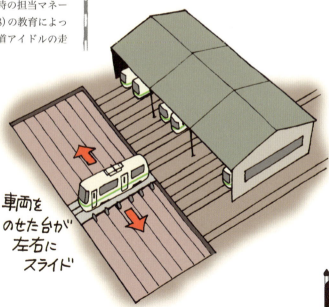

車両をのせた台が左右にスライド

ドリーム号といえばやっぱりこの車！

ドリーム号
【どりーむごう】㊨

JRグループが運行する、首都圏と京阪神地区を結ぶ高速夜行バス。国鉄時代の1969（昭和44）年、東名高速道路の全通と同時に運行を開始した、日本初の高速夜行バスだ。セミ個室タイプの「ドリームルリエ」から、4列シートの「青春ドリーム」まで、多彩なタイプが揃っている。周遊券（p87）があった頃は、座席指定券を購入すれば東海道本線の代わりに利用できた。

撮り鉄
【とりてつ】㊛

列車や駅などの撮影を主な趣味とする鉄道ファン。「乗り鉄」（p148）、「模型鉄」（p182）と並ぶメジャーなジャンルの1つ。プロレベルの技術を持った人も多い。総じて礼儀正しいが、人口が多いため、マナーを知らない人が問題視されることも。

とれいん
【とれいん】㊛

1974（昭和49）年12月に創刊された、株式会社エリエイが編集・発行する鉄道専門誌。鉄道模型雑誌として創刊されたが、模型と実物の両方を扱っている。鉄道模型制作の視点から実物の車両を解説している「MODELERS FILE」など、独自の連載が人気。

Train Simulator
【とれいんしみゅれーた】㊛㊜

株式会社音楽館が開発・販売していたPC・家庭用ゲーム機用の鉄道運転シミュレーションゲーム。運転席から撮影された実写映像を使用しているのが特徴。初期には、通常の列車から撮影された既存の映像を利用していたが、1996（平成8）年発売の相模鉄道編から、撮影用の列車を走らせて制作している。鉄道ファンでもあるミュージシャンの向谷実（p181）が中心となって開発されており、リアルな映像とサウンド、挙動の再現性に定評がある。このシステムを基に開発された業務用の運転訓練シミュレータもある。

ドレミファインバーター
【どれみふぁいんばーた】㊡

ドイツ・シーメンス社製のVVVFインバータ制御（p98）装置のこと。加速時の音（磁励音）が耳障りにならないよう音階が鳴るよ

うにしてある。京浜急行の新1000形と2100形が有名だったが、国産製品への移行が進み、1000形のごく一部に残るのみ。なお、実際の音階は「ドレミファ」ではなく「ファソラシ♭ドレミ♭ファソー」である。

トロリーバス
【とろりーばす】車

架線から集電して走るバス。正式名称を「無軌条電車」といい、法令上は鉄道の仲間である。かつては東京や横浜など都市部も走っていたが、現在は立山・黒部アルペンルートに2路線あるのみ。このうちの関電トンネルトロリーバスは、2019年にバッテリー駆動のバスに置き換えられる予定。

トワイライトエクスプレス
【とわいらいとえくすぷれす】列

1989（平成元）年から2015（平成27）年まで、大阪と札幌を結んでいた臨時寝台特急。個室主体の編成で週3往復程度運行され、チケットの取りにくさはJRグループ随一だった。最高級の設備と、専任クルーたちによるホスピタリティによって、「伝説の寝台列車」とまで言われた。

トワイライトエクスプレス瑞風
【とわいらいとえくすぷれすみずかぜ】列

2017（平成29）年6月17日から運行を開始した、JR西日本のクルーズ列車。10両編成のハイブリッド気動車に客室は全16室。1両1室でバスタブまで備える「ザ・スイート」をはじめ、1両3室のロイヤルツイン、そして一人利用が可能なロイヤルシングルを備える。国鉄の名車181系や583系（p66）などの流れを組むデザインで、編成両端にはオープンデッキの展望室もある。大阪から山陽、山陰をまわって一周する2泊3日のクルーズコースのほか、片道だけの1泊2日コースも設定されている。

今はもうみられない『トワイライトエクスプレス』のオリジナルエンブレム

車掌七つ道具

昔も今も、車掌は実にたくさんの道具を持ち歩いている。国鉄時代は、運転取扱基準規定や運行ダイヤといった書類をはじめ、トラブル時に信号機を強制的に赤にする軌道短絡器など7つ道具どころか20種類前後の道具を持ち歩いていた。現在は、POS端末やタブレット端末を持つケースが増えている。国鉄時代の「車掌七つ道具」の一部を紹介しよう。

無線機

発車の合図をはじめ、主として運転士・機関士とのやり取りに使う乗務員無線。数は少なくなったが客車列車では今も使われる。

フライキ（旗）

信号の役割を果たす赤と緑の手旗。車掌は主に非常時や車両の連結・解放時などに使用した。旗の出し方にもルールがある

時計

正確な運行に欠かせない時計は、毎日点呼の際に秒針を合わせる。車掌は使用する道具が多いので、現在は腕時計がほとんどだ。

ホイッスル

昭和の車掌と言えば、このホイッスル。かつて発車ベルが全駅になかった頃は、この笛を吹いて乗客に列車の発車を知らせていた。

合図灯

駅員がホームで使うものが有名だが、車掌室にも常備されていた。発車合図のほか、緊急時の合図や作業灯の代わりなどに使われた。

車内補充券 +パンチ＆検札鋏

無人駅から乗車した乗客や乗り越し客に発行するきっぷ。予め金額や駅名が記され、パンチで穴を開けて使用することが多かった。

ダイヤ・時刻表 各種規則集ナド

車掌かばんの中身は大部分が冊子類。時刻表、ダイヤ、旅客営業規則、運転取扱基準規定、旅客運賃料金キロ程早見表などぎっしり。

ナイジェル・グレズリー
【ないじぇるぐれずりー】人

1876〜1941。イギリスの蒸気機関車技術者で、ロンドン・アンド・ノース・イースタン鉄道（LNER）の機械技師長として20世紀初頭のイギリスを代表する蒸気機関車を多数設計した。初めて時速100マイル（約160km）で運転された「クラスA1フライング・スコッツマン」などを設計。日本のC52・C53形蒸気機関車に搭載されたグレズリー式弁装置の考案者としても知られる。

ナイスミディパス
【ないすみでぃぱす】き サ

国鉄とJRグループが販売していたトクトクきっぷ。30歳以上の女性2〜3人のグループを対象に、JRグループ全線のグリーン車が3日間乗り放題となった。フルムーン夫婦グリーンパス（p165）の成功を受けて1983（昭和58）年に登場した商品で、国鉄時代に放送された菅井きん、野際陽子、泉ピン子の3人のCMが有名だった。2009（平成21）年以降、販売されていない。

中井精也
【なかいせいや】人

1967〜。鉄道写真家。既存の鉄道写真のセオリーに捕らわれず、柔らかな風景の中に鉄道が溶け込んだ「ゆる鉄」で知られる。タレント活動もしており、テレビなどにもレギュラー出演している。甘党。

中川礼二
【なかがわれいじ】人

1972〜。吉本興業所属のお笑い芸人。実兄の中川剛とお笑いコンビ「中川家」を組んでいる。幼い頃から、京阪電鉄の車掌になりたかったほどの鉄道ファン。車掌のモノマネが得意で、車掌独得の言い回しをネタにしている。

流し撮り
【ながしどり】趣

走行している列車を、カメラで追いかけながら1/125〜1/15秒といった比較的低速シャッターで撮影し、背景をわざとブレさせることでスピード感を表現した写真。鉄道写真の基本テクニックながら、高度な技術を要する。最近は「流し撮りモード」を搭載したデジカメも増えたが、難しいことに変わりはない。

個性豊かな歴代の名鉄特急車たち！

名古屋鉄道
【なごやてつどう】企

愛知・岐阜県に20路線444.2kmの路線網を持つ大手私鉄。通称名鉄。中京地区の数多くの鉄道会社が明治末期から昭和初期にかけて合併を繰り返して成立した。そのため2000年代半ばまでは大手私鉄とは思えないローカル線が多数あり、撮り鉄（p136）はもちろん、乗り鉄（p148）にも人気があった。パノラマカー（p154）をはじめとする特急電車も人気で、中部国際空港行きの「ミュースカイ」を除き、乗車券だけで乗車できる一般車を連結しているのが嬉しい。ちなみに名鉄名古屋駅は2本の線路に1日800本以上の列車が発着し、世界一の運行密度を誇る。

名古屋飛ばし
【なごやとばし】歴

1992（平成4）年、初めて運行を開始した東海道新幹線「のぞみ301号」が、名古屋駅を通過するダイヤで登場したこと。運行初日は通過の模様が生中継されるなど物議を醸した。実は京都駅も通過だったが、こちらはあまり話題にならなかった。

ナナサン
【ななさん】趣

「7対3」の略。走行中の列車を正面から捉える編成写真（p167）において、側面7、前面3の割合で画面を構成すること。列車の「顔」と編成全体をバランスよく見せることができる。資料的価値のある編成写真としては基本となる構図だが、ある程度極めると皆同じような構図になってしまうことから、面白みに欠けるという意見も。

ななつ星in九州
【ななつぼしいんきゅうしゅう】列

JR九州が2013（平成25）年10月15日から運行している、豪華クルーズトレイン。車両デザインは水戸岡鋭治氏のドーンデザイン研究所が担当し、7両編成の客車に14の個室とダイニングカー、ラウンジカーを備える。乗客定員はわずか28名。クラシックな雰囲気のインテリアで、一人当たりの料金が30万円台（一泊二日）～90万円台（三泊四日）と非常に高価だが、平均22～24倍もの申し込みがある。「ななつ星」の「ななつ」は、九州の7つの県と7つの観光素材（自然、食、温泉、歴史文化、パワースポット、人情、列車）を表す。

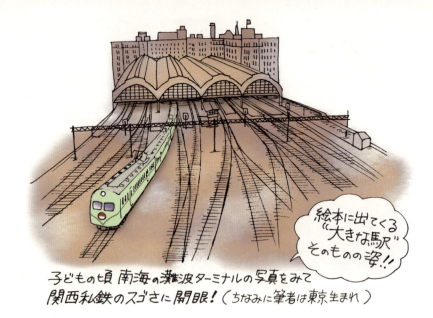

子どもの頃 南海の難波ターミナルの写真をみて 関西私鉄のスゴさに開眼！（ちなみに筆者は東京生まれ）

"絵本に出てくる"大きな駅"そのものの姿!!"

な ▼ なんかいでんきてつどう にしかごしまえき

南海電気鉄道
【なんかいでんきてつどう】企

大阪の難波から、大阪府南部及び和歌山県に8路線154.8kmを展開する大手私鉄だ。1885（明治28）年創業で、現存する最古の私鉄法人だ。路線は南海本線系統と高野線系統に分かれ、南海本線は大阪〜和歌山間の都市間輸送を中心に、関西国際空港のアクセス鉄道としての性格も持つ。参詣路線でもある高野線は、特に橋本からは50‰の急勾配が連続する山岳路線で、車両には平地での高速性能と山岳地域での登坂力という相反する性能が求められる。この区間に投入された特急型電車が「ズームカー」(p97)だ。

南蛮阿房列車
【なんばんあほうれっしゃ】作

阿川弘之(p18)が、1975（昭和50）年から1982（昭和57）年まで発表した紀行シリーズ。内田百閒(p26)の「阿房列車」に敬意を評したタイトルで、日本国外の鉄道旅をテーマにしている。

新潟トランシス
【にいがたとらんしす】企

気動車を中心に、電車や路面電車、新交通システムなどを製造している車両メーカー。その前身は、1919（大正8）年に日本初の産業用ディーゼルエンジンを開発した総合機械メーカー、新潟鐵工所。2001（平成13）年に同社が会社更生法を申請して破綻すると、石川島播磨重工業（現IHI）がスポンサーとなって新潟トランシスが設立された。新潟鐵工所は、地方路線の標準型気動車であるNDCシリーズの開発メーカーだ。

西鹿児島駅
【にしかごしまえき】駅

現在の鹿児島中央駅。隣に鹿児島本線、日豊本線の正式な終着駅である鹿児島駅があるが、戦後の市街発展によって鹿児島市の中心はこちらにあり、「西駅」と呼ばれた。「はやぶさ」「富士」「なは」「明星」など、多くのブルートレイン(p164)の終着駅で、ブルートレインファン憧れの駅だった。

西日本鉄道
【にしにほんてつどう】企

福岡県を中心に4路線106.1kmを運行している大手私鉄。愛称は「西鉄」。本州以外にある唯一の大手私鉄で、かつてはプロ野球球団「西鉄ライオンズ」も保有していた。主要路線の天神大牟田線（西鉄福岡〜大牟田間）はJRやバスと競合しており、クロスシートの特急でも特別料金は不要など、サービスに定評がある。天神大牟田線系統が標準軌（p161）なのに対し、貝塚線だけは狭軌（p51）。筑豊電気鉄道（黒崎駅前〜筑豊直方間）は完全子会社だ。

西村京太郎
【にしむらきょうたろう】人

1930〜。小説家。元々は様々なジャンルの小説を手がけていたが、1978（昭和53）年に発表された「寝台特急殺人事件」が大ヒット。以来鉄道を舞台にしたミステリー小説を多数発表し、トラベルミステリーというジャンルを定着させた。テレビドラマでもお馴染みの十津川警部の生みの親でもある。特に初期の作品は時刻表や鉄道施設を駆使した緻密なトリックが人気で、合理化などによって時刻表トリックが難しくなった近年の作品も、面白さと読みやすさは随一。

20系
【にじゅっけい】車

1958（昭和33）年に登場した国鉄の寝台特急専用客車。東京〜博多間の寝台特急「あさかぜ」（p18）に投入された元祖ブルートレイン（p164）である。鮮やかなブルーの車体、流麗なデザイン、ヨーロッパの水準に近い設備と乗り心地など、国鉄最高峰の客車として大人気だった。しかしB寝台は昔ながらの幅52cm三段寝台で、昭和40年代に入る頃には「寝返りも打てない」と不評が目立つようになった。1980（昭和55）年10月の寝台特急「あけぼの」24系化によって定期特急列車から引退し、夜行急行などに使われた後、1998（平成10）年に最後の車両が廃車された。

ニセコ
【にせこ】列

1968（昭和43）年10月から1986（昭和61）年11月まで、函館〜札幌間を小樽経由で運行されていた急行列車の愛称。函館本線の急勾配区間を経由し、昭和40年代にはC62形蒸気機関車が重連で牽引したことから絶大な人気を誇った。撮影地に近い上目名駅（1984年廃止）は一時期乗降客のほとんどが「ニセコ」撮影目当てだったとも言われる。JR化後もニセコ〜小樽間で「C62ニセコ号」が運転されるなど伝説の列車となった。

二段寝台
【にだんしんだい】設 サ

24系25型及び14系15型が装備したB寝台。山陽新幹線の延伸による寝台列車の乗客減少と人々の生活水準の向上を背景に、1973（昭和48）年に登場した。従来の三段寝台（p71）が、身体を起こすこともできないほど狭かったのに対し、カーテンを閉めてベッド上で着替えができる程度にまで広くなった。しかし寝台料金も、1000円ほど上乗せされ、割高な寝台料金が一層高くなった。

日勤教育
【にっきんきょういく】用

職場の規律に違反したり、重大な過失を犯した場合に通常の業務からはずして教育訓練を行なうこと。ダイヤから数分遅れただけで運転士が日勤教育に送られるケースもあり、そのプレッシャーが福知山線脱線事故（p162）の原因の1つになったとも言われる。職場いじめのことを指す場合も。

201系
【にひゃくいちけい／にまるいちけい】車

1979（昭和54）年に登場した国鉄の通勤用電車。昭和30年代から活躍してきた「国電」こと101系・103系を置き換える目的で開発され、中央線快速電車を中心に投入。電気を効率的に使えるサイリスタチョッパ制御（p68）、ブレーキで生じた電気を架線に戻して再利用する回生ブレーキ（p38）などを搭載し、「省エネ電車」と呼ばれた。先頭車両の運転席周辺が黒く塗装された「ブラックフェイス」は、鉄道車両業界で大流行。101系登場から約20年ぶりのデザイン刷新は一般の人にもインパクトを与えた。

こんな顔
長年〇〇ばかり見てきた目にはこの"ブラックフェイス"は衝撃的だった！

← 当初はスカートなし

仁堀連絡船
【にほりれんらくせん】路

広島県呉市の仁方港と愛媛県松山市の堀江港を結んだ国鉄連絡船。輸送力不足に悩む宇高連絡船の補完航路として1946（昭和21）年に開設されたが、呉〜松山間に多数の民間フェリー、高速船が運行される中、非常にマイナーな航路だった。昭和30年代から廃止まで、1日2往復しか運航されず、幻の国鉄連絡船と言われる。1982（昭和57）年7月、利用者減少のため航路廃止。

日本国有鉄道
【にほんこくゆうてつどう】歴

1949（昭和24）年から1987（昭和62）年まで存在した、国の出資による公共企業体。略称は「国鉄」。JRグループの前身で、全国の鉄道路線を運営した。国民の移動する権利が保証された一方、労使関係の悪化や赤字ローカル線の建設、1970年代まで運賃改定

に国会の議決が必要だったなど柔軟な経営が難しく、赤字が増大して破綻を招いた。

日本三大車窓
【にほんさんだいしゃそう】趣

国鉄・JRで特に車窓が美しいとされる3つの区間。根室本線落合〜新得間（狩勝峠）、篠ノ井線姨捨駅付近（善光寺平）、肥薩線矢岳駅付近（矢岳越え）。このうち根室本線は1966（昭和41）年に新線に切り替えられ、現存しない。残る2カ所は観光列車が運行されるなど今も絶景を楽しめる。国鉄が制定したと言われるが、詳細は不明。

姨捨駅からの眺望

日本車輌製造
【にほんしゃりょうせいぞう】企

名古屋に本社を置く鉄道車両メーカーで、JR東海の連結子会社。超電導リニアから路面電車まで、ほぼあらゆる種類の車両を製造している。愛知県豊川市にある、JR飯田線豊川駅に接続した工場が有名で、様々な車両が甲種輸送（p61）される様子を見ることができる。

日本食堂
【にほんしょくどう】食

国鉄時代に、食堂車や車内販売、首都圏の駅弁販売などを行なった企業。略称は「日食」。1938（昭和13）年、仙台の伯養軒、上野の精養軒、大阪の東松亭（後の水了軒）、神戸のみかどなど、食堂車や駅構内販売を行なう6社の共同出資で誕生した。国鉄時代は、列車内での調理技術の限界などから「高くてまずい」と揶揄されることも。JR発足後は分社され、日本食堂自体はJR東日本エリアを担当。1998（平成10）年には日本レストランエンタプライズ（略称NRE）に社名を変更した。

日本通運
【にっぽんつううん】企

日本を代表する大手物流会社の一つ。略称は「日通」。「通運」とは、鉄道によるドア・ツー・ドアの貨物輸送のことで、1937（昭和12）年に、戦時経済統制の一環として全国の通運会社が統合された国営企業として誕生した。1950（昭和25）年に民営化されたが、戦後も国鉄との結びつきは強く、国鉄駅前には必ずと言って良いほど日本通運の営業所があった。地方の駅前で日通の営業所や営業所だった建物を見ると気分が上がる国鉄ファンは多い。現在は引越に強い運送業者として知られるが、大型貨物や危険物など、ほぼあらゆるものを輸送できる。

橙色に塗られた"日通"のトラックや営業所は日本中で見ることができた。

日本鉄道建設公団
【にほんてつどうけんせつこうだん】歴

1964（昭和39）年に発足した特殊法人で、鉄道・運輸機構の前身。通称「鉄道公団」または「鉄建公団」。それまで国鉄が直接行なっていた新線建設を行ない、国鉄に貸付または譲渡していた。国鉄の負担を軽減し、必要な鉄道路線を整備する目的だったが、国鉄の財政状況と無関係にローカル線を建設し、かえって国鉄の負担を増やした。

日本特急旅行ゲーム
【にほんとっきゅうりょこうげーむ】(趣)
タカラが販売していたボードゲーム。「味の旅：駅弁コース」「駅の旅」など6テーマ12種類のガイドブックを元に、全国の国鉄線をすごろくのように旅して目的地をまわる。時間ごとに運転される特急が決まっており、手持ちの特急券と時刻表を駆使して旅をするが、問答無用で特定の駅に行かされる「ハプニングカード」が鬼。

日本列島改造計画
【にほんれっとうかいぞうけいかく】(歴)
自由民主党の田中角栄が、1972(昭和47)年6月に発表した政策構想。全国に高速道路と新幹線路線網を整備して地方に生産拠点を再配置し、東京一極集中から脱却するというもので、これを事実上の公約とした田中は翌月の自民党総裁選で勝利し総理大臣に就任した。しかし、全国的な地価高騰とインフレを招き、第一次オイルショックの影響もあって計画は大きく後退、1974(昭和49)年の田中内閣退陣によって事実上頓挫した。

入場券
【にゅうじょうけん】(き)
駅の改札内に入場するためのきっぷ。送迎客や駅構内で営業を行なう業者のためのきっぷだが、駅訪問の記念に購入する人も多い。硬券(p61)は特に重宝され、ファン向けに復刻販売している駅もある。値段は初乗り運賃と同額だが、乗車券では代用できない。「乗車券は列車に乗るための運送契約の証明書で、駅構内の入場・利用の契約とは異なる」という理屈だ。

ネルソン
【ねるそん】(企)
イギリス・スコットランドにあった機関車製造メーカーで、正式には「ニールソン」と呼ばれることが多い。

鉄道作業局 D9 → 鉄道院 6200

粘着運転
【ねんちゃくうんてん】(技)
車輪とレールの摩擦によって動く運転方式。一般的な鉄道は皆粘着運転だ。粘着とは摩擦のことで、粘り気のあるものをくっつけるという意味ではない。対義語として、アプト式(p19)などのラック式鉄道や、鋼索鉄道(ケーブルカー→p58)がある。

ノーベルホン
【のーべるほん】(設)
運転士と車掌が連絡を取り合うために使用した車内通話機。現在は無線機やブザー、PHSなどに代った。東海道新幹線の乗務員は車内連絡用に全員PHSを所持する。

のぞみ
【のぞみ】列

東海道・山陽新幹線最速の列車。最高時速300km（東海道では285km）、東京〜新大阪間最速2時間22分、東京〜博多間は最速4時間52分で結ぶ。東海道新幹線では1時間最大15本運行のうち10本が「のぞみ」という多数派だが、ジパング倶楽部（p81）や、外国人向けのジャパンレイルパスなどでは利用できず、JRのケチっぷりに批判がある。

ノッチ
【のっち】設

電車を操縦するマスコン（p175）や電気指令式ブレーキで使われる刻み段。自動車のアクセルに相当する。「ノッチオン」＝加速、「ノッチオフ」＝加速やめ・惰性走行となる。

「の」の字運転
【ののじうんてん】歴

1919（大正8）年から1925（大正14）年まで、中野〜東京〜品川〜池袋〜上野間で運行されていた運転系統。右に90度倒すと「の」の字のようなルートに見えたことからこう呼ばれた。1925（大正14）年11月1日に上野〜東京間が完成すると、この変則的な運転形式は廃止された。1本の電車で当時の東京のど

こへでも乗換なしで行ける、夢のような運転系統だったとも。

呑み鉄
【のみてつ】趣

酒を飲みながら鉄道旅行を楽しむ人達のこと。昔から多かったが、俳優の六角精児がテレビ番組で紹介しメジャーになった。ロングシート（p198）と通勤・通学ラッシュが天敵。「ほろ酔い鉄」ともいうが、こちらは「それほど飲んでいないぞ」という言い訳に使われることも多い。

乗り越し
【のりこし】規 き

所持する乗車券よりも遠くまで乗車した場合の精算のこと。持っている乗車券が100km未満か100km以上かで扱いが違う。前者は差額を支払えば良いが、後者は乗り越す区間の運賃を支払うので、たいていは損。しかし、運賃区分の境界付近では、乗り越した方が少し安くなるケースもある。

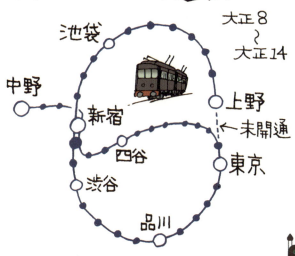

乗継割引
【のりつぎわりびき】規 き

新幹線と在来線の特急を乗り継ぐ際、特急券を同時購入すると在来線の特急料金が半額になるサービス。新幹線の開業で乗り換えが必須になったため、特急料金が割高になるのを防ぐのが目的だ。ただし、九州内や、東京・上野・大宮駅などで乗り継いだ場合は適用されない。同時購入が必須で、後から買い足したりした場合は対象外。

乗りつぶし
【のりつぶし】種

鉄道の完乗（p42）を目指す遊び。路線図をペンなどで塗りつぶしていくイメージからこの名前がついた。地方の閑散線は、ほんの短い区間を乗りつぶすために相当な労力が必要だ。

乗り鉄
【のりてつ】趣

列車に乗車することを楽しむ鉄道ファン。「撮り鉄」（p136）、「模型鉄」（p182）と並ぶメジャーな流派。青春18きっぷを駆使して割安な旅を追求する者、豪華な寝台列車に乗って優雅に旅をする者など、同じ乗り鉄でもタイプは様々。一般的な旅行好きとの垣根があいまいで、「自分は鉄道マニアじゃない」と思っている乗り鉄も多い。

海苔のりべん
【のりのりべん】食

東北本線郡山駅の駅弁。鰹節を敷き詰めたご飯に海苔を載せ、おかずは玉子焼きに焼鮭、かまぼこ、煮物というシンプルな弁当で、鉄道写真家の桜井寛氏が、テレビ番組で紹介したことをきっかけに大ブレイクした。

ノリホ
【のりほ】用

車掌が乗車人数を調査した結果を記入する報告書。正式名称を「乗車人員報告」といい、「乗り」「報告」の頭をとって「ノリホ」と呼ばれる。記載したノリホは、ホームに設置されたノリホ入れに入れる。デジタル時代の今も現役で活躍中。

は

パーサー
【ぱーさー】職

東海道・山陽新幹線の車内販売員のこと。東海道新幹線「のぞみ」の場合、1列車に4人乗務し、2人が車内販売を、2人がグリーン車での改札業務などを行なう。九州新幹線は「客室乗務員」、JR東日本の新幹線は「車内販売員」という。

パーミル
【ぱーみる】用

1,000分の1を1とする単位で、「‰」の記号で表す。鉄道界では勾配を表すのに使われ、水平に1,000m進んだ時の高低差を示す。「10‰」とあれば、1,000m進むと10m高度が変わる勾配だ。通常、鉄道の勾配は25‰以下に設定されるが、路線によってはこれを越える勾配もある。JRの最急勾配区間は飯田線沢渡〜赤木間の40‰、ケーブルカー(p58)やアプト式(p19)を除き日本で最も急な勾配は箱根登山鉄道の80‰だ。

パーラーカー
【ぱーらーかー】車 サ

1960年代、東京〜大阪間の電車特急に連結された一等車両。当時は三等制で、現代のグリーン車(二等車)よりもグレードの高い国鉄最高峰の座席だった。パーラーとは客人をもてなす部屋のことで、アメリカで多く見られた特別車両。電車化され展望車のなくなった特急「こだま」「つばめ」などに連結され、ソファを備えた区分室と、一人掛けのシートが並ぶ開放室があり、1両の定員はわずか18名だった。しかし東海道新幹線の開業により、一線で活躍した期間はわずか4年ほどだった。

配給車
【はいきゅうしゃ】車

主に車両工場と車両基地との間で、部品などを配送するために使われる事業用車(p77)で、車両記号は「ル」。

ハイケンスのセレナーデ
【はいけんすのせれなーで】作

オランダ人の作曲家、ジョニー・ハイケンスが作曲した曲。国鉄客車列車の車内チャイム(p84)に使用され、寝台列車を象徴するメロディとして知られる。もとは1943(昭和18)年にラジオ番組「前線へ送る夕」のテーマ曲として採用された。ナチスの信奉者だったハイケンスは、ドイツ敗戦後獄死しており、これ以外に残っている曲はない。

買収国電
【ばいしゅうこくでん】歴

国鉄に買収された私鉄電車の総称。1936(昭和11)年から1944(昭和19)年にかけて、主に戦時買収された路線の車両を指すことが多い。広浜鉄道(可部線)、豊川・鳳来寺・三信・伊那電気鉄道(飯田線)、阪和電鉄・南海電鉄(阪和線)などの車両があった。その多くが国鉄車両よりも見劣りしたが、元

"パーラーカー"はアメリカ由来。国鉄ではクロ151が唯一の例。

阪和線の前身 阪和電鉄は
買収国電の雄！
3両の国鉄客車を従え
白浜に直通した
往年の"黒潮"号

阪和電鉄は戦前最速の「超特急」を運行した会社で、車両は1960年代まで活躍した。

廃線跡
【はいせんあと】文 歴

廃止された鉄道路線の遺構。朽ちていく遺構を眺めて鉄道が生きていた時代の面影を感じたり、わずかな痕跡からはるか昔走っていた鉄道に思いを馳せたりする廃線跡めぐりは、鉄道ファンのメジャーな楽しみ方のひとつで、愛好者を「廃線鉄」とも言う。堀淳一(p171)の著作で有名になり、宮脇俊三監修の「鉄道廃線跡を歩く」シリーズのヒットによって広まった。古墳・遺跡めぐりに近い魅力がある。

ハイデッカー
【はいでっかー】車 設

床が高くなっている車両のこと。眺望が良いことから、国鉄末期から90年代にかけてのジョイフルトレイン(p89)やグリーン車で流行した。私鉄でも、小田急10000系「HiSE」、近鉄50000系「しまかぜ」(p81)や名鉄8800系「パノラマDX」など様々な車両に採用されてきた。

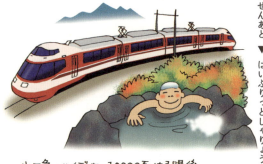

小田急のハイデッカー10000系は引退後
長野電鉄1000系「ゆけむり」として活躍中！

ハイブリッド車両
【はいぶりっどしゃりょう】車 技

ディーゼルエンジンで発電した電気と、バッテリーに蓄積した電気で走る車両のこと。2003(平成15)年にJR東日本が試験車キヤE991形を開発し、2007(平成19)年7月31日から小海線に世界初のハイブリッド鉄道車両キハE200形を投入した。通常の気動車よりも燃料消費量が低く、窒素酸化物などの有害物質の排出量も6割減。電気を使って動くが、エンジンを積んでいるため区分上は気動車に当たる。

は

はいせんあと ▼ はいぶりっどしゃりょう

ハイボール
【はいぼーる】設 歴
西部開拓時代のアメリカの鉄道で使われていたボール式信号機において、球が上がっている状態のこと。「進行」を意味するため、「さあ、行こう」というスラングとして使われ、これがウイスキーのソーダ割「ハイボール」の語源になったという説もある。

ボール式信号機

白鳥形
【はくちょうがた】車
1961（昭和36）年に登場したキハ82系の愛称。前年登場の特急「はつかり」に投入されたキハ81系（特急がつかり→p134）を改良し、大阪～上野・青森間の特急「白鳥」に投入されたことに由来する。エンジンを搭載する車両を増やし、分割併合を行なうために貫通タイプの先頭車を採用したのが特徴。編成の長さを自由に変更でき、国鉄型特急用気動車の標準車両となった。

伯備線
【はくびせん】路
岡山県の倉敷駅と鳥取県の伯耆大山駅を結ぶ全長138.4kmの路線。山陽地方と山陰地方を結ぶ陰陽連絡線のメインルートで、特急「やくも」や貨物列車が運行されている。1970年代、蒸気機関車三重連による運転が行なわれ、布原信号場（現・布原駅）付近などは撮影名所として多くのファンが集まった。

ハザ
【はざ】設 サ
普通座席車のこと。「ハ」は普通車を表す記号。「ザ」という形式記号はないが、「ハネ」

（B寝台車）と区別するため部内用語として使われていたのが鉄道ファンに広まった。

馬車軌間
【ばしゃきかん】技
都電荒川線や、京王電鉄、東急世田谷線などが採用している1,372mm（4フィート6インチ）の軌間。都電の前身の1つである東京馬車鉄道が採用したことがルーツと言われる。世界的にも極めて珍しく、東京のほかは函館市電でしか採用されていないことから東京ゲージとも呼ばれる。

4フィート6インチ
（約1372ミリ）

東京ゲージのルーツは鉄道馬車？

走ルンです
【はしるんです】趣
1992（平成4）年に登場したJR東日本901系と、その量産車で京浜東北線などで活躍した209系のマスコミや鉄道ファンによるあだ名。従来の車両は20～30年使用されるのが普通だったが、税法上の減価償却期間である13年を経過した時点で廃車・リサイクルできるように設計され、レンズ付フィルム「写ルンです」をもじって「使い捨て電車」「走ルンです」と言われた。

ハチクマライス
【はちくまらいす】食
目玉焼き丼のこと。食堂車があった時代、乗務員や車内販売員の定番の賄い食だった。名前の由来は、落語の八つぁん熊さんでも

気軽に食べられる料理、というのが通説。

ハチロク
【はちろく】車 趣

8620形蒸気機関車の愛称。1914（大正3）年に登場した、国鉄初の国産量産型旅客用蒸気機関車。信頼性の高さと粘着性能（空転せずに動輪が線路をしっかり捉える性能）の良さから、戦後も長らく地方線区で使用された。58654号機が動態保存されており、JR九州の「SL人吉」として活躍中。

発車合図
【はっしゃあいず】用

車掌または駅員が、「出発信号機が進行を現示」「出発時刻の到来」「旅客の乗降が終了し安全を確認」など、列車を出発させる条件が揃ったことを確認し、運転士に出発を指示する合図。客車列車時代は無線などを用いたが、現在は乗務員室に設置されたブザーを使うことが一般的。大手鉄道会社には、ドアが完全に閉まったことを表すランプの点灯をもって発車合図とする会社もあり、安全上の問題がないかが議論されることも。

発車メロディ
【はっしゃめろでぃ】駅

乗客にまもなく列車が発車することを伝える発車ベルを、楽曲のメロディにしたもの。従来の発車ベルが、一部の乗客から「うるさい」と不評だったため、1970年代から私鉄で導入が始まっていた。JRでは1989（平成元）年3月に、渋谷駅と新宿駅に導入されたのが始まり。複数のホームで同時に鳴っても不協和音にならないメロディが考案された。

バッド社
【ばっどしゃ】企

アメリカの金属加工メーカー。1980年代までは鉄道車両の製造も行なった。スポット溶接と呼ばれる独自のステンレス鋼溶接技術を確立し、数々のステンレス車両を製造。東急車輌製造とライセンス提携し、東急7000系をはじめ、60～80年代の東急のほとんどのステンレス車両を製造してきた。

800番台
【はっぴゃくばんだい】車 用

低屋根構造車の番台区分（p156）。中央本線や身延線はトンネル断面が小さく、レール面から折り畳んだ状態のパンタグラフ上部までを4,000㎜以下とする制限があった。このために製造されたのが低屋根構造車。パンタグラフを搭載する部分のみ屋根が低かった。コンパクトなPS23形パンタグラフが開発されると低屋根構造車の製造は終了、800番台＝低屋根構造車ではなくなった。

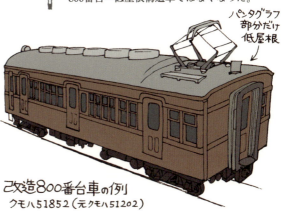

改造800番台車の例
クモハ51852（元クモハ51202）

歯抜け
【はぬけ】趣

コンテナによる貨物列車で、積載貨物が少なく、コンテナを載せていない貨車が目立つ状態のこと。撮影しても絵にならない。

パノラマカー
【ぱのらまかー】列

名古屋鉄道（p141）に1961（昭和36）年に登場した、7000系電車のこと。スカーレットの車体、運転席を2階に置いた展望客席、ミュージックホーンなど個性あふれる車両で、長年名鉄のシンボル的存在だった。1962（昭和37）年ブルーリボン賞（p164）受賞。引退は2009（平成21）年。小田急ロマンスカーと並び、展望席付き私鉄特急を代表する存在だった。後継車として8800系「パノラマデラックス」、1000系、1600系「パノラマスーパー」が登場した。

パノラミックウインドウ
【ぱのらみっくういんどう】設

運転席の前面窓のうち、曲面ガラスを用い、車体側面まで広がったタイプのもの。運転席からの視界が広がり、特に斜め前方の死角を減らせるとして、国鉄111系をはじめとする湘南型電車やキハ82系など幅広い車両に採用された。近年は減少傾向にある。

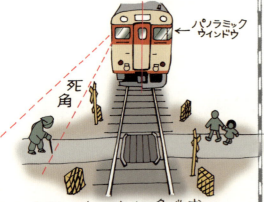

パノラミックウインドウは死角が減って踏切事故防止に効果アリ！と言われた。

はまなす
【はまなす】列

2016（平成28）年3月の北海道新幹線開業と入れ替わりで廃止された、JR最後の定期急行列車。青森〜札幌間を結ぶ夜行急行列車で、寝台車も連結するなど古き良き夜行列車の姿を最後まで残していた。

最後の急行「はまなす」

はやて
【はやて】列

東北・北海道新幹線の列車愛称。2002（平成14）年の東北新幹線八戸開業に合わせて最速列車として登場したが、それまでは不遇の歴史を歩んできた。古くは、1929（昭和4）年に初めて列車愛称が公募された時、「疾風」として10位に入ったが採用は見送り。東海道新幹線の愛称公募でも「ひかり」「はやぶさ」「いなづま」に次ぐ4位に入りながら不採用となった。現在は最速列車の座を「はやぶさ」に譲り、「全席指定だが時速320km運転は行なわない列車」という中途半端な存在で、不遇の愛称となってしまった。

はやぶさ
【はやぶさ】列

東北・北海道新幹線の最速列車。時速320km運転を行う列車にのみ使われている。元は、

新函館北斗に入線する「はやぶさ」

東京〜西鹿児島（現・鹿児島中央）間を結んでいた寝台特急の愛称だった。2009（平成21）年に寝台特急が廃止された後、東北新幹線E5系の列車の愛称に採用されることが発表された時は、賛否両論があった。

バラスト
【ばらすと】技 設

レール（p194）と枕木（p174）の下に敷き詰める砕石。明治時代から使われている古い技術だが、枕木の固定、重い列車が通過する時のクッション、排水、雑草成育防止などさまざまな機能を持ち現在も広く使われている。素材は花崗岩や安山岩、珪岩などが硬い石が使われ、ある程度の大きさと角のあるものが良い。丸い石は滑って動きやすく適さない。

現在のバラストは砕石だが昔は川石が使われていて丸っこかった…

原信太郎
【はらのぶたろう】人

1919〜2014。横浜の原鉄道模型博物館初代館長。幼い頃から鉄道模型の収集・制作に情熱を注ぎ、大手文具メーカーの技術者として活躍する傍ら、1000台を超える鉄道模型を自作した。兵庫県芦屋の自宅に120畳に及ぶ「シャングリ・ラ鉄道博物館」（非公開）を作り、2012（平成24）年には周囲の勧めに応じて原鉄道模型博物館を設立した。幼少の頃、九州鉄道が国有化直前にアメリカ・ブリル社に発注した豪華客車を目撃し、その記憶を元に制作した鉄道模型「或る列車」は、JR九州のジョイフルトレイン「或る列車」（p21）のモチーフとなった。

張り上げ屋根
【はりあげやね】設

車体側面の柱を屋根の肩まで伸ばして鋼板を張った構造。屋根と側面の境にある雨樋より上まで鋼板が伸び、そのままカーブを描いて屋根につながる。優美なデザインが可能なほか軽量化や車体強度の向上に効果があり、今も阪急、阪神、京阪など関西の私鉄の車両に多い。

バリ鉄
【ばりてつ】趣

「バリバリの鉄」の略で、特にオタクっぽい活動的な鉄道ファンを指す。敬意が込められることもあれば、差別的に使われることもある、応用範囲の広い言葉である。

ハンガ
【はんが】設

架線（p38）の設備で、ちょう架線から一定間隔でトロリー線を吊り下げている金具。トロリー線がたわむのを防ぐ。

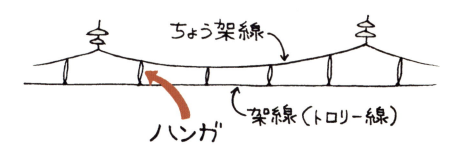
ちょう架線　ハンガ　架線（トロリー線）

阪急電鉄
【はんきゅうでんてつ】企

京阪神地区で10路線143.6kmを運行している大手私鉄。標準軌(p161)。関西の私鉄としては後発ながら、実業家の小林一三によって沿線の都市開発と合わせて高速運転が可能な路線網が建設された。芦屋、箕面、宝塚など沿線に高級住宅地を多数擁し、沿線には高級なイメージがある。

阪急マルーン
【はんきゅうまるーん】文 用

阪急電鉄系列の鉄道車両に茶色い塗装の通称。阪急の車両塗装は戦前から一貫してこの阪急マルーンに統一されており、車内のブラインドに使われる鎧戸と合わせ、高級感のある阪急のシンボルになっている。塗装を変えようとしたところ、沿線から反対運動が起きたほど。

半自動ドア
【はんじどうどあ】設

室内を保温するため、乗客がボタンを押して開閉するドアのこと。昔の車両は、ロックを解除後、手で開け閉めしなくてはならず、これがやたらと重かった。

阪神電気鉄道
【はんしんでんきてつどう】企

大阪・神戸地区で4路線48.9kmを運行している大手私鉄。標準軌(p161)。主要な路線が阪急神戸線と並走しており、昔から強烈なライバルだったが、現在は経営統合してどちらも阪急阪神ホールディングスの子会社だ。梅田〜神戸三宮間では阪急の16駅に対して32駅と2倍の駅があり駅間が短い。

番台区分
【ばんだいくぶん】車 用

ある形式の車両を、細かい仕様や性能によって区分するための番号。製造番号の最初(百または千)の位に付けられる。例えば、試作車には900番台・9000番台が与えられる。この他、貫通扉(p42)の有無、ロングシート(p198)かクロスシート(p56)か、寒冷地仕様の有無、改造の有無などで様々な番台が与えられている。

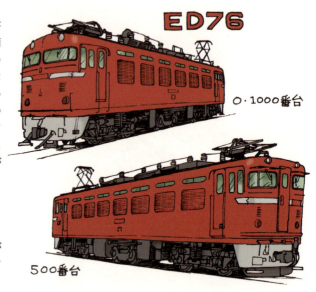

ED76　0・1000番台　500番台

まったくの別モノが"大人の事情"で同じ形式の番台区分にされた例も…。

パンタグラフ
【ぱんたぐらふ】設

架線から電気を電車に取り入れる装置。略称「パンタ」または「パン」。ばねや空気圧によって、架線に集電舟を押し付けて集電する。菱形が一般的だったが、現在はシングルアームタイプも増えている。

ハンドスコッチ
【はんどすこっち】設

手歯止め。停止車両の車輪とレール(p194)の間に挟み、車両が勝手に動かないよう固定する道具。「ハンスコ」と呼ばれる。

ハンプ
【はんぷ】設

かつて操車場(p104)に設置されていた、人工の丘。ここから動力を持たない貨車を緩やかな下り坂に沿って転がし、行先方面別の仕分け線に転走させた。ヤード系輸送(p184)としては効率が高かったが、時間がかかりすぎるため、1984(昭和59)年に廃止された。

BRT
【びーあーるてぃー】用

バス・ラピッド・トランジットの略。バスが専用道路を走行し、各乗降場では集改札を行うことで、低コストで鉄道並みの定時性・高速性を確保する次世代都市交通システム。日本では、東日本大震災によって被災した軌道を道路に転用した気仙沼線・大船渡線BRTが知られる。

B寝台
【びーしんだい】設 サ

スタンダードクラスに相当する寝台車。列車の進行方向とは直角に配置された二～三段寝台が主だったが、国鉄末期からは個室タイプのB寝台も現れた。鉄道ファンには旅情ある憧れの設備だったが、狭くて揺れるわりに料金が高いと敬遠する人も多かった。

ピーテン
【ぴーてん】車 歴

イギリスのベイヤー・ピーコック社が製造したテンダー機関車の、現代の人々による愛称。日本では明治中期から後期にかけて国鉄・私鉄を問わず輸入され、初期の日本の鉄道を支えた。

ビートル
【びーとる】路

JR九州高速船が博多港～釜山港間で運航している国際航路。水中翼船(ジェットフォイル)を使用し、3時間5分で結んでいる。インテリアデザインは水戸岡鋭治(p178)が担当し、座席や客室乗務員のサービスなど、雰囲気はJR九州の特急そっくり。水中翼を上げた姿がカブトムシに似ていることから「ビートル」と名付けられた。

"海飛ぶカブト虫"と高速船ビートル

P-6
【ぴーろく】車 歴

阪急電鉄京都本線の前身、新京阪鉄道が1927(昭和2)年から製造した電車。阪急電鉄発足後は「100系」と呼ばれた。全長18.3mの大型車体と200馬力の主電動機を備える高速電車で、天神橋～京都西院間を最速34分で結び、国鉄の新鋭特急「燕」より速いと宣伝された。

ヒガハス
【ひがはす】趣

東北本線東大宮〜蓮田間にある、古くから有名な撮影スポット。大宮からほど近い首都圏にありながら、田んぼの中を築堤が通り、列車全体をすっきりと見晴らせる。上り列車の撮影に適し、「北斗星」(p169)「カシオペア」(p38)といった寝台列車の末期には、毎朝多数の撮影者が集まった。

ひかり
【ひかり】列

東海道新幹線の列車愛称。開業以来、日本最速の超特急として親しまれてきたが、1992(平成4)年の「のぞみ」(p147)登場によって主役の座を譲った。現在は静岡や米原など、「のぞみ」が停車しない中規模の駅に停車する中距離都市間列車となっている。外国人向けの「ジャパンレイルパス」では「のぞみ」に乗車できないため、外国人旅行者で混雑することも多い。東海道新幹線開業前は、博多〜大分〜熊本間の準急列車の愛称で、古くは戦前に朝鮮の釜山と満州のハルビンを結んだ急行列車だった。

微気圧波
【びきあつは】技

新幹線などの高速列車がトンネルに突入する時に発生する衝撃波。トンネル内の空気が一気に圧縮されて反対側から押し出され、空気鉄砲と同じ原理で爆発音を発生させる。現在の新幹線車両の先頭形状は、スピードアップのためではなくこの微気圧波を減らすことが主な目的。車体を流線形することにより、スピードを落として徐々にトンネルに入るのと同じ効果が得られる。

新幹線のトンネル出入口には微気圧波を減らす工夫が

引通線
【ひきとおしせん】設

車両間の様々な制御を行ったり、パンタグラフ(p156)から取り込んだ電気を各車両に分配する線。在来線では、車両の片側に配線されている。乗客が目にすることはほとんどないが、新幹線の最新型車両では車両間の上部に「特高圧引通線」があるのが見える。

秘境駅
【ひきょうえき】趣 駅

駅周辺に人工建造物がほとんど、あるいは全くない、人里離れた場所にある駅。過疎化による人口減少やダム建設による集落消滅、保線作業員のための停車場など、由来は駅によってさまざまだ。極端な例では、駅前に道がなく事実上どこにも行けないケースもある。秘境駅探訪家の牛山隆信がウェブサイトを通じて広めた概念で、列車に乗っているだけで秘境を訪ねられることから、鉄道ファンだけでなく一般の旅行者にも人気が高い。飯田線では、毎年春と秋に秘境

駅をめぐる臨時急行「飯田線秘境駅号」が運行されるほどだが、あまりの人気で乗っても「秘境」を感じるのは難しい。

お姉さんどこから来たの？

ビスタカー
【びすたかー】列

二階建て車両を連結した近畿日本鉄道（p53）の特急電車。1958（昭和33）年に世界初の二階建て特急電車として10000系「ビスタカーⅠ世」が登場し、現在は三代目にあたる30000系「ビスタEX」が活躍している。

近鉄特急のシンボル的存在だったが、その後より居住性を高めた「アーバンライナー」などの登場により、主役の座を譲った形になっている。

ひだま
【ひだま】趣

「ひかり」（p158）と「こだま」（p65）を組み合わせた造語。「ひかり」が東海道新幹線の主役だった時代、名古屋、京都以外の駅に停車する「ひかり」をこう呼んだ。「のぞみ」（p147）用300系電車を使い時速270km運転を行なった「ひかり」を「ひぞみ」と呼んだ人もいる。

ビッグボーイ
【びっぐぼーい】車 歴

ユニオン・パシフィック鉄道の4000形蒸気機関車の愛称。1941（昭和16）年から1944（昭和19）年にかけて25両が製造された世界最大級の蒸気機関車で、8基もの動輪を備える巨大な機関車だった。戦時中、ロッキー山脈などの山岳地帯を3000トン級の貨物列車を牽引して越えるために導入され、アルコ（p20）が製造した。

1941～1944年に25両製造。ビッグボーイは戦時輸送をさばく"兵器"だった！

一筆書きルート
【ひとふでがきるーと】趣

JRの乗車券は、同じ駅を二度通らなければ1枚の片道乗車券として発券できるというルールがあり、これを最大限活用して、できる限り長いルートを作るという遊び。「最長片道きっぷの旅」とも言われ、宮脇俊三(p179)をはじめ多くの人が挑戦した。1982(昭和57)年の東北新幹線開業時には、約1万3000kmもの一筆書きルートが作れたが、ローカル線の廃止などによって徐々に縮小し、現在は約1万900kmである。

101系
【ひゃくいちけい】車

1957(昭和32)年に登場した、国鉄初の新性能電車(p94)。カルダン駆動(p40)をはじめ当時の新技術がふんだんに投入され、現在に至る通勤電車の素地を築いた。カナリアイエローをはじめとする鮮やかな国電カラーが登場したのもこの電車から。当初は全車電動車による高速運転を目指したが、消費電力が大きすぎて中止となり、より効率的に電気を使える103系の登場を促した。

103系
【ひゃくさんけい】車

消費電力が大きすぎた101系の反省から開発された、経済性に優れた標準型通勤電車。1963(昭和38)年に登場し、1984(昭和59)年までの21年間に同一形式としては日本最多となる3,447両が製造された。

100系
【ひゃっけい】車

1985(昭和60)年に登場した、東海道・山陽新幹線の第二世代車両。利用者の「国鉄離れ」が指摘された時代だったため、「お客様第一」をコンセプトに開発された。新幹線として初の二階建て車両や個室グリーン車、広々とした2列窓など新幹線随一の贅沢な設備を誇り、普通車の設備は今も100系の仕様が基準となっている。反面、走行性能は0系(p102)からほとんど進化せず、「のぞみ」(p147)が登場すると一線から退いた。

ビューゲル
【びゅーげる】設

電車の集電装置のひとつ。屋根上に設置され、架線にすり板(スライダーシュー)を押し付け集電する。パンタグラフと似ているが、折り曲げ装置がなく、主に低速で走行する路面電車に使用されている。

ビュッフェ第1号は151系「こだま」
「天国と地獄」撮影中の三船敏郎さんが一息いれているところ(想像図)

ビュッフェ
【びゅっふぇ】設 サ

元々は、フランス語で立食形式の食事のこと。鉄道では、立食またはカウンタースタイルの簡易食堂車を指す。1両の半分程度の規模が多く、東京〜大阪間を6時間台で結んだ151系「こだま」に導入された。その後多くの在来線急行・準急列車に導入され、蕎麦屋や寿司屋が営業していた例もある。列車の高速化などに伴って姿を消した。

標準軌
【ひょうじゅんき】技

線路の軌間が1,435㎜（4フィート8インチ半）の規格。元はイギリスのキリングワース炭鉱で使われていた馬車軌道の軌間で、1814年にジョージ・スティーブンソン（p91）がこの軌道のために蒸気機関車を製造したことがきっかけとなって、鉄道の世界標準軌間となった。日本では新幹線のほか、阪急、阪神など関西の大手私鉄を中心に30以上の鉄道事業者が標準軌を採用している。

表定速度
【ひょうていそくど】用

列車の、停車時間を含めた平均速度。運転区間の距離を所要時間で割る。ただし、時刻表に掲載されている営業キロは、実際の距離と異なる場合があるので実キロを用いる必要がある。表定速度が日本最速の列車は、盛岡〜東京間の「はやぶさ6号」で、時速約227㎞。

ヒルネ
【ひるね】趣

日中、寝台列車を座席車として利用すること。かつて寝台列車は、昼行列車を補完する役割があり、概ね朝7時を過ぎると寝台料金不要で乗車できる区間が設定されていた。ブルートレインに安く乗車できる裏技

として紹介されたが、一晩運行した後の車内は空気がよどみ、快適とは言えなかった。

広田尚敬
【ひろたなおたか】人

1935〜。現在の鉄道写真を確立した鉄道写真家。1歳から鉄道趣味に目覚め、80歳を超えた現在も現役の「鉄道写真の神様」。国鉄末期には、約2年かけて当時の全国鉄車種を撮影した。息子の広田泉も鉄道カメラマンとして活躍している。

ブーフリ式
【ぶーふりしき】技

リンクを使った、電気機関車の駆動方式のひとつ。スイスの鉄道技術者ヤコブ・ブーフリが考案し、1930年代に普及した。車体に格納された大歯車が、2つのリンクと2つの歯車付き梃子によって動輪に接続され、動輪の垂直方向の動きを吸収しつつ駆動させることができた。

ガラガラだからと安心しているとヒルネの客が乗ってきて…

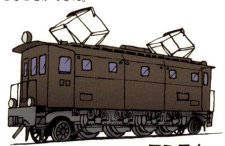
ED54

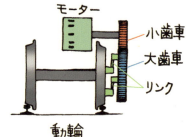
ブーフリ式の基本構造

複線
【ふくせん】設 技
鉄道の軌道を、下り用と上り用に分けて2線を配置した線路施設。上下の列車がいつでもすれ違えるので、多くの列車を運行できるほか、対向列車の待ち合わせもないので高速化できる。

福知山線脱線事故
【ふくちやません だっせんじこ】歴
2005(平成17)年4月25日にJR西日本福知山線塚口〜尼ケ崎間で発生した脱線事故。大幅な速度超過の状態でカーブに進入した列車が、遠心力で脱線転覆、線路横のマンションの1階駐車場に突っ込んだ。死者107人、負傷者563人というJR発足後最悪の事故。新型ATS(p28)の未導入や、余裕時分(p187)を削ってのスピードアップ、定時運転への過度のプレッシャーなどが背景にあったと言われた。

富士
【ふじ】列
2009(平成21)年まで、東京と大分を結んでいた寝台特急の愛称。一時は、東京〜西鹿児島(現・鹿児島中央→p142)間を日豊本線経由で結び、日本一長距離を走る旅客列車だった。1929(昭和4)年、東京〜下関間で運行されていた特別急行1・2列車に、日本で初めて「富士」の愛称が与えられたのがルーツ。戦後は東京〜宇野間の電車特急に使われた後、東京〜九州間の寝台特急として最後に登場した。

富士重工業
【ふじじゅうこうぎょう】企
現在の株式会社SUBARUで、2003(平成15)年まで鉄道車両事業も行なっていた。振子式(p164)気動車やバスの構造を応用したレールバス(p195)を得意としていたが、現在はライバルの新潟トランシスに事業譲渡している。

付随車
【ふずいしゃ】車
電車のうち、運転席も主電動機(モーター)も装備していない車両。記号は「サ」。語源は「さしはさむ」らしい。静粛性に優れ、グリーン車は大抵付随車だ。

豚積車
【ぶたづみしゃ】車 歴
国鉄時代に存在した有蓋貨車。車両記号は「ウ」。豚や羊など、小型の家畜を生きたまま輸送するための車両で、車内は二段構造になっており多くの家畜を積載できた。精肉の保存・加工技術が向上すると、消費地の近くでと殺する必要がなくなり、1974(昭和49)年に消滅した。

豚積車ウ1形／中は上下2段／長ウ／世話人が同乗

普通車
【ふつうしゃ】設 サ
いわゆるエコノミークラス。形式記号は「ハ」で、「ハザ」(p152)とも呼ばれる。

普通弁当
【ふつうべんとう】食
幕の内系の駅弁のこと。国鉄時代の部内用語で、対義語は特殊弁当(p133)。若い人は

特殊弁当を好むが、歳をとると次第に普通弁当が恋しくなる……ような気がする。

普通列車
【ふつうれっしゃ】列
JRの場合は、特急・急行料金不要で乗車できる列車の総称。快速列車も普通列車の仲間である。私鉄の場合は、一般的に各駅停車の意味で使われる。

プッシュプル方式
【ぷっしゅぷるほうしき】用
列車の前後に機関車などの動力車と、運転席を設けた制御客車を連結すること。または、列車の前後にそれぞれ動力車を連結すること。進行方向を転換する時に動力車を付け替える必要がない。前者は、日本では大井川鐵道井川線などで実施されている。急勾配区間で、列車の最後尾に補助機関車（後補機）を連結するケースもある。

ぶどう色
【ぶどういろ】車
戦前・戦後期の鉄道車両に多く用いられた色。ただし、葡萄からイメージする紫ではなく、こげ茶色に近い色である。国鉄車両関係色見本帳（国鉄色→p63）では1〜3号の3種類があり、2号が最もよく使われた。阪急マルーン（→p156）もぶどう色2号に近い。

に押し付けられることによって、脱線することなくレールに沿って進むことができる。

フリーゲージトレイン
【ふりーげーじとれいん】技
軌間可変電車。車軸の幅を変更でき、異なる軌間の路線を直通することができる電車。標準軌（p161）の新幹線と、狭軌（p51）の在来線を直通できる車両として開発されているが、軌間可変装置の搭載によって重くなったことや、想定外の摩耗などの課題が解決できず、開発が遅れている。2022年開業の九州新幹線長崎ルートに導入される予定だったが、JR九州は導入を断念した。

振替輸送
【ふりかえゆそう】規
事故などが発生してある路線が不通になった時、別の路線や他社線で輸送すること。振替輸送を行う区間は鉄道会社側で規定され、それ以外の区間を利用したり、タクシーなど他の交通機関を利用した場合は適用されない。また、Suica（p95）など電子マネーを利用した場合も、下車駅や経路が確定していないため振替輸送は適用されない。

フランジ
【ふらんじ】設
車輪の内側にある出っ張り。ここがレール

振子式車両
【ふりこしきしゃりょう】車 技

車体と台車の間に設置した円筒状のコロによって車体を内側に傾け、カーブで発生する遠心力を打ち消して高速で走行できる車両。1972（昭和47）年に、世界初の営業用車両として381系特急形電車が登場した。遠心力を打ち消すので理論上は快適な乗り心地となるはずだったが、装置の摩擦によるタイムラグが発生し、乗り物酔いする乗客が続出した。その後登場した制御付き自然振子式車両は、カーブのデータを蓄積しコンピューターで制御するようになった。

初期の381系ではカレチまでのりもの酔いしたという伝説も…

ブリル
【ぶりる】企

20世紀初頭に活躍したアメリカの鉄道車両メーカー。特に高性能な台車を数多くリリースし、日本でも戦前の私鉄車両にブリル製台車が数多く採用された。また、旧九州鉄道が発注した豪華特別車両を製造したことでも知られる（「或る列車」→p21）。

ブルートレイン
【ぶるーとれいん】列

20系、14系、24系といったブルーの車体の寝台特急専用客車を使った寝台特急の総称。略称は「ブルトレ」。1958（昭和33）年に20系客車（p143）が投入された寝台特急「あさかぜ」（p18）が元祖だが、「ブルートレイン」という呼称が定着したのは、1960年代に入ってからと言われる。豪華設備を備え、一夜のうちに見知らぬ遠い街へ連れて行ってくれる浪漫から、高い人気を誇った。2015（平成27）年の「北斗星」（p169）廃止によって消滅。

末期のブルートレイン「富士・はやぶさ」

ブルートレインブーム
【ぶるーとれいんぶーむ】趣

1978（昭和53）年頃から数年間発生した流行。連日東京駅や大阪駅に大勢の小中学生がカメラを持って集まり、ブルートレインを撮影した。関連書籍も多数発売されたほか、ブルートレインに乗車できない子供たちのために児童映画「ブルートレインひとり旅」が制作されて全国の小学校や児童館で上映されるなど、一大ムーブメントとなった。

ブルーリボン賞
【ぶるーりぼんしょう】趣 文

鉄道友の会（p124）が1958（昭和33）年から毎年、会員の投票によって贈られている賞。国鉄・私鉄を問わず、その時代に活躍した代表的な車両が選定される。初代小田急ロマンスカーである3000形「SE」に賞を贈ろうという発想で制定されたためか、歴代小

田急ロマンスカーは30000形「EXE」を除く7車種が受賞している。

ブルドッグ
【ぶるどっぐ】車 趣

1960(昭和35)年に特急「はつかり」用として登場したキハ81系の愛称。「こだま形」(p65)151系電車に準じたデザインだが、タブレット(p113)をやりとりするために運転台が低くなり、ブルドッグ犬のようにずんぐりとした愛嬌のある表情となった。ボンネット内には、走行用エンジンではなく空調用のディーゼル発電機が搭載されている。貫通扉がなく使い勝手も悪いことから、6両で製造が打ち切られた。

ブルネル賞
【ぶるねるしょう】文

鉄道唯一の国際デザインコンペティション。1985(昭和60)年に創設され、車両だけでなく駅や施設、路線図など鉄道に関するあらゆるデザインを顕彰する。日本からも、E5系「はやぶさ」、京都駅ビル、JR東日本の「駅からマップ」など様々なデザインが優秀賞や奨励賞を受賞している。賞の名称はイギリスのグレート・ウェスタン鉄道の技師、イザムバード・キングダム・ブルネル(1806〜1859)にちなむ。世界的な賞ながら、日本では国内のブルーリボン賞(p164)などに比べると知名度が低い。

プルマン式
【ぷるまんしき】海

A寝台(p28)のうち、車両中央に通路があり、両側に二段ベッドが並んでいるタイプの車両。開放式A寝台ともいう。アメリカの鉄道車両メーカー、プルマン社が設計した寝台車に準じた構造であることから、この名前がある。

ポスターの高峰三枝子さんは当時「犬神家の一族」のイメージが強くてちょっと怖かった…スミマセン。

フルムーン夫婦グリーンパス
【ふるむーんふうふぐりーんぱす】き

国鉄時代の1981(昭和56)年に発売された企画乗車券。二人の年齢の合計が88歳以上の夫婦またはカップルが対象で、JRグループ全線のグリーン車に乗り放題(一部例外あり)。毎年秋から春にかけて販売され、5日用、7日用、12日用がある。発売当時、上原謙と高峰三枝子のCMが話題となり、国鉄商品としては異例の大ヒット。ハネムーンに対する造語として考案された「フルムーン」という言葉も市民権を得た。夫婦で鉄道ファンというケースは少ないので、なかなか鉄道ファンには馴染みの薄いきっぷではある。

ナロネ21のプルマン式寝台

古レール
【ふるれーる】設 歴

長年使用され、傷んで軌道用としては使えなくなったレール。駅ホームの上屋の柱や、用地柵などに使われることが多い。製造会社や製造年が読み取れることもあり、時に19世紀の刻印が見られるなど、産業遺産としての価値がある。

分割併合
【ぶんかつへいごう】用

ある編成を途中駅で2つ以上に分けたり（分割）、2本以上の列車を途中駅で連結して1本の列車とすること（併合）。輸送力が低かった時代は、少ない線路容量で多くの需要に応えるために多く見られたが、近年は減っている。東北新幹線と山形・秋田新幹線などが有名。（多層建て列車→p111）

分岐器
【ぶんきき】設

線路を分岐させる装置。ポイントとも呼ばれる。直進する線路から別の線路が分岐する片開き、左右両側に同じ角度で分岐する両開きなどがある。Y字状に分岐するレールの中央にあるトングレールを左右に動かして、進路を決定する。昔は分岐器横の転轍機を職員が操作していたが、現在は信号システムに連動して自動的に動作するものがほとんど。

閉塞
【へいそく】技

レールの上を走る鉄道は、自動車よりも衝突・追突のリスクが高い。そこで、路線を一定の単位ごとに区切り、ひとつの区切りには1本の列車しか入れない仕組みにすることで事故を防ぐ。この仕組み全体、または区切りのことを「閉塞」と呼ぶ。原始的なスタフ閉塞（p97）・タブレット閉塞（p113）では物理的な通行票を用いていたが、現在は電気回路（軌道回路）によって列車の存在を検知する。

ぺこちゃん
【ぺこちゃん】車 趣

東急電鉄デハ200形電車の愛称。田園都市線の前身である東急玉川線で使われていた車両で、車両下部の丸みを帯びた独特のフォルムが不二家のマスコットキャラクターに似ているとして、「ぺこちゃん」あるいは「イモムシ」の愛称で親しまれた。1969（昭和44）年、玉川線の廃止とともに引退。田園都市線宮崎台駅に隣接した「電車とバスの博物館」で保存展示されている。

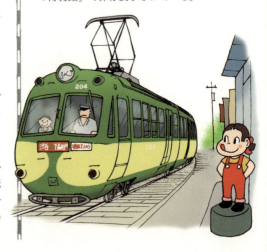

ヘッドマーク
【へっどまーく】設

主に特急列車の先頭に掲示されている、列車愛称などが書かれた表示のこと。1950(昭和25)年、東京〜大阪間で運行されていた特急「へいわ」が「つばめ」に改称されるにあたり、大阪鉄道管理局の発案によって機関車にもテールマーク(p120)と同様のマークが取り付けられたのが始まりとされる。電車や気動車の特急は、列車の前後に愛称名を掲示していたが、1978(昭和53)年10月のダイヤ改正ではこれらの列車にも絵入りのヘッドマークが登場し大人気となった。国鉄時代のヘッドマークの多くは、黒岩保美(p56)がデザインを担当した。

弁慶号
【べんけいごう】車 歴

1880(明治13)年、北海道初の鉄道に導入された米国製の蒸気機関車。正式名称を7100形機関車といい、ダイヤモンドスタックと呼ばれる頭の開いた煙突と、前面のカウキャッチャー(牛払い)が特徴。同型機に「義経」「しづか」「比羅夫」などがある。1922(大正11)年、東京駅に設置されることになった鉄道博物館で展示するため7101号機が「義経」として東京に送られた。ところが関東大震災によって黒磯駅で10年以上足止めされ、この間の調査によって7101号機が「義経」ではなく「弁慶」であることが判明。現在は大宮の鉄道博物館(p125)に保存展示されている。なお、「義経」は京都鉄道博物館、「しづか」は小樽市総合博物館に保存されている。

編成写真
【へんせいしゃしん】趣

列車の前面を正面に捉え、最後尾までをきれいにおさめた写真で、鉄道写真の基本。車体側面に架線柱がかからないようにする、編成背面の架線柱も先頭付近にかからないようにする、側面や床下機器が見えるよう順光で……など、奥が深い。

変電所
【へんでんしょ】施

電力会社や発電所から供給された三相交流の電気を所要の電圧に変圧し、電車が使用できる電気に変換して架線に流す施設。直流電化(p117)区間では電気のロスが大きいため5〜10キロ程度ごとに変電所が必要。交流電化(p63)区間では、50〜100キロに1ヶ所で済む。

変電所には歴史ある建物もあって面白い。これは南海電鉄玉出変電所。明治44年築！

防音壁
【ぼうおんへき】技

列車の走行音などの騒音が周囲に拡散しないよう、軌道の左右に設けられる壁。特に新幹線は厳しい環境基準を守るため、多くの区間に防音壁が設置されている。車内からは車窓風景が見えづらくなるほか、撮影者にとっても天敵。近年は眺望をある程度確保できる透明防音壁や、線路周辺のみに設置して効果的に音を吸収する低防音壁も開発され多少マシになった。

方向幕
【ほうこうまく】設

車両の前面や側面にある、行き先や列車種別を表示するビニール製の幕とそれを表示する機器。昔はサボ(p70)が使われていたが、交換作業などが煩雑なため、様々な行き先・種別を記載した長い幕を手動や電動で動かして該当する幕を表示する。廃品となった方向幕が販売されることも多く、主要なコレクターズアイテムのひとつ。近年は、LEDによる表示が増えつつある。

冒進
【ぼうしん】用

列車が、安全が確認されていない状態のまま次の区間に進入すること。停止信号を無視した信号冒進、閉塞(p166)が確認されていない状態で進行する閉塞冒進などがあり、衝突事故や脱線事故など重大な事故の原因となる。

ポーター
【ぽーたー】企

アメリカに存在した機関車メーカー。北海道初の鉄道に導入された「義経号」「弁慶号」(p167)などの7100形蒸気機関車を製造した。その後は、森林鉄道や工場専用線などに使われる小型機関車が数多く日本に輸入されている。

ホームドア
【ほーむどあ】設

ホームの乗降口に設けられた開閉式の扉。乗客が列車と接触する恐れが減るため、安全上の効果が高い。ホーム床面から天井まで完全に覆うフルスクリーンタイプのほか、高さ1m程度の可動式ホーム柵があり、近年はロープやバーが昇降する低コストな昇降式も開発が進められている。ホームから列車がよく見えなくなるので、必要性はわかりつつも惜しい存在である。

ポール
【ぽーる】設

トロリーポールともいい、車両の屋根に設置した鉄棒(ポール)を架線(トロリ)に接触させて集電する装置。低速な路面電車に多く採用されたが、ポールの先端を架線にはめ込むため離線しやすい、進行方向が変わるたびに付け替える必要があるといった欠点があり、現在は保存鉄道(p170)とトロリーバス(p137)を除き消滅している。

ボールドウィン
【ぼーるどうぃん】企

かつてアメリカに存在した機関車メーカー。正式名称はボールドウィン・ロコモティブ・ワークス。19世紀から20世紀半ばまで、7万両を超える機関車を製造した。日本にも、山岳路線や森林鉄道を中心に多くの車両が輸入され、現在も博物館明治村や長野県の赤沢森林鉄道で動態保存(p131)されている。また、大正時代から昭和初期にかけては電車用の台車メーカーとしても有名だった。

補機
【ほき】車

補助機関車の略。機関車を重連などで運用する場合に、補助のために連結される機関車のこと。反対語は本務機(p171)という。

現役の補機 セノハチのEF67！

列車の先頭で重連を行う場合は、先頭の機関車が補機、その後ろの機関車が本務機。

北斗星
【ほくとせい】列

1988（昭和63）年3月14日、青函トンネルの開通と同時に運行を開始した、上野〜札幌間の寝台特急。A寝台個室「ロイヤル」（p197）や、フランス料理のフルコースを味わえる食堂車「グランシャリオ」など、当時の寝台列車とは一線を画す豪華な設備で、JRグループの看板列車となった。鉄道ファンのみならず高い人気を誇り、一時は3往復が運行されたが、車両の老朽化もあって徐々に減便。北海道新幹線開業1年前の2015（平成27）年3月に定期運行を終了。同年8月に臨時列車としても引退し、日本のブルートレインは消滅した。

憧れの列車だった「北斗星」

星晃
【ほしあきら】人

1918〜2012。鉄道車両技術者。1950年代から1960年代にかけて、国鉄黄金時代を代表する電車や客車の開発に携わり、現代につながる日本の鉄道車両の発展を支えた。設計に関わった車両は、151系（181系）、153系東海形など多岐にわたる。鉄道趣味にも造詣が深く、鉄道友の会の発起人の一人となったほか、鉄道ピクトリアルなどの趣味誌に多くの論文を寄稿した。

保線班
【ほせんはん】職

線路の保守点検をする人々。定期的に線路をまわり、軌道の修正、レール（p194）やバラスト（p155）、枕木（p174）などの交換、バラストの突き固め、踏切の修繕などを行なう。日常的な作業は列車運行の合間に行なうが、大がかりな作業は深夜に線路を閉鎖して行なう。今は機械化が進んだが、昔は人海戦術による手作業で、チームワークが重要だった。

機械化以前の道床搗き固め作業。歌の拍子にあわせ4人1組で行なった。

保存鉄道
【ほぞんてつどう】文

過去に廃止された鉄道の路盤や車両を復元し、動態保存(p131)している鉄道。イギリスには100を超える保存鉄道があり、ボランティアによって運営されている。日本でも片上鉄道や赤沢森林鉄道など多くの保存鉄道があるが、かつての駅構内やごく短い区間などで保存されているケースが多い。

月に1回運転される片上鉄道

ボックスシート
【ぼっくすしーと】設 サ

背もたれが直角に立っている向かい合わせ4人掛けシート。明治から国鉄時代までの普通車の標準座席。普通列車や急行列車に使われた。空いている夜行列車では、4人分を占領して、身体をくの字に折ってベッドにしてしまう人もいた。

ボックス動輪
【ぼっくすどうりん】設 歴

蒸気機関車の動輪のうち、車輪に大きな円形の孔が開いたもの。アメリカで多く採用され、日本でもD51形・C57形以降の昭和に製造された機関車はボックス動輪が採用された。スポーク動輪(p98)よりもメンテナンス性に優れたという説もあるが、走行性能は特に変わらなかった。レンコン(p197)の愛称もある。

鉄道屋
【ぽっぽや】作

1995(平成7)年に発表された、浅田次郎による短編小説と、それを原作として1999(平成11)年に公開された高倉健・広末涼子出演の映画作品。配給は東映。廃線が間近に迫る終着駅の孤独な駅長に起きた奇跡を描く。原作は直木賞を受賞、映画は1999年度の日本アカデミー賞最優秀作品賞などを独占した。映画の公開と同時期に、連続テレビ小説「すずらん」(p97)が放送されており、ちょっとした鉄道ブームが起きた。

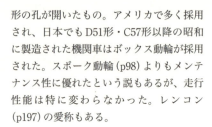

ポニー
【ぽにー】車 趣

国鉄のC56形蒸気機関車の愛称。タンク機関車(p114)であるC12形から水槽と石炭庫をはずして、テンダー機関車(p129)に設計しなおされたもの。牽引力は低かったが、小型の使いやすい機関車で地方路線を中心に活躍した。1973(昭和48)年、小海線で臨時列車「SLのべやま号」が運行された時に「高原のポニー」の呼び名が生まれたとされる。

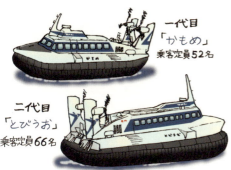

宇高航路で活躍した国鉄ホバークラフト

一代目「かもめ」乗客定員52名

二代目「とびうお」乗客定員66名

ホバークラフト
【ほばーくらふと】車

本州と四国を結ぶ宇高連絡船で使われていた高速船。上部から取り込んだ空気を船体の下に吹き付けることによって水面から浮上し、高速で推進する。宇高連絡船では通常の連絡船が約1時間かかっていたところを23分で結んでいた。しかし悪天候に弱く燃費や騒音の問題もあったことから、現在日本では消滅している。

堀淳一
【ほりじゅんいち】人

1926〜2017。物理学者。本業の傍ら地図に関する本を著し、その中で廃線跡(p151)を歩くエッセイを多数執筆した。地図を見て鉄道の痕跡を楽しむ、廃線跡めぐりのパイオニア的存在。「中高生は種村直樹のファンになり、大人は宮脇俊三を読み、歳を重ねると堀淳一に落ち着く」と言われた。

ボルスタレス台車
【ぼるすたれすだいしゃ】設 技

台車(p109)の上で車体を支える枕梁(ボルスタ)を搭載しない車両。車体と台車の間にあるゴム鞘をつぶしたような空気ばねが、揺れを吸収しカーブで台車が回転することを許容する。構造が単純で軽量化が可能なため、多くの最新車両に搭載されているが、軽すぎて脱線の危険性が増したとの説も。

幌
【ほろ】設

車両と車両の間の通路を覆い、通行者の安全を確保する蛇腹状の幌。正式名称は貫通幌。両方の車両に付いた幌を両幌、片側の車両のみに付いているものを片幌という。

幌運用
【ほろうんよう】用

先頭車の貫通扉に幌を付けたまま運行するなど、分割併合(p166)などに備えて幌をマネージメントすること。

…ということが起きないように"幌運用"が決められていた…

ボンネット
【ぼんねっと】設 技

自動車のエンジンルームを覆うカバーのことだが、鉄道の場合は運転台下から突き出した機材スペースのことを指す。この中にエンジンが入っていることは少なく、空調用の発電機などの機械が搭載された。現代の車両に採用されることはほとんどなく、国鉄時代を象徴するデザイン。鉄道ファンは「ボンネット型」と聞くと気分がアガる。

本務機
【ほんむき】車

本務機関車の略。機関車を重連で運行する場合に、補機(p168)に補助されて列車を牽引する機関車を指す。

部門別でみる
特急のなかで一番○○なのは…

日本全国を走る様々な特急列車。一口に特急といっても、そのスピードはピンからキリまでさまざまだ。また運行距離の長さも特急らしいところだが、実際どの列車が一番長いのかご存じだろうか？
（データは2018年2月現在、新幹線は実キロで計算）

表定速度

新幹線の部

第1位　はやぶさ6号［盛岡→東京］　**227.4** km/h

最下位　こだま742・746号［博多→新大阪］　＼在来線の最速列車より遅い!?／　**105.8** km/h

在来線特急の部

第1位　サンダーバード33号［大阪→金沢］　**106.3** km/h

最下位　海幸山幸［宮崎→南郷］　＼JR九州の観光特急／　**33.3** km/h

私鉄有料特急の部

最速列車　近畿日本鉄道 **名阪甲特急**［近鉄名古屋→近鉄難波］　**91.0** km/h

最遅列車　長野電鉄 **ゆけむりのんびり号**［長野→湯田中］　＼自転車並みのスピード？／　**24.0** km/h

運行距離

＼乗り鉄のアナタはもう完乗？／

新幹線の部

第1位　**のぞみ**　［東京～博多］　**1069.1** km

在来線の部

第1位　**にちりんシーガイア**　［博多～宮崎空港］　**411.5** km

私鉄の部

第1位　**近鉄京伊特急**　［京都～賢島］　**195.2** km

ま

間合い運用
【まあいうんよう】(用)

特急列車の設定のない時間帯に特急用車両を普通列車に使用するなど、本来の用途では使用する予定のない時間帯に、別の列車や路線で車両を使用すること。JR東海の373系特急用電車を普通列車に使用したり、「踊り子」用185系電車を通勤用ホームライナーに使用したりといった例がある。車両基地から始発駅までの回送を旅客列車に仕立てるケースも間合い運用の一種だが、こちらは主に「送り込み」と呼ばれる。

マイバッハ
【まいばっは】(企)

1909(明治42)年創業のドイツのエンジンメーカー。高級自動車で有名だが、鉄道車両のエンジンも開発していた。マイバッハ製エンジンとメキドロ式変速機(p181)搭載のディーゼル機関車はイギリスなど各国で活躍。日本では三菱重工業のライセンス生産によるDD54形がある。

前パン
【まえぱん】(趣)

先頭車の車体前方にあるパンタグラフ。比較的古い車両に多く懐かしさを感じる人や、迫力を感じる人がいる。

枕木
【まくらぎ】(設)

レール(p194)の下に一定間隔で敷かれる部品。列車の重量を受け止めてバラスト(p155)に伝えたり、レールを絶縁したりする機能がある。近年増えたコンクリート製も「コンクリート枕木」という。

マグロ
【まぐろ】(用)

事故による轢死体を指す隠語。遺体の状態が、魚市場のマグロに似ているからと言われる。古くから鉄道業界内で使われていた言葉で、悲惨な遺体と向き合わなくてはならない鉄道職員の心理的防衛策だった。犠牲者への礼を失することから公式には認められていない。

真島満秀
【ましまみつひで】(人)

1946～2009年。鉄道写真家。特急列車の全トレインマークの撮影や、青春18きっぷのポスター、時刻表の表紙の撮影など幅広い分野で活躍した。風景の中に鉄道が溶け込んだ情景写真を得意とし、中井精也(p140)をはじめ、現在活躍している多くの鉄道写真家を育てた。

真島満秀さんが逝去された2009年3月14日は九州ブルトレの最終運行日でした

マスコン
【ますこん】⚙

マスターコントローラーの略。運転席から鉄道車両の出力・速度を制御する装置で、日本語では「主幹制御器」という。運転士の左側にある回転式のレバーで、右のブレーキ弁とともに操作した。最近の電車では、一本のT形バーで、奥に倒すと力行、手前に倒すとブレーキとなるワンハンドルマスコンが増えている。

ますのすし
【ますのすし】🍱

富山駅・新高岡駅の名物駅弁。江戸時代から続く料亭をルーツとする源が販売し、1912(明治45)年の発売以来100年を超える歴史を誇る。脂ののった鱒と神通川流域でとれる米を使ったすし飯を、国産の笹で包んだ押し寿司。富山の郷土料理を駅弁にしたというよりは、駅弁が郷土料理になった事例。今は全国で購入でき、ありがたみが減ったという人も。

松本清張
【まつもとせいちょう】👤

1909〜1992。小説家。「或る「小倉日記」伝」(1953年)で芥川賞。ミステリー小説や社会派小説を得意とし、1958(昭和33)年に発表した「点と線」(p129)は、日本の鉄道ミステリーの金字塔と言われる。実は鉄道を主な舞台にした作品は「点と線」以外ほとんどないが、犯人の逃走手段や刑事の捜査の流れで多数の鉄道が登場する。

マニア
【まにあ】趣

偏執狂。ある物事に、熱狂的に没頭する人を指す。鉄道を趣味とする人を指す言葉として古くから使われているが、差別的に使われることも多い。レイルウェイ・ライターの種村直樹(p112)は「マニアは大嫌い」と公言し、その影響で「マニア」という言葉を避ける人もいる。もっとも、大多数の一般の人には「マニア」、「ファン」、「おたく」の違いはよくわからない。

ママ鉄
【ままてつ】趣

ママである鉄道ファン。幼い子供が電車や鉄道好きになり、それに影響を受けて鉄道を楽しむようになった母親が多い。ほとんどの場合、子供が鉄道から卒業すると、ママ鉄も卒業する。

日暮里駅近くの下御隠殿橋は ママ鉄御用達！人気のトレインウォッチングスポットです！

マルス
【まるす】技

国鉄・JRグループの座席予約管理システム。「Multi Access seat Reservation System：MARS」の略。最初のシステムは1960(昭和35)年1月18日に、東海道本線の「こだま」「つばめ」専用予約システムとして運用を開始し、1964(昭和39)年から全国の優等列車に広まった。駅や旅行会社にマルス端末と呼ばれる機械が設置され、ホストコンピューターに空席を照会・発券する。「えきねっと」などのインターネット予約サービスもマルスに接続されており、深夜は利用できないなど「時代遅れ！」という声も。

マルチプルタイタンパー
【まるちぷるたいたんぱー】車 技

列車の運行によって生じるバラスト(p155)のでこぼこを修正する作業車両。通称マルタイ。タンピング(砂利のつき固め)、レベリング(線路の高さの調整)、ライニング(線路の曲がりの修正)を一度に行うことができ、1時間に300〜500mの保線作業が可能。

マルヨ
【まるよ】趣

泊まり込みで撮影に備えること。あるいは車中泊すること。車両が日付をまたいで運用されることを、「○」の中に「ヨ」を書いて表したことに由来する。

マレー式機関車
【まれーしききかんしゃ】車 歴

スイスの技師アナトール・マレーによって発明された機関車。シリンダーや動輪などの走行装置がボイラーの下に2組設置され、ボイラーで作られた蒸気がまず後部の装置を駆動させ、低圧の蒸気のみ供給される前部の装置は左右に首を振って進行方向を定める「複式」が特徴。大きな輸送力が求められるアメリカの鉄道で発展した。

万世橋駅
【まんせいばしえき】駅 歴

かつて中央本線神田〜御茶ノ水間にあった駅。1912(明治45)年、中央本線が新宿から延伸した際に終着駅として開業。東京駅と同じ辰野金吾設計の赤レンガ駅舎を備えていた。しかし1919(大正8)年に万世橋〜東京間が開業し、関東大震災で駅舎が焼失すると利用者は急減。1936(昭和11)年には、駅に隣接して鉄道博物館(後の交通博物館

→p62)が開館したが利用客は回復せず、太平洋戦争の勃発によって1943(昭和18)年に営業を休止した。駅の施設は戦後も残され、現在はその一部が公開されている。

交通博物館閉館直前に特別公開された万世橋駅

ミカド
【みかど】車

アメリカのボールドウィン社(p168)が、先輪1軸、動輪4軸、従輪1軸(2-8-2)の車軸配置に付けた呼称。同社が製造し1897(明治30)年に日本に輸入された9700形機関車に採用された車軸配置で、低質な石炭でも十分な火力が得られるよう、火床面積が広くとられた。これをきっかけとして天皇の古称である「ミカド」と呼ばれるように。D51形(デゴイチ)もミカドのひとつ。

三河島事故
【みかわしまじこ】歴

1962(昭和37)年5月3日に常磐線三河島駅構内で発生した複合脱線衝突事故。国鉄五大事故の1つ。停止信号を見落とした貨物列車が安全側線に突っ込んで脱線、本線を塞いで下り電車が衝突した。さらに、下り電車の乗客が線路に降りた所へ上り電車が突入し、死者160人、負傷者296人の大惨事となった。これ以降、信号を冒進した列車を自動的に停止させるATS(自動列車停止装置→p28)の普及が急がれ、また事故発生時には近隣の列車を無条件で停止させる原則ができた。

水かき付動輪
【みずかきつきどうりん】設 歴

C55形蒸気機関車などに採用された、スポークのリム部分に補強材が付けられたスポーク動輪(p98)。動輪変形やスポーク破損の防止に効果をもたらしたが、改良型のC57形からはボックス動輪(p170)が採用され、短命に終わった。

未成線
【みせいせん】用

建設が計画されたり、着工されたりしながら、開業されなかった鉄道路線。戦争によって建設が中止されたケースや、戦後無責任な税金投入によって建設が進められながら、採算の見込みなしとして中止されたケースがある。特に後者は、あとは線路を敷くだけという状態で放棄されたものもある。錦川鉄道とことことトレインのように、未成線を観光施設に活用しているところも。

錦川鉄道とことことトレイン

密着連結器
【みっちゃくれんけつき】㊙

自動連結とレバーによる簡単な解結が可能で、連結面間の隙間をなくして密着性を高めた連結器。略称は「密連」。日本では1930年代に柴田衛が発明した柴田式密着連結器が一般的で、電車に広く使用されている。頭部が胴部に差し込まれると、ばねで押し付けられている半月状の回転錠がかみ合って回転し、相手側の孔に入ってロックされる。連結器の扱いが簡単で乗り心地が良い反面、自動連結器(p80)ほどの強度はなく、貨物列車などには向かない。

水戸岡鋭治
【みとおかえいじ】㊗

1947〜。インダストリアルデザイナー。ドーンデザイン研究所主宰。JR九州をはじめ、全国の数多くの鉄道車両のデザインを手がける。インテリアに木材や地域の伝統工芸品をふんだんに盛り込み、特色ある列車を数多く送り出した。JR九州の「ななつ星in九州」(p141)をはじめ、観光列車のイメージが強いが、817系電車のように普通列車用の車両にも白木を使うなど通勤用車両のレベル向上にも貢献している。

みどりの窓口
【みどりのまどぐち】㊙㊙

JRの主要駅や、JRから転換した鉄道会社の一部の駅に設置された、JRグループの座席指定券を取り扱う窓口。マルス(p175)の全国対応を受けて、1965(昭和40)年9月から全国の主要駅に設けられた。名称はマルスで発券されるきっぷが緑の地紋だったことに由来し、窓口の周囲に緑のシンボルマークを配して、わかりやすさとフレンドリーさを強調した。現在はJR東日本の登録商標となっている。国鉄時代のように「みどりの窓口」とそれ以外の窓口が混在することがほぼなくなったので、一部の旅客鉄道会社では使われていない。

南田裕介
【みなみだゆうすけ】㊗

1974〜。芸能プロダクション、ホリプロのマネージャー。子供の頃からの筋金入りの鉄道ファンで、所属タレントやアナウンサーのマネージメントをする傍ら、自らも「タモリ倶楽部」をはじめとするテレビ番組やイベントに多数出演している。豊岡真澄(p135)や久野知美(p55)を鉄道ファンとして育てた人物だ。

南満州鉄道
【みなみまんしゅうてつどう】㊙㊙

日露戦争の勝利で日本が権利を得た東清鉄道支線をもとに、1906(明治39)年に設立された半官半民の国策会社。通称満鉄。標準軌による大連〜長春(新京)間の鉄道をはじめ、炭鉱、製鉄、汽船、ホテルなどの一大企業集団を形成し、超特急「あじあ」(p19)など当時の世界最高レベルの列車を運行し

子どもの頃あのマークは日本列島をかたどったものだと思っていた。(そういう意味あいはないのかな?)

た。太平洋戦争の敗戦によって中華民国に接収され、消滅した。

ミニ周遊券
【みにしゅうゆうけん】 き 歴

国鉄・JRグループが販売していた周遊券(p87)の1つ。ディスカバー・ジャパン(p120)キャンペーンに合わせて1970(昭和45)年に発売された。ワイド周遊券(p199)の自由周遊区間(乗り放題のエリア)をコンパクトにしたきっぷで、出発地からの往復乗車券と自由周遊区間がセットになっていた。値段は出発地から自由周遊区間内の特定駅までの往復運賃を元に設定され、急行列車自由席を利用できることもあり、単純に往復するだけでも元が取れることが多かった。1998(平成10)年、周遊きっぷ(p87)の発売により廃止。

ミニ新幹線
【みにしんかんせん】 技 用

正式名称は新在直通特急。在来線の線路幅を標準軌(p161)に改め、新幹線から直通列車を運行できるようにしたもの。山形新幹線福島〜新庄間と秋田新幹線盛岡〜秋田間がある。車両は在来線に合わせたサイズで、通常の新幹線よりも一回り小さい。フル規格の新幹線を建設するよりも安価に、東京

へ直通する「新幹線列車」を運行できる利点がある一方、線路幅以外はあくまで在来線で、最高時速は130kmに留まる。輸送力も限られ、山形新幹線は慢性的な混雑に悩まされている。鉄道ファンにとっては技術的な興味や、山奥の峡谷を最新の新幹線車両が走るといった写真的興味をそそられる。

JR宮島フェリーの船は前後対称形。電車でいえば"両運車"!

秋田新幹線E6系

宮島航路
【みやじまこうろ】 路

山陽本線宮島口駅と、厳島神社がある宮島を結ぶフェリー。国鉄時代から唯一残った連絡船で、JR西日本の子会社であるJR西日本宮島フェリーが運航している。隣接する宮島松大汽船と、激しく競っている。鉄道連絡船なので、青春18きっぷ(p100)やフルムーン夫婦グリーンパス(p165)で乗船できる。

宮脇俊三
【みやわきしゅんぞう】 人

1926〜2003。鉄道紀行作家。子供の頃からの時刻表愛読者で、中央公論社を退職後に発表した「時刻表2万キロ」(p80)がベストセラーとなった。静かな語り口の中にさりげないユーモアが盛り込まれ、鉄道ファンにとどまらない多くの読者を獲得した。

ミュージックホーン
【みゅーじっくほーん】⟨設⟩

音階のついたメロディを奏でる警笛（p57）。通常の警笛とは別に装備されている。1957（昭和32）年に登場した小田急ロマンスカー3000系「SE」に、エンドレステープを使った警笛が搭載されたのが先駆け。1961（昭和36）年には、名古屋鉄道の7000系パノラマカー（p154）にトランジスタを使ったミュージックホーンが搭載され、両社ともその後も競うように後継車両に搭載している。静岡鉄道やJRにも採用例は多い。

修学旅行先でみた衝撃的風景

ミュージックホーンとともに犬山橋の上をやってきたパノラマカー

民鉄
【みんてつ】⟨用⟩

民営鉄道の略で、私鉄を表わす役所言葉。一般にはあまり使われないが、大手私鉄各社が加盟する社団法人は「日本民鉄協会」、かつてあった私鉄の年間統計は「民鉄要覧」と称した。国土交通省などの役所では、「私鉄」と言うと「民鉄です」と直されることも。

ムーミン
【むーみん】⟨車⟩⟨歴⟩

1936（昭和11）年に3両が製造された国鉄EF55形電気機関車の愛称。当時ブームの流線型デザインが採用され、丸みを帯びたデザインがフィンランドの童話ムーミンを彷彿させることから名づけられた。最新技術だった電気溶接を使ったり、前面の連結器を格納式にしたりと、優美なフォルムが追求されたが、時速100km程度では空力的な効果は得られず、シンボル的な意味合いが強かった。戦前は東海道本線の特急に使用され、戦後は高崎線で活躍。現在は大宮の鉄道博物館（p125）で保存されている。

ムーンライト
【むーんらいと】⟨列⟩

JRグループの夜行快速列車の愛称。1986（昭和61）年、夜行バスへの対抗として新宿〜新潟・村上間に設定された夜行快速を「ムーンライト」と名付けたのが始まり。好評を受けてJR西日本から「ムーンライト九州」「ムーンライト山陽」「ムーンライト四国」が登場し、1996（平成8）年には大垣夜行（p31）を快速化した「ムーンライトながら」が運行を開始した。今はほとんどが廃止されたが、「ムーンライトながら」と「ム

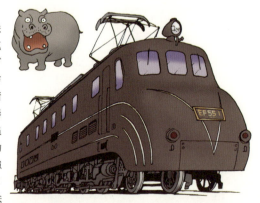

デビュー当時は"カバ"と呼ばれたそうですが…

ーンライト信州」(新宿〜松本・白馬・信濃大町)だけは青春18きっぷのシーズンに臨時列車として運行されている。

無蓋車
【むがいしゃ】車

屋根のついていない貨車。車両記号は「ト」。砂利や鉱石など雨に濡れても構わない貨物を運送する。JR四国や南阿蘇鉄道には無蓋車を改造した観光トロッコがあり、レールの響きがダイレクトに伝わる素晴らしい(または酷い)乗り心地を誇る。

向谷実
【むかいやみのる】人

フュージョンバンド・カシオペアの元キーボード奏者。古くからの鉄道ファンで、自身が取締役を務める株式会社音楽館からPCソフト「TrainSimulator」(p136)をリリース。そのリアルな設定が多くのファンに支持された。九州新幹線をはじめ各地の鉄道の車内メロディなどを作曲したほか、鉄道会社向けの訓練用シミュレータや低コストで導入できる軽量ホームドアを開発するなど、多角的に取り組んでいる。

無人駅
【むじんえき】駅

駅員が常駐しない駅。正式には駅員無配置駅。地域のおばちゃんが短距離のきっぷだけを売っている簡易委託駅も無人駅の一種。駅舎や待合室のある無人駅は、昔は駅ネ(p29)をする乗り鉄が多かったが、現代は治安上難しくなっている。

ム・ラ・サ・キ
【むらさき】用 車

貨車の重量記号のこと。「ム」=14〜16トン、「ラ」=17〜19トン、「サ」=20〜24トン、「キ」=25トン以上を示す。由来は不明だが、「ム」は馬を輸送した貨車がこの重さだったことから「馬=ムマ」と読んだとの説がある。

メキドロ式変速機
【めきどろしきへんそくき】技

旧西ドイツで開発されたディーゼル機関車用変速機。日本ではDD91形及びDD54形に採用された。動力を伝えるトルクコンバーターに多段式の歯車変速機を組み合わせ、自動的に変速を行なう高性能の変速機だった。反面機器への負担が大きく、複雑な機構のためその後の採用は見送られた。

DD54

ここにメキドロ変速機の図を描こうと思ったのですがあまりにフクザツで描けませんでした。ゴメンナサイ…

盲腸線
【もうちょうせん】用

終着駅が他路線に接続しない行き止まりの路線のこと。盲腸(虫垂)の形からの連想。終着駅付近に鉱山など鉄道が輸送を担う産業が存在した場合と、建設途中で延伸を断念した路線がある。前者は使命を果たした感があるが、後者は侘しさばかりが漂う。

阿佐海岸鉄道の終端部

模型鉄
【もけいてつ】(趣)

鉄道模型の収集や、レイアウト（ジオラマ）の制作を行なう鉄道趣味。撮り鉄（p136）、乗り鉄（p148）と並ぶメジャーなジャンル。欧米での人気は非常に高い。模型のスケールによって、Oゲージ、HOゲージ、Nゲージなどがあり、日本で最も人気が高いのは軌間9㎜のNゲージ。海外では軌間16.5㎜のHOゲージや、より大きなものも盛んだ。

モノコック構造
【ものこっくこうぞう】(技)

車体の外板に荷重に耐えられる応力を持たせる構造。柱や梁ではなく外板全体で車体を支えるため画期的な軽量化が可能で、日本では1952（昭和27）年に登場した西日本鉄道の313形電車が初めて採用した。その後東急5000系青ガエル（p16）などが採用するなど全国に広まった。縦方向の骨材で補強するタイプはセミ・モノコックといい、客車などに採用されたが、いずれも耐久性に弱点があった。

桃太郎
【ももたろう】(車)

1996（平成8）年に登場した、JR貨物のEF210形直流形電気機関車の愛称。当初岡山機関区にのみ配置されたことから、岡山の民話にちなみ「桃太郎」と名付けられた。車体側面に桃太郎のイラストがある。

門デフ
【もんでふ】(趣)(歴)

九州の国鉄小倉工場で考案され、門司機関区所属の蒸気機関車で使われていたデフレクター（除煙板）のことで、門鉄デフともいう。機関車両サイドにあるデフレクターの下半分を切り取り、アングル材で車体に取り付けたもので、機関士からの視界向上や軽量化などに効果があった。ヨーロッパ風のスタイルがかっこいいと、非常に人気が高い。JR九州の「SL人吉」は門デフで運行されているほか、JR東日本が動態保存（p131）しているC57形180号機とD51形498号機にも取り付けることができる。

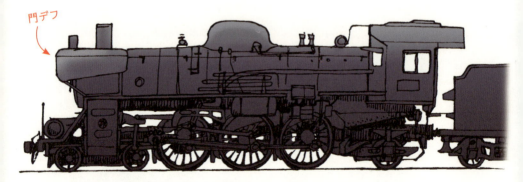

門デフ

門デフ付きのC55は日本一スマートな機関車だ"と思う…

ヤード系輸送
【やーどけいゆそう】歴 用

ヤードとは操車場(p104)のこと。各地から集められた貨車をヤードで方面別に仕訳け、発送する輸送方式。他の交通機関が発達していなかった時代には、少ない列車と人員で全国に貨物を輸送できる方式だったが、時間がかかり到着日時も読めないためトラック輸送への転換が続き、1984(昭和59)年に拠点間輸送(p52)に転換されて廃止された。

夜間滞泊
【やかんたいはく】用

運行を終えた車両が、所属する車両基地に戻らず、終着駅や留置線に翌朝まで留め置かれること。乗務員も、乗務員宿泊所で宿泊することが多い。

夜行列車
【やこうれっしゃ】列

始発駅を夕方から夜に発車し、終着駅に翌朝到着する列車。明確な定義はないが、概ね4時以降まで運行される列車を指す。かつては主要路線のほとんどで運行されており、ワイド周遊券(p199)などを使って夜行列車に連泊する学生旅行者も多かった。現在JRでは「サンライズ瀬戸・出雲」と季節列車の「ムーンライトながら」「ムーンライト信州」を残すのみ。

深夜の高崎線に停車中の夜行列車

山スカ
【やますか】趣

クリーム地に青のラインという、横須賀線と同じスカ色(p97)の塗装をした電車のうち、中央本線などの山岳路線に投入された電車。古くは70系、最近では115系が代表で、「山を走るスカ色」としてこの愛称がついた。

山スカvs箱スカ!

山手線
【やまのてせん】路

東京の都心で環状運転を行う通勤路線。正式には品川〜新宿〜田端間が山手線で、田畑〜東京間は東北本線、東京〜品川間は東海道本線に乗り入れている。ウグイス色と呼ばれるグリーンの塗色がシンボルだが、1957(昭和32)年に101系電車(p160)が登場した時はイエローで、この車両が総武線各駅停車に移ったため、ウグイス色が採用された。戦後の一時期は「やまてせん」と呼ばれたが、1971(昭和46)年に「やまのてせん」と定められた。

弥生軒
【やよいけん】食

常磐線我孫子駅の駅そば店。戦前、画家の山下清が住み込みで働いていたことと、巨大な唐揚げがのった唐揚げそばで有名。首都圏から独立系の駅そば業者が減る中、貴重な存在である。

やわやわ
【やわやわ】用
「最徐行で進行せよ」という意味の業界用語。車両連結時などに、連結手や車掌が無線で運転士に伝える。

有蓋車
【ゆうがいしゃ】車
屋根のついた貨車。記号は「ワ」。コンテナ輸送が一般化する以前は最もポピュラーな貨車で、農作物をはじめ、雨に濡れては困るあらゆるものを輸送した。国鉄時代末期には大量に余った有蓋貨車が一般に販売され、各地で倉庫などとして使われている。

雪レ
【ゆきれ】列
定期的に運行する除雪専用列車。現在はJR北海道の宗谷本線と石北本線だけで運行されている。雪レにこだわる撮り鉄(p136)も多い。

輸送指令
【ゆそうしれい】用
列車がダイヤ通り運行されているかを監視し、万一ダイヤが乱れた時には時刻変更や運休、行き先変更などの判断を下す責任者。

輸送密度
【ゆそうみつど】用
1日1kmあたりの平均輸送量。旅客の場合、「一定期間に運んだ人数×運んだ距離÷路線の距離÷営業日数」で求める。国鉄再建法(p63)では旅客輸送密度4,000人/日以下の路線はバス転換が適当とされた。しかし地方の過疎化が進んだ今では、輸送密度が500人/日を下回る路線も珍しくない。

ユニットサッシ
【ゆにっとさっし】設
ユニット窓ともいい、車両本体とは別工程で組み立てられた窓のこと。車体に合わせて窓を作るのではなく、完成した窓のユニットを車両に組み込むため、コストと気密性に優れる。昭和40年代中盤以降に製造された鉄道車両に導入された。

ユニットサッシは大きな発明だと思うけれどサロ165のユニットサッシ化だけはいただけない…

ゆる鉄
【ゆるてつ】趣
鉄道写真家の中井精也(p140)が実践している、従来の鉄道写真のセオリーにこだわらない自由な写真表現のこと。鉄道写真の表現を広げた。

余韻切り
【よいんぎり】(趣)
発車メロディ(p153)の、最後の音が減衰する前に切ってしまうこと。定時運行が第一なのでやむを得ないが、音鉄(p34)の天敵。

ヨーダンパ
【よーだんぱ】(技)(設)
台車(p109)に装備されている緩衝装置のひとつで、蛇行動(p111)による横揺れ（ヨーイング）を抑える。ボルスタレス台車(p171)には必須とも言える装置。

抑止
【よくし】(用)
何らかのトラブルが発生して、事故の発生や拡大を防ぐために列車の運行を一時的に止める指令のこと。「ウヤ」(p27)と並び、鉄道ファンが大好きな業界用語のひとつ。

抑速ブレーキ
【よくそくぶれーき】(技)(設)
下り勾配でスピードが出過ぎないように速度を抑えるブレーキ機構。電車の場合、モーターを発電機として使用し、その抵抗で減速する発電ブレーキ・回生ブレーキ(p38)が使用される。

横軽
【よこかる】(路)(歴)
最大66.7‰の急勾配が連続した、信越本線横川〜軽井沢間の通称。アプト式が採用されたり、EF63形重連による補機が連結されたりと、日本の山岳路線の中でも特異な存在だったが、北陸新幹線の開業に伴い1997(平成9)年廃止。将来の復活を見据えて、路盤と施設は保存されている。

横軽の旧アプト線に保存されているめがね橋

横見浩彦
【よこみひろひこ】(人)
1961〜。トラベルライター。漫画「鉄子の旅」(p122)シリーズ案内人。日本の鉄道のすべての駅に下車または乗車した。オタクっぽい風貌と、鉄道を愛するあまりの極端な言動で、タレントとしても重宝されている。漫画では極端なオタクのように描かれているが、実際も全く極端なオタクで、清々しさを感じるほどである。

吉川文夫
【よしかわふみお】(人)
1932〜2007。鉄道研究家。機械メーカーに勤務するかたわら、私鉄車両の歴史に深い造詣を持ち、自ら全国の私鉄に出かけて膨大な写真と記録を残した。ユーモアを交えた文章にファンが多い。

吉川正洋

【よしかわまさひろ】 人

1977〜。太田プロダクション所属のお笑いコンビ、ダーリンハニーのメンバー。鉄道が大好きな芸人の一人で、「タモリ倶楽部」のタモリ電車クラブ会員、日本テレビ「笑神様は突然に」の鉄道BIG4メンバー。

吉村光夫

【よしむらみつお】 人

1926〜2011年。元TBSアナウンサー。70年代、ロングおじさんの愛称で人気があり、「まんがはじめて物語」ナレーションや子供向け情報番組「夕焼けロンちゃん」進行役などを務めた。子供の頃からの鉄道ファンとしても知られ、鉄道友の会東京支部長を務めたほか、TBS退職後は鉄道ジャーナル(p123)など鉄道雑誌にも寄稿した。

余裕時分

【よゆうじふん】 用

駅停車時や運行中の細かな遅れを見越してダイヤに設定される、時間的な余裕。小さなトラブルが発生して遅れが生じても、余裕時分があれば定時運転に回復できる。国鉄時代は大きく取られる傾向があったが、JR化後は一時切り詰められるようになり、福知山線列車脱線事故(p162)では事故原因のひとつに余裕時分の少なさが疑われた。

ヨンサントオ

【よんさんとお】 歴

1968(昭和43)年10月1日に実施された、国鉄の全国ダイヤ改正の呼称。全国のダイヤをゼロから作り直す白紙ダイヤ改正で、国鉄自身がこの呼称で宣伝を行った。特急の大増発や、無煙化(蒸気機関車から電車・気動車など新しい動力車への転換)を進めて飛躍的なスピードアップを図る一方、ローカル線では大幅な列車削減を実施した。

43.10の時刻表 古書市場でも 超高値! 復刻もされてます

485系

【よんはちごけい/よんひゃくはちじゅうごけい】 車

1964(昭和39)年に登場した国鉄の交直両用特急形電車。直流、交流50Hz、60Hzの3方式に対応し、国鉄の在来線電化区間であればほぼどこでも走ることができた。国鉄標準型特急車両の完成形として全1,453両が生産され、全国で活躍。「ザ・国鉄特急」と言える存在で多くのファンに愛されたが、2017(平成29)年3月、新潟〜糸魚川間の快速列車が運行を終了し、定期運用から引退。

日本海側では最末期まで活躍した

やっぱり知りたい！
色灯式信号機

信号機には様々な種類があるが、最も一般的なのが色灯式信号機。色は赤黄緑の3種類ながら、色灯が4つ以上ある信号機が多い。これは、前方の閉塞（p166）区間の状況に合わせて列車の速度を制限するため。減速→注意→警戒の順で速度が遅くなる。高速進行は在来線の特殊な信号で、事実上京成成田空港線でのみ使われている。

JRの四灯式信号機

	二灯式	三灯式	四灯式	五灯式	六灯式	意味
停止	赤	赤	赤	赤	赤	信号の手前で停止せよ
警戒			黄黄		黄黄	次の信号が停止
注意		黄	黄	黄	黄	次の信号が停止または警戒
減速				黄緑	黄緑	次の信号が警戒または注意
進行	緑	緑	緑	緑	緑	信号を超えて進んで良い
高速進行					緑緑	時速130km以上で進んで良い

ら・わ

ライトレール
【らいとれーる】用 技

「Light Rail Transit (LRT)」のこと。輸送力が小さめの都市鉄道。日本では次世代路面電車を指すことが多い。JR線から転換し、一部区間を併用軌道とした富山ライトレールのような例もある。ライトレール用の車両をLRV (Light Rail Vehicle) と言う。

ラッシュ
【らっしゅ】用

「殺到する」という意味の英語で、朝夕の混雑する時間帯のこと。昔の寝台列車はラッシュ時間帯に首都圏を走らせてもらえず、特に上りは東京着がやたら早朝だったり昼近かったりした。

ラッセル車
【らっせるしゃ】車

除雪用車両のひとつ。車体前部に設けられた排雪板（ブレード）によって、雪を左右に掻き分ける。ディーゼル機関車の前部に排雪板を装着することが多いが、JR西日本のキヤ143形のような専用車両もある。雪を掻き分けるだけなので、比較的積雪量が少ない時に使われる。

ラッチ
【らっち】設

改札口のこと。特に、有人改札口の職員が立つボックスのことを指すことが多い。改札内のきっぷがないと立ち入れないエリアを「ラッチ内」、改札の外を「ラッチ外」と言う。「ラチ」ということも。つい、使いたくなる業界用語の1つ。

ラッパ屋
【らっぱや】用

推進運転(p96)の際、最前部の客車に乗り、無線で最後尾の機関士と連絡を取り合う職員のこと。推進運転用の警笛の音が、豆腐屋のラッパに似ていたことからこの名がついたと言われる。

ポータブル式の簡易ブレーキ弁

ラッピングトレイン
【らっぴんぐとれいん】列

車体に広告やキャラクターを塗装した車両。鉄道会社は本社がある自治体の屋外広告物条例に従う必要がある。たとえば埼玉県に本社がある会社は車両全体をラッピングで

古いものは木や石　新しいものではステンレス製も

寒いときは足もとに電気ストーブ

常に独特のリズムを刻んでいる

小額の精算はその場でしてくれた

ひたちなか海浜鉄道のラッピングトレイン

きるが、東京都に本社があると車体全体の10分の1以下しかラッピングできない。以前は沿線企業の広告が多かったが、近年はその鉄道にゆかりのあるアニメキャラを描くケースが増えている。

力行
【りきこう/りっこう】用

主電動機やエンジンで動力を発生させ、車軸に伝えている状態のこと。車で、アクセルを踏んでいる状態に相当する。「ノッチオン」も同様の状態を示す。対義語は惰行(p111)。

リクライニングシート
【りくらいにんぐしーと】設 サ

日本語では「自在腰掛」といい、背もたれの角度を変更できる座席のこと。1949(昭和24)年、戦後初の特急列車として登場した「へいわ」の一等展望車に採用されたのが初めてと言われる。グリーン車(二等車)特有のサービスだったが、1972(昭和47)年に登場した183系特急型電車で、初めて普通車にも採用された(簡易リクライニングシート→p141)。

北海道新幹線の普通車

リチャード・トレビシック
【りちゃーどとれびしっく】人

1771〜1833。蒸気機関車を発明したイギリス人技術者。鉱山職人の家族に生まれ、高圧蒸気機関の改良に取り組む。1804年、世界初の蒸気機関車「ペナダレン号」の走行に成功したが、実用的な速度ではなかったため日の目を見ることはなく、蒸気機関車の製造から手を引いてしまう。鉄道システムの実用化は、ジョージ・スティーブンソン(p91)の登場を待つことになる。

リニア中央新幹線
【りにあちゅうおうしんかんせん】路

JR東海が建設を進めている、超電導リニア(p117)による新幹線。品川〜名古屋間が2027年度、名古屋〜大阪間は2037年度の開業を目指している。品川〜名古屋間を40分で結ぶが、ほとんどの区間がトンネルで、乗り鉄はあまり期待していない人が多い。

リニア・鉄道館
【りにあてつどうかん】文

JR東海が運営する鉄道車両の保存・展示施設。新幹線や超電導リニアを中心とする高速鉄道技術の進歩の紹介を主な目的に、2011(平成23)年3月14日に開館した。超電導リニアMLX01形、新幹線高速試験車955形「300x」、C62形17号機という、時代ごとの世界最速記録を持つ3両をシンボルに、歴代東海道新幹線の車両や東海地区ゆかりの車両を展示している。

流改
【りゅうかい】車 歴
C55形蒸気機関車のうち、当初1930年代の流線形ブームに乗って流線形で製造された20〜40号機のこと。戦後標準的なスタイルに改造されたが、運転席上の屋根がドーム状のまま残されるなど、随所に流線形時代の面影を残していた。

流線形
【りゅうせんけい】歴
車体から突起を減らし、空気ができるだけ車体からの抵抗を受けずに後方まで流れる形状のこと。1930年代にブームとなったが、スピードが低かったために空力的な恩恵はなかった。戦後、小田急電鉄3000系SE車や東海道新幹線の車両開発にあたって見直され、空気抵抗や車体の揺れ、騒音を減らす手段として技術が発展した。

留置線
【りゅうちせん】施
駅などで、列車や車両を一時的に待機させる線路のこと。一見、車両基地（p86）にしか見えない大規模な留置線もある。電車の留置線は電留線ともいう。

流電
【りゅうでん】車 歴
鉄道省52系電車のこと。流線形ブームが巻き起こった1936（昭和11）年に登場し、京阪神地区の急行電車（快速に相当）に投入した。半楕円状の流れるような先頭部

と、車体裾をカバーで覆った流線形のスマートな電車で、登場当初は「魚雷形電車」とも呼ばれた。なお、常磐線馬橋駅と流山駅を結ぶ流鉄流山線も「流電」と呼ばれる。

旅客営業規則
【りょかくえいぎょうきそく】規
鉄道事業者が、旅客との運送契約に適用する運送約款。JR東日本などは全文をウェブサイトで公開している。きっぷや輸送の条件が細かく取り決められてるが、すべてを把握するのは至難の業。

旅客営業取扱基準規程
【りょかくえいぎょうとりあつかいきじゅんきてい】規
旅客営業について、係員の取扱を細かく定めた規則。「環状線を一周する乗車券の発行」「国会議員が個室寝台を定員よりも少ない人数で使用する場合の発行」など、あらゆる状況が想定されている。

旅行センターは国鉄と旅行会社の共同運営だった

旅行センター
【りょこうせんたー】駅 施
国鉄時代、国鉄が旅行会社と共同で主要駅に設けていた窓口。当時の「みどりの窓口」（p178）としての機能に加え、宿やパッケージツアーの予約、航空券の購入などができ、「旅のデパート」と称していた。JR発足後はJR自体が旅行業に進出し、「旅行センター」という言葉はあまり使われなくなった。

リンク式連結器
【りんくしきれんけつき】車

初期の鉄道に使われた連結器。車端に取り付けられたフックにリンク（鎖）を引っかけ、フック同士をネジで締めて連結する。左右にはバッファーと呼ばれる緩衝装置がついており、ブレーキ時など押し合う力はこちらで受け止めていた。連結作業が非常に重労働な上に危険で、破断の危険性も高かったことから、1925(大正14)年、全国一斉に自動連結器(p80)に交換された。

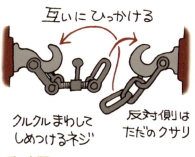

臨時駅
【りんじえき】駅

期間を限定して列車が停車する駅。仮乗降場(p40)とは似て非なる存在。海水浴シーズンのみ営業する駅、夏季のみ営業する駅などがある。最も営業期間が短いのは、毎年8月4・5日の津嶋神社の祭礼日のみ開設されるJR四国予讃線津島ノ宮駅。

臨時列車
【りんじれっしゃ】列

非定期で運行される列車。予めダイヤを設定してある列車を「予定臨」といい、季節ごとに運行される列車を「季節列車」という。だいたい週3便運行されていた「トワイライトエクスプレス」(p137)は、予定臨の一種。

ルート周遊券
【るーとしゅうゆうけん】き 歴

国鉄が販売していた周遊券(p87)の1つ。一般周遊券(p24)の人気コースを予めセットにした商品で、出発地から観光地をめぐって帰着するまで一通りの乗車券が揃っていた。手軽だが自由度が少なく、鉄道ファンには縁が薄かった。

ループ線
【るーぷせん】施 技

山岳地帯において、線路をらせん状に敷くことによって走行距離を稼ぎ、急勾配を緩和する線形。これから通る線路が眼下（または山上）に見えたりして、山を登り降りしている感覚を体験できる。

出典：Wikipedia ©Kabelleger / David Gubler

ルーメット
【るーめっと】設 サ

元祖ブルートレインの20系客車(p143)に設定され、東京〜九州間の寝台特急にのみ連結された一人用個室。ナロネ22形客車の半分に6室設置され、夜はベッドになるソファと折りたたみテーブル、収納式の洗面台などを備えていた。北米の長距離列車に連結された一人用個室「ルーメット」が語源。1978(昭和53)年2月に引退し、北海道新得町の旧狩勝線ミュージアムで1両が保存されている。

冷水器
【れいすいき】設 サ

優等列車のデッキに設置されていた飲料水のディスペンサー。封筒のような形をした紙コップが付属しており、いつでも無料で水を飲めた。ペットボトル飲料の普及などで、姿を消した。鼻が当たらないよう飲み口が曲線を描いていた紙コップも懐かしい。

たいてい4ヶセットで売っていた

食べきれないのだけれど欲しくなる

冷凍みかん
【れいとうみかん】(食)
完熟みかんを冷凍したもの。列車に冷房がなかった時代の定番スイーツだった。1袋あたりの重さが決まっており、通常は4個、小ぶりだと5個入っていた。静岡県の新幹線停車駅などでは今でも買える。

レイモンド・ローウィ
【れいもんどろーうぃ】(人)
1893〜1986。フランスのインダストリアルデザイナー。1934 (昭和9) 年、ペンシルベニア鉄道の電気機関車GG1量産型を風洞実験の結果に基づき流線形 (p192) にデザインし、世界的な流線形ブームの先駆けとなった。その後も「口紅から機関車まで」と言われるほど多彩な分野の工業製品をデザインした。

RAILWAYSシリーズ
【れいるうぇいず】(作)
松竹配給によるシリーズ映画。島根県の一畑電車を舞台にした中井貴一主演の第一作「RAILWAYS 49歳で電車の運転士になった男の物語」(2010年) と、富山県の富山地方鉄道を舞台にした三浦友和主演の第二作「RAILWAYS 愛を伝えられない大人たちへ」(2011年) の2作品がある。2018 (平成30) 年には3作目となる「かぞくいろ」が公開。

レイルマガジン
【れいるまがじん】(趣)
ネコ・パブリッシング刊行の月刊鉄道趣味誌。1983 (昭和58) 年創刊で、当初は実車と模型の両方を扱っていたが、後に模型専門誌「RM MODELS」を分離し、実車専門誌となった。他の雑誌よりも大型の判型で、趣味性の高い情報を掘り下げている。

レール
【れーる】(設)
車輪を乗せ、進行をガイドする鋼材。日本の鉄道では1mごとの重さによっていくつか規格があり、通常新幹線は60kg、在来線は40〜50kg (一部60kg) のものが使われている。断面が「エ」のような形をしており、初期のものは上と下が同じ形 (双頭レール) だった。現在は下部が平たく大きい平底レールが使われている。日本語では「軌条」と言う。枕木 (p174) やバラスト (p155) を含めた総称である「線路／軌道」と間違えやすい。

レール削正車
【れーるさくせいしゃ】(車)(技)
列車の走行による摩耗したり波打ったりしたレールの形状を適切に整えるため、レール頭部を削る作業を行う車両。マルチプルタイタンパー (p176) と並び、線路の保守に欠かせない車両である。砥石を使うグラインダ式と、カッターを用いるミリング式があるが、日本ではグラインダ式が主流。

小田急電鉄のレール削正車

レール7
【れーるせぶん】(歴)(技)
1985 (昭和61) 年から1991 (平成3) 年まで、テレビ東京で放送されていた国鉄及びJR東日本提供の鉄道情報番組。1965 (昭和40) 年

から85年までは、NETテレビ→テレビ朝日系列で「みどりの窓口」として放送されていた。鉄道や旅に関する様々な情報とともに、全国の主要特急列車や寝台列車の空席情報を放送していた。

レールバス
【れーるばす】⑱㊙

バスの機構を流用した、地方路線用の小型気動車。製造・運用コストが低く、昭和20年代末から地方閑散路線に投入された。しかし、総括制御(p104)ができず混雑に対応できないことや乗り心地の悪さ、耐用年数の短さから普及しなかった。1980年代には、国鉄赤字ローカル線を転換した第三セクター鉄道向けに新世代のレールバスが登場したが、やはり同じ問題に直面し、大型車両に置き換えられている。

レチ
【れち】⑱㊙

車掌のこと。かつて車掌のことを「列車長（レッシャチョウ）」と呼んだことに由来する。優等列車の客扱専務車掌はカレチ(p41)、荷物列車の車掌は「ニレチ」といった。つい使いたくなる業界用語の筆頭。

レチ弁
【れちべん】㊙

車掌用の弁当のこと。国鉄時代には、駅弁業者と契約して、車掌用の弁当を調製してもらったり、車掌区内の食堂で作ってもらったりできた。乗務する列車ごとに購入できる弁当が指定されていたケースや、車掌区にある利用券を使って、通常の駅弁を割引価格で購入するケースなど様々だった。レ

国鉄レールバスの元祖 キハ10000（→キハ01）

チ弁専用の弁当は、総じて簡素な幕の内弁当だったという。

列車給仕
【れっしゃきゅうじ】⑱㊙

寝台列車などに乗務していた乗客サービスを専門に行う職員で、「列車ボーイ」とも呼ばれた。明治時代の山陽鉄道がルーツで、寝台のセット・解体作業や乗客の乗降案内、停車駅での運転中の車内のかんたんな清掃など、乗客と接する様々な仕事をこなした。そのため乗客からチップを渡されることが多く、車掌長よりも高給取りの給仕もいた。昭和30年代後半に「乗客掛」に改められ、その後車掌への登用制度のある「車掌補」となり、1976(昭和51)年に廃止された。

レチ弁と車掌弁は別のもの！

白い上衣に青の腕章が目印

「大いなる驀進」では若き日の中村嘉津男さんが演じていました

列車番号
【れっしゃばんごう】㊂

各列車に割り当てられた番号と記号。1～4桁の数字の末尾にアルファベットが付けられる。同じ編成を使っていても、列車番号が変わると運用上は別列車となる。末尾は、Mは電車(Motor)、Dは気動車(Diesel)が基本で、客車列車にはアルファベットはつかない。大都市圏では「K」「S」など独自の記号がつくことも。愛称名でなく「301Mを撮った」などと列車番号で呼ぶようになったら立派な？鉄道ファン。

列車編成席番表
【れっしゃへんせいせきばんひょう】㊅

交通新聞社が年2回発行している書籍。JR・私鉄のすべての指定席連結列車の座席番号を掲載している。進行方向なども記載されているので、「海側の席はA席かD席か」といった情報がすべてわかる。JRなどの窓口にも常備されている、乗り鉄のバイブル。

列車防護
【れっしゃぼうご】㊂

何らかの事故が発生し、後続列車などによって多重事故の危険がある際に行われる緊急停止措置。乗務員室に取り付けられている列車防護無線装置のボタンを押すと、周囲の列車に強制的に停止を指示する電波が発報される。続いて、手信号または信号炎管(発煙筒)で停止信号を示し、さらに携帯の信号炎管を持って線路脇を走り、周囲の列車に緊急事態を知らせる。線路を流れる信号電流を、道具を使って短絡させて強制的に停止信号を出し、踏切があれば、非常ボタンを押す。現代はATS(p28)などの技術が列車の安全を高度に管理するが、最後は人間が列車を止める。

列車ホテル
【れっしゃほてる】㊂

災害などによってダイヤが大幅に乱れた時に、立ち往生中の列車内で一晩過ごすこと。基本的に座席に座ったまま夜を明かすので、快適とは言い難い。寝台列車とは無関係。

レッドトレイン
【れっどとれいん】㊋㊃

1977(昭和52)年に登場した、国鉄50系客車の通称。国鉄として最後に開発された普通旅客列車用の客車で、真っ赤な塗装だったことからこう呼ばれた。戦前戦後生まれの旧型客車に比べて味気ないと言われたが、登場直後から客車列車の削減が進んで活躍の場を失い、2001(平成13)年の筑豊本線電化を最後に姿を消した。

京都鉄道博物館に保存されている50系

連合軍専用列車
【れんごうぐんせんようれっしゃ】歴

敗戦後の日本で、連合国軍の将兵のために設定された列車のこと。上級車両を使用し、1954(昭和29)年頃まで様々な列車が運行された。車両を青函連絡船に搭載して上野〜札幌間を直通した「Yankee Limited」などが有名だ。

レンコン
【れんこん】設 歴

C57形、D51形以降の蒸気機関車に採用されたボックス動輪(p170)のこと。レンコンのような丸い穴はスティック状のスポークよりメンテナンス性と強度に優れるとされた。

連接台車
【れんせつだいしゃ】技 設

車両と車両の間に設置して、2つの車体を支える台車(p109)のこと。連結器を使用しないので横方向の揺れを抑えることができ、曲線もスムーズに通過できるので乗り心地が良い。編成あたりの台車数が少なく済むため軽量化にも貢献するが、編成を自由に組み替えることができない、ひとつの車軸にかかる重量(軸重)が増すといった欠点もある。小田急ロマンスカーや近鉄初代ビスタカーなどに採用された。

連続乗車券
【れんぞくじょうしゃけん】き

経路が重なる場合や、1周を越える場合に発売される乗車券。例えば、東京から東北新幹線で新青森へ行き、秋田、山形、福島を経由して東京に戻る場合は、東京都区内〜新青森〜秋田〜福島と、福島〜東京都区内の2枚を組み合わせた連続乗車券を発券できる。2枚の有効期間が合算される、一度に乗車券を購入できるくらいしかメリットはない。

連動装置
【れんどうそうち】技

分岐器(p166)の転轍機と信号装置を連動して制御し、事故につながるような操作ができないようにロックする保安装置。ある列車の進路が決定すると、分岐器や信号装置を手動で操作して、他の列車が割り込むような操作はできなくなる。

ロイヤル
【ろいやる】設 サ

東京〜札幌間の「北斗星」(p169)と大阪〜札幌間の「トワイライトエクスプレス」(p137)に設定されていた、JR最高クラスの1人用個室。約2×2メートルの個室に、夜はベッドになるソファとデスクチェア、モニター、テーブルなどが揃い、シャワールーム兼トイレも備えていた。

トワイライトエクスプレスのロイヤル

ロータリー車
【ろーたりーしゃ】車 技

除雪専用車両のひとつ。軌道上に積もった雪を、車体最前部に取り付けられた翼でいったんかき集め、強力な回転羽根で遠方に吹き飛ばす。かつては独立した車両が主流だったが、現在はディーゼル機関車の前面に取り付けるアタッチメントが主流。

ローレル賞
【ろーれるしょう】文

鉄道友の会 (p124) が、1961 (昭和36) 年から毎年選定している鉄道車両に対する賞。当初は通勤形・近郊形車両から選定されたが、現在はブルーリボン賞 (p164) に選ばれなかった車両から、技術的に優れた車両に贈られている。

ロクサン
【ろくさん】車 歴

信越本線の横軽 (p186) 間で、補機として北陸新幹線の開業まで活躍した「峠のシェルパ」EF63形電気機関車の愛称。または、1944 (昭和19) 年から1951 (昭和26) 年にかけて製造された国鉄63系電車の愛称。太平洋戦争末期に設計された戦時設計電車で、欠陥の多い車両だった。1951 (昭和26) 年4月24日に発生した「桜木町事故」(p69) は63系電車の欠陥が被害を拡大したと言われ、「ロクサン形」は欠陥電車の代名詞となった。

ロザ
【ろざ】設 サ

グリーン席のこと。グリーン車・二等車を表す「ロ」に、座席の「ザ」を付けたもので、A寝台・一等寝台を表す「ロネ」に対応する言葉として使われた。

ロマンスカー
【ろまんすかー】列

ロマンスシートを使用する私鉄特急の愛称。1927 (昭和2) 年に京阪電気鉄道が日本初の本格的二人がけ転換クロスシート車である1550型電車を登場させた際に「ロマンスカー」の愛称を付けたのが始まり。その後、南海電鉄や東武鉄道なども「ロマンスカー」の愛称を使ってきたが、現在は小田急電鉄の特急電車の代名詞になっている。

ロマンスシート
【ろまんすしーと】設 サ

主に戦後普及した、特急などに使用される二人がけの座席。それ以前からあった、4人が向かい合わせになるボックスシート (p170) に対し、二人きりの座席というイメージからこの名前がついた。最近は死語。

ロングシート
【ろんぐしーと】設

窓を背にして、車両の長手方向に配置されている座席。座席数は減るが、車内空間を広くとることができるので、混雑する路線に多く採用されている。一方、車窓風景が見づらい、駅弁などの飲食がまずできないといった欠点があり、乗り鉄 (p148) からは人気がない。

ワイド周遊券
【わいどしゅうゆうけん】き 歴

1956（昭和31）年に発売された周遊券（p87）。正式名称は均一周遊券という。北海道、東北、九州など乗り降り自由の「自由周遊区間」に、出発地からの往復がセットになったきっぷ。往復の経路は数種類から選択でき、行き帰り・自由周遊区間とも急行自由席が乗り放題だった。後期には自由周遊区間内の特急自由席も乗車できるようになり、現在の青春18きっぷに匹敵する乗り鉄御用達のきっぷだった。周遊きっぷ（p87）の発売によって廃止。

ワゴン・リ
【わごんり】企

1872年にベルギーの実業家、ジョルジュ・ナゲルマケールスが設立した国際寝台車会社のこと。戦前から戦後にかけて、オリエント急行やシベリア鉄道などの豪華寝台車を多数製造した。プルマン社が開放式寝台車中心だったのに対し、豪華な個室寝台車を数多く手がけ、ヨーロッパ中で高い人気を誇った。今は車両製造から撤退し、列車内サービスの企業となっている。

ワシクリ
【わしくり】趣

東北本線東鷲宮〜栗橋間にある有名撮影地。周囲に広い水田が残る直線区間で見通しの良い走行写真が撮影できるほか、踏切からきれいな編成写真を撮れる曲線もある。「北斗星」（p169）や「カシオペア」（p38）のラストランでは大変な数の撮り鉄（p136）が集まった。

ワンマン運転
【わんまんうんてん】用

車掌が乗務せず、運転士一人（OneMan）で運行される列車のこと。路面電車のほか、地方路線でも増えている。地方路線の場合停車駅も無人駅が多いので、乗客はバスと同様乗車時に整理券を受け取り、下車時に精算する。この場合、ドアの開閉、安全確認、乗客対応なども運転士が行うので遅れが生じやすい。

最近ではホームドア設置とともに首都圏の地下鉄でもワンマン運転が…

絵

池田邦彦 いけだくにひこ

漫画家。1965年東京都生まれ。国鉄職員を主人公とした『カレチ』『甲組の徹』『グランドステーション』などの漫画作品のほか、『Nゲージレイアウトプラン集50』『列車紳士録』などの著書がある。

文

栗原 景 くりはら かげり

フォトライター。1971年東京都生まれ。旅と鉄道、韓国を主なテーマに、多くの雑誌や書籍、ウェブに寄稿している。主な著書に『東海道新幹線の車窓は、こんなに面白い！』（東洋経済新報社）、『最後の国鉄電車ガイドブック』（誠文堂新光社／共著）など。

カバー・本文デザイン　SPAIS（熊谷昭典　宇江喜桜）
地図制作　ジェオ
編集　神田賢人

鉄道にまつわる言葉を
イラストと豆知識でプァーン！と読み解く

テツ語辞典
NDC686

2018年2月15日　発　行
2022年4月1日　第4刷

著　者	池田邦彦・栗原 景（いけだくにひこ・くりはら かげり）
発行者	小川雄一
発行所	株式会社 誠文堂新光社 〒113-0033 東京都文京区本郷3-3-11 電話 03-5800-5780 https://www.seibundo-shinkosha.net/
印刷・製本	図書印刷株式会社

©2018, Kunihiko Ikeda, Kageri Kurihara
Printed in Japan　検印省略
本書記載の記事の無断転用を禁じます。
万一落丁・乱丁の場合はお取り替えいたします。

本書のコピー、スキャン、デジタル化等の無断複製は、著作権法上での例外を除き、禁じられています。本書を代行業者等の第三者に依頼してスキャンやデジタル化することは、たとえ個人や家庭内での利用であっても著作権法上認められません。

JCOPY <（一社）出版者著作権管理機構　委託出版物>
本書を無断で複製複写（コピー）することは、著作権法上での例外を除き、禁じられています。本書をコピーされる場合は、そのつど事前に、（一社）出版者著作権管理機構（電話 03-5244-5088 ／ FAX 03-5244-5089 ／ e-mail：info@jcopy.or.jp）の許諾を得てください。

ISBN978-4-416-51813-7

乗りつぶし記録帳

この付録には、2018年2月現在のJRグループ全路線を記載しています。自分の乗った区間を、マーカーやサインペンで塗りつぶして下さい！後半には、各路線の乗車日（完乗日）を記録できる路線一覧があります。乗り鉄旅に活用してください。

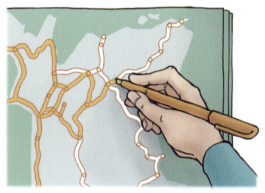

イラスト：宇江喜桜

この記録帳には、以下の路線を掲載しています。
- 2018年2月5日現在のJR全線及び宮島航路
- 1997年10月1日（長野行新幹線開業日）以降に廃止・転換された旧JR線
- 廃止・転換された路線は地図ではグレーで示し、元の路線名と現在の鉄道名を記載しています
- 乗車日記録帳では、廃止・転換路線、BRT、今後転換が決まっている区間は記述欄を分けてあります
- JR6社が所有していても、別の事業者が運営している路線は原則として記載していません（七尾線和倉温泉～穴水間、東海交通事業城北線など）。ただし、鹿島線鹿島神宮～鹿島サッカースタジアム間は記載しています。

JRグループ　19885.5km

JR北海道	2464.2km
JR東日本	7336.9km
JR東海	1970.8km
JR西日本	4985.4km
JR四国	855.2km
JR九州	2273.0km
（廃止・転換された路線	926.3km）

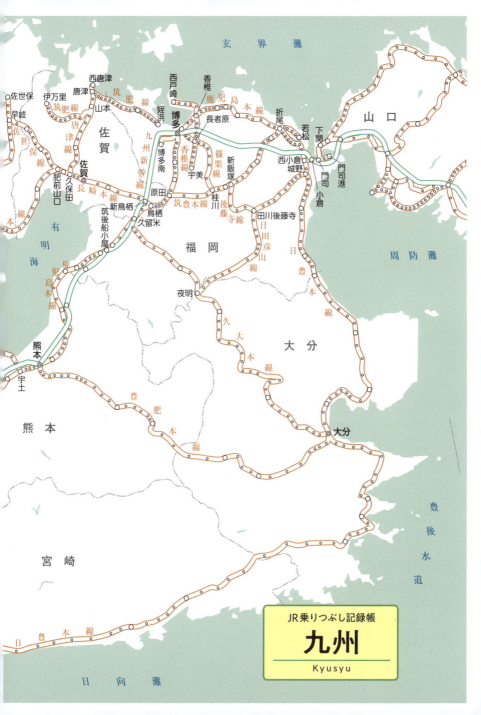

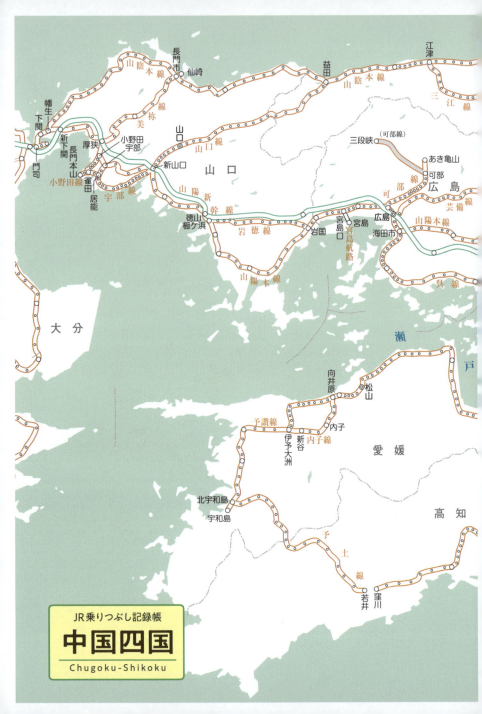

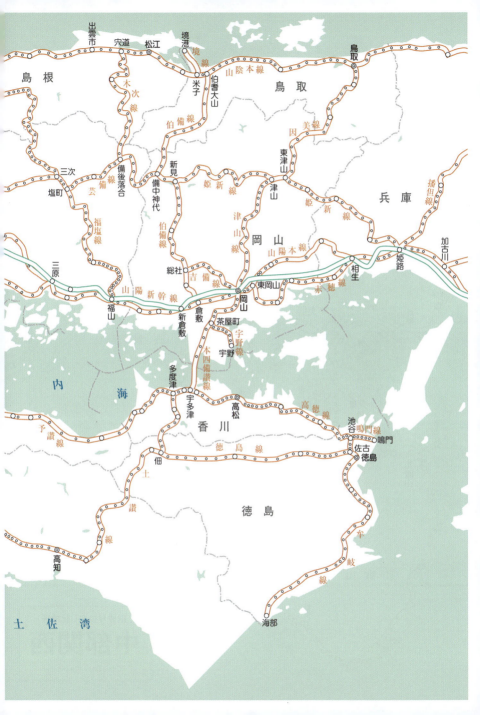

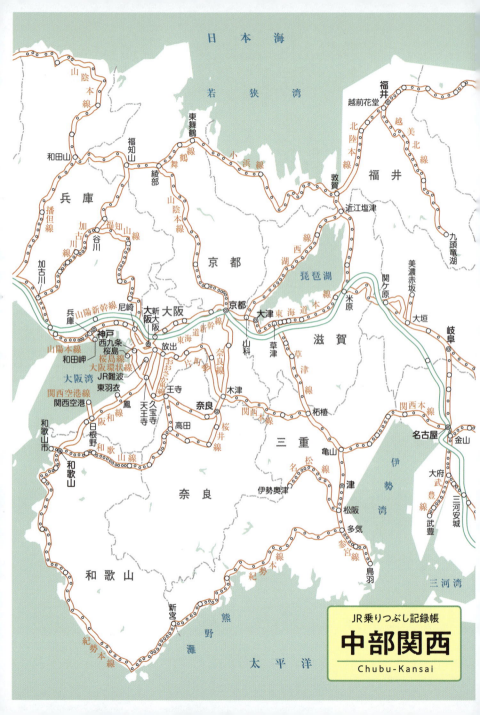

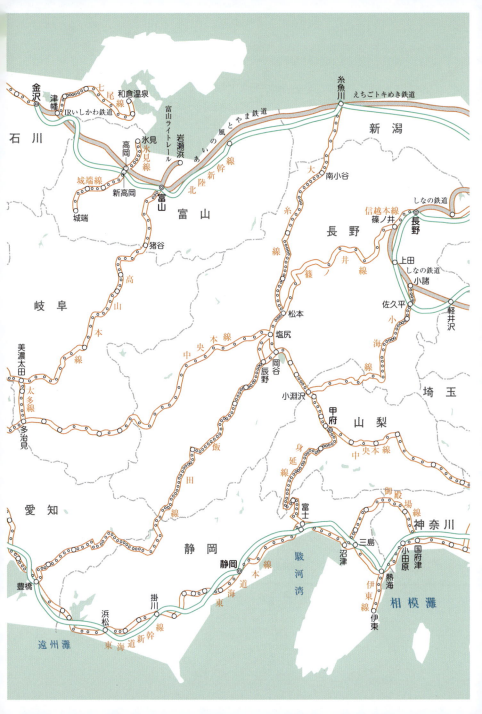

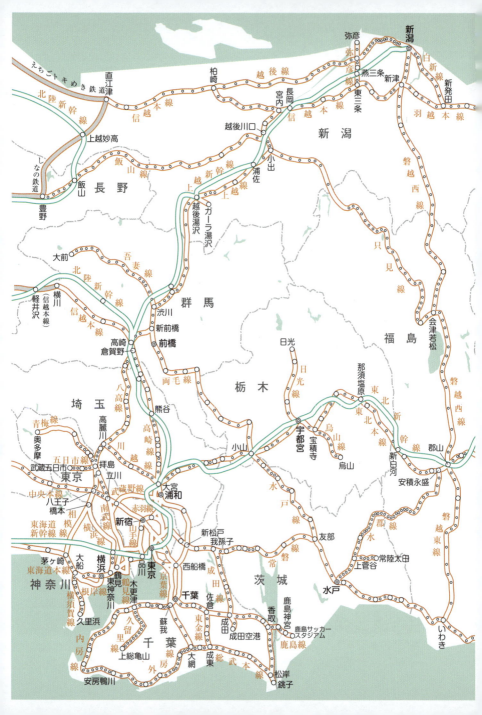

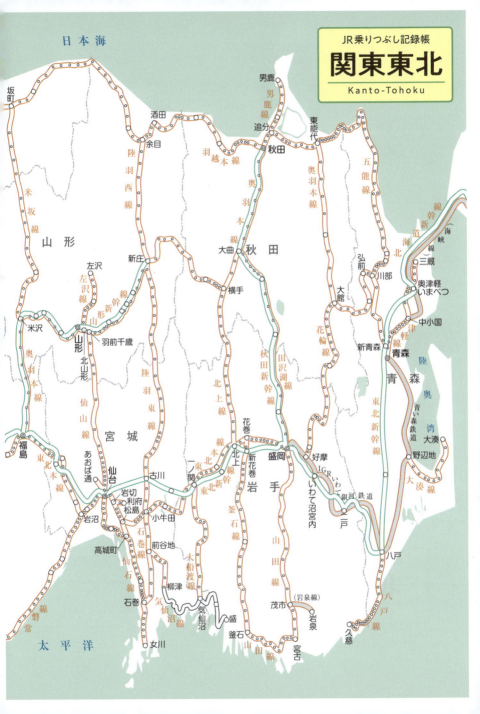

JR乗りつぶし記録帳
北海道
Hokkaido

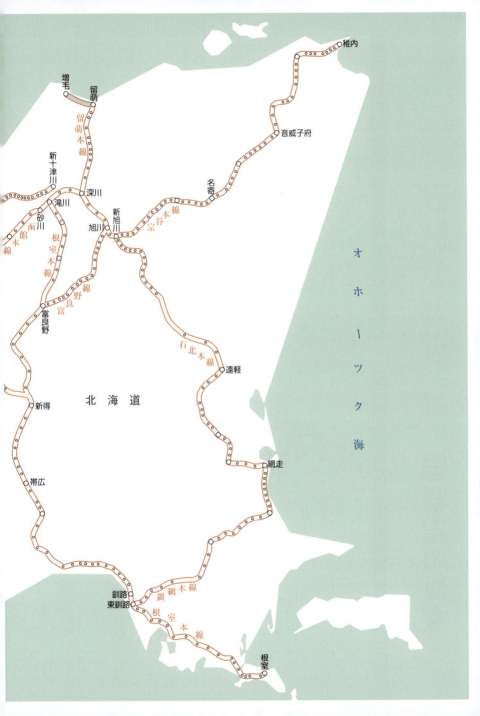

乗車日記録帳

JR全線完乗を目指す人のための記録帳です。
完乗した日付を記入し、マーカーなどで塗りつぶしましょう。

北：JR北海道　東：JR東日本　海：JR東海　西：JR西日本　四：JR四国　九：JR九州

会社	路線名	区間	距離	乗車日
北	宗谷本線	旭川～稚内	259.4	
北	石北本線	新旭川～網走	234.0	
北	留萌本線	深川～留萌	50.1	
北	留萌本線	留萌～増毛	16.7	
北	函館本線	函館～旭川	423.1	
北	函館本線	大沼～森	35.3	
北	釧網本線	東釧路～網走	166.2	
北	根室本線	滝川～根室	443.8	
北	石勝線	南千歳～新得	132.4	
北	石勝線	新夕張～夕張	16.1	
北	札沼線	桑園～新十津川	76.5	
北	富良野線	旭川～富良野	54.8	
北	室蘭本線	長万部～岩見沢	211.0	
北	室蘭本線	東室蘭～室蘭	7.0	
北	千歳線	沼ノ端～白石	56.6	
北	千歳線	南千歳～新千歳空港	2.6	
北	日高本線	苫小牧～様似	146.5	
北	江差線	五稜郭～木古内	37.8	
北	江差線	木古内～江差	42.1	
北	海峡線	中小国～木古内	87.8	

会社	路線名	区間	距離	乗車日
東	大船渡線	一ノ関～気仙沼	62.0	
東	大船渡線	気仙沼～盛	43.7	
東	気仙沼線	前谷地～柳津	17.5	
東	気仙沼線	柳津～気仙沼	55.3	
東	左沢線	北山形～左沢	24.3	
東	米坂線	米沢～坂町	90.7	
東	石巻線	小牛田～女川	44.7	
東	仙石線	あおば通～石巻	49.0	
東	磐越西線	郡山～新津	175.6	
東	磐越東線	いわき～郡山	85.6	
東	只見線	会津若松～小出	135.2	
東	白新線	新潟～新発田	27.3	
東	飯山線	豊野～越後川口	96.7	
東	飯山線	高崎～横川	29.7	
東		横川～軽井沢	11.2	
東	信越本線	軽井沢～篠ノ井	65.1	
東	信越本線	篠ノ井～長野	9.3	
東		長野～妙高高原	37.3	
東		妙高高原～直江津	37.7	
東		直江津～新潟	136.3	

	路線	区間	距離
東	津軽線	青森～三厩	55.8
東	東北本線	東京～盛岡	535.3
東		盛岡～目時	82.0
東		目時～青森	121.9
東		松島～高城町	0.3
東		岩切～利府	4.2
東		日暮里～赤羽	7.6
東	大湊線	野辺地～大湊	18.0
東	八戸線	八戸～久慈	58.4
東	山田線	盛岡～宮古	64.9
東		宮古～釜石	102.1
東	岩泉線	茂市～岩泉	55.4
東	釜石線	花巻～釜石	38.4
東	花輪線	好摩～大館	90.2
東	田沢湖線	盛岡～大曲	106.9
東	北上線	北上～横手	75.6
東	奥羽本線	福島～青森	61.1
東	五能線	東能代～川部	484.5
東	男鹿線	追分～男鹿	147.2
東	羽越本線	新津～秋田	26.6
東	陸羽東線	小牛田～新庄	271.7
東	陸羽西線	新庄～余目	94.1
東	仙山線	仙台～羽前千歳	43.0
東			58.0

	路線	区間	距離
東	越後線	新潟～柏崎	83.8
東	弥彦線	弥彦～東三条	17.4
東	水郡線	水戸～安積永盛	137.5
東		上菅谷～常陸太田	9.5
東	上越線	高崎～宮内	162.6
東		越後湯沢～ガーラ湯沢	1.8
東	両毛線	新前橋～小山	84.4
東	水戸線	友部～小山	50.2
東	常磐線	日暮里～岩沼	343.7
東	総武本線	東京～銚子	120.5
東		御茶ノ水～錦糸町	4.3
東		佐倉～松岸	75.4
東	成田線	成田～成田空港	10.8
東		成田～我孫子	32.9
東	東金線	大網～成東	13.8
東	外房線	千葉～安房鴨川	93.3
東	内房線	蘇我～安房鴨川	119.4
東	久留里線	木更津～上総亀山	32.2
東	鹿島線	香取～鹿島サッカースタジアム	17.4
東	京葉線	西船橋～蘇我	22.4
東		東京～南船橋	26.0
東		市川塩浜～西船橋	5.9
東	武蔵野線	西船橋～府中本町	71.8
東	日光線	宇都宮～日光	40.5
東	烏山線	宝積寺～烏山	20.4

会社	路線名	区間	距離	乗車日
東	山手線	品川～田端	20.6	
東	赤羽線	池袋～赤羽	5.5	
東	南武線	川崎～立川	35.5	
東		尻手～浜川崎	4.1	
東	鶴見線	鶴見～扇町	7.0	
東		浅野～海芝浦	1.7	
東		武蔵白石～大川	1.0	
東	横浜線	八王子～東神奈川	42.6	
東	根岸線	横浜～大船	22.1	
東	横須賀線	大船～久里浜	23.9	
東	相模線	橋本～茅ヶ崎	33.3	
東	川越線	大宮～高麗川	30.6	
東	八高線	八王子～倉賀野	92.0	
東	青梅線	立川～奥多摩	37.2	
東	五日市線	拝島～武蔵五日市	11.1	
東	高崎線	大宮～高崎	74.7	
東	吾妻線	渋川～大前	55.3	
東		神田～代々木	8.3	
東	中央本線	新宿～塩尻	211.8	
海		岡谷～塩尻	27.7	
東		塩尻～名古屋	174.8	
東	篠ノ井線	塩尻～篠ノ井	66.7	
東	小海線	小淵沢～小諸	78.9	

会社	路線名	区間	距離	乗車日
西	湖西線	山科～近江塩津	74.1	
海		名古屋～亀山	59.9	
西	関西本線	亀山～JR難波	114.0	
西	草津線	柘植～草津	36.7	
西	奈良線	木津～京都	34.7	
海	紀勢本線	亀山～新宮	180.2	
西		新宮～和歌山市	204.0	
海	名松線	松阪～伊勢奥津	43.5	
海	参宮線	多気～鳥羽	29.1	
西	和歌山線	王寺～和歌山	87.5	
西	桜井線	奈良～高田	29.4	
西	片町線	木津～京橋	44.8	
西	おおさか東線	放出～久宝寺	9.2	
西	阪和線	天王寺～和歌山	61.3	
西		鳳～東羽衣	1.7	
西	関西空港線	日根野～関西空港	11.1	
西	大阪環状線	大阪～大阪	21.7	
西	桜島線	西九条～桜島	4.1	
西	福知山線	尼崎～福知山	106.5	
西	小浜線	敦賀～東舞鶴	84.3	
西	舞鶴線	綾部～東舞鶴	26.4	
西	山陰本線	京都～幡生	673.8	
西		長門市～仙崎	2.2	
西	JR東西線	京橋～尼崎	12.5	

会社	線名	区間	キロ程
西	加古川線	加古川～谷川	48.5
西	播但線	姫路～和田山	65.7
西	山陽本線	神戸～下関	528.1
九		下関～門司	6.3
西		兵庫～和田岬	2.7
西	赤穂線	相生～東岡山	57.4
西	姫新線	姫路～新見	158.1
西	因美線	東津山～鳥取	70.8
西	津山線	岡山～津山	58.7
西	吉備線	岡山～総社	20.4
西	伯備線	倉敷～伯耆大山	138.4
西	宇野線	岡山～宇野	32.8
西	本四備讃線	茶屋町～児島	12.9
四		児島～宇多津	18.1
西	境線	米子～境港	17.9
西	芸備線	備中神代～広島	159.1
西	福塩線	福山～塩町	78.0
西	呉線	三原～海田市	87.0
西	木次線	宍道～備後落合	81.9
西	三江線	三次～江津	108.1
西	可部線	横川～あき亀山	15.6
西		可部～三段峡	46.2
西	岩徳線	岩国～櫛ケ浜	43.7
西	山口線	新山口～益田	93.9
西	宇部線	新山口～宇部	33.2

会社	線名	区間	キロ程
東	大糸線	松本～南小谷	70.1
西		南小谷～糸魚川	35.3
東	東海道本線	東京～熱海	104.6
海		熱海～米原	341.3
西		米原～神戸	143.6
東		品川～鶴見	17.8
海		大垣～美濃赤坂	5.0
海		大垣～関ヶ原	13.8
東	伊東線	熱海～伊東	16.9
海	御殿場線	国府津～沼津	60.2
海	身延線	甲府～富士	88.4
海	飯田線	豊橋～辰野	195.7
海	太多線	多治見～美濃太田	17.8
海	武豊線	大府～武豊	19.3
海	高山本線	岐阜～猪谷	189.2
西		猪谷～富山	36.6
西	富山港線	富山～岩瀬浜	8.0
西	城端線	高岡～城端	29.9
西	氷見線	高岡～氷見	16.5
西	七尾線	津幡～和倉温泉	59.5
西	越美北線	越前花堂～九頭竜湖	52.5
西	北陸本線	米原～金沢	176.6
西		金沢～倶利伽羅	17.8
西		倶利伽羅～市振	100.1
西		市振～直江津	59.3

会社	路線名	区間	距離	乗車日
九	香椎線	西戸崎～宇美	25.4	
九	日田彦山線	城野～夜明	68.7	
九	後藤寺線	新飯塚～田川後藤寺	13.3	
九	筑肥線	姪浜～唐津	42.6	
九		山本～伊万里	25.7	
九	唐津線	久保田～西唐津	42.5	
九	大村線	早岐～諫早	47.6	
九	久大本線	久留米～大分	141.5	
九	豊肥本線	熊本～大分	148.0	
九	三角線	宇土～三角	25.6	
九	肥薩線	八代～隼人	124.2	
九	吉都線	吉松～都城	61.6	
九	日南線	南宮崎～志布志	88.9	
九	宮崎空港線	田吉～宮崎空港	1.4	
九	指宿枕崎線	鹿児島中央～枕崎	87.8	
北	北海道新幹線	新青森～新函館北斗	148.8	
東	東北新幹線	東京～新青森	713.7	
東	上越新幹線	大宮～新潟	303.6	
東	北陸新幹線	高崎～上越妙高	176.9	
西	北陸新幹線	上越妙高～金沢	168.6	
海	東海道新幹線	東京～新大阪	552.6	
西	山陽新幹線	新大阪～博多	644.0	
九	九州新幹線	博多～鹿児島中央	288.9	

会社	路線名	区間	距離	乗車日
西	小野田線	小野田～居能	11.6	
西		雀田～長門本山	2.3	
西	美祢線	厚狭～長門市	46.0	
西	博多南線	博多～博多南	8.5	
西	宮島航路	宮島口～宮島	1.0	
四	予讃線	高松～宇和島	297.6	
四		向井原～内子	23.5	
四		伊予大洲～新谷	5.9	
四	土讃線	多度津～窪川	198.7	
四	高徳線	高松～徳島	74.5	
四	徳島線	佐古～佃	67.5	
四	鳴門線	池谷～鳴門	8.5	
四	牟岐線	徳島～海部	79.3	
四	内子線	新谷～内子	5.3	
四	予土線	北宇和島～若井	76.3	
九	鹿児島本線	門司港～八代	232.3	
九		八代～川内	116.9	
九		川内～鹿児島	49.3	
九	日豊本線	小倉～鹿児島	462.6	
九	長崎本線	鳥栖～長崎	125.3	
九		喜々津～浦上	23.5	
九	佐世保線	肥前山口～佐世保	48.8	
九	筑豊本線	若松～原田	66.1	
九	篠栗線	吉塚～桂川	25.1	

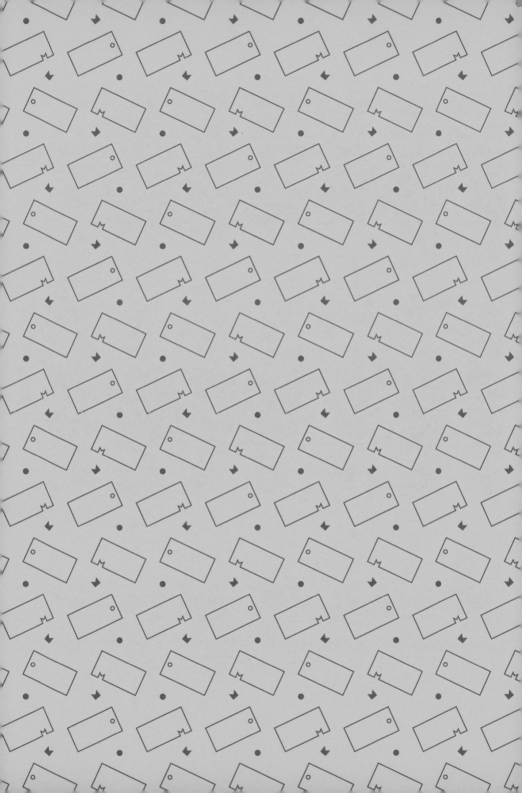

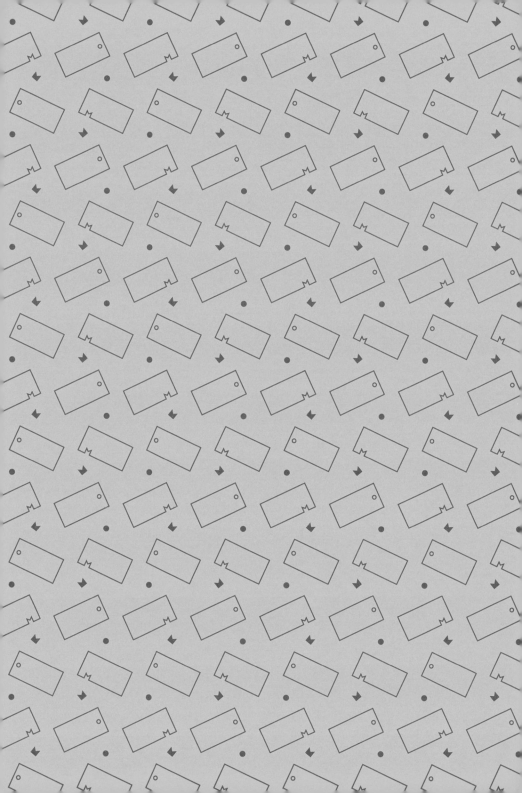